Michael A. Singer

Das Leben wagen

Das Buch

Michael A. Singer will zu sich selbst finden. Also gibt er eine vielversprechende Wirtschaftskarriere auf, reist durch die Wildnis Mexikos, lebt als Einsiedler im Wald und übt sich in Askese wie ein Yogi – doch die ersehnte spirituelle Erleuchtung bleibt aus. Erst als er sich wieder den Menschen öffnet und lernt, sich dem Leben hinzugeben, empfindet er es als vollkommen. Singer beginnt, an einem College zu lehren, gründet eine Firma – und ist heute CEO eines milliardenschweren IT-Unternehmens.

Der Autor

Michael A. Singer (Jg. 1947) ist ein international bekannter amerikanischer spiritueller Lehrer und Wirtschaftsprofessor. Mit «The Untethered Soul» («Die Seele will frei sein») schrieb er einen Klassiker der Lebenshilfe. Er lebt heute noch zurückgezogen in den Wäldern, wo sein Lebensexperiment begann.

Vom Autor ist in unserem Hause erschienen:

Die Seele will frei sein (Taschenbuch)

Michael A. Singer

Das Leben wagen

Aus dem Amerikanischen übersetzt von
Stephan Schuhmacher

allegria

Besuchen Sie uns im Internet:
www.ullstein.de

Den Meistern gewidmet

Allegria im Ullstein Taschenbuch

MIX
Papier
FSC FSC® C083411

Bei diesem Buch handelt es sich um die inhaltlich identische Neuausgabe von «Das Experiment Hingabe»

Neuausgabe im Ullstein Taschenbuch
Ullstein Taschenbuch ist ein Verlag der Ullstein Buchverlage GmbH, Berlin.
1. Auflage Januar 2021

Die Originalausgabe erschien 2015 unter dem Titel *The Surrender Experiment* bei Harmony Books, einem Imprint von Crown Publishing Group, einer Division von Penguin Random House LLC.
Umschlaggestaltung: zero-media.net, München
Titelabbildung: © Douglas Robichaud/stocksy images
Lektorat: Martin Frischknecht
Satz: Pinkuin Satz und Datentechnik, Berlin
Gesetzt aus der Sabon
Druck und Bindearbeiten: CPI books GmbH, Leck
ISBN 978-3-548-06460-4

INHALT

Teil 8: Explosives Wachstum willkommen heissen

Teil 9: Totale Hingabe

DANKSAGUNG

In Wirklichkeit ist das Leben selbst der Autor dieses Buches. Das Leben hat einen Fluss von Ereignissen manifestiert, die dermaßen machtvoll und faszinierend waren, dass sie erzählt werden müssen. Doch das Leben brauchte mich, um sie zu Papier zu bringen, damit man sich an ihre Großartigkeit erinnert. Um dies zu erreichen, sandte es mir genau die richtigen Menschen im richtigen Moment, damit dieses Buch zustande kam.

Mit Demut und mit von Herzen kommendem Dank lasse ich Sie wissen, was für eine phänomenale Arbeit meine Produktleiterin Karen Entner bei diesem Projekt geleistet hat. Ihr unermüdlicher und selbstloser Einsatz brachte eine Atmosphäre der Hingabe und Perfektion, wie sie in dieser Welt nur selten zu finden ist, in dieses Werk ein.

Ich möchte die Gelegenheit auch nutzen, meinem Lektor Gary Jansen von Crown Publishing für seine harte Arbeit und die hervorragenden Vorschläge, die er eingebracht hat, zu danken. Wie zu erwarten war, stellte das Leben den in jeder Hinsicht perfekten Lektor zur Verfügung, der mich darin unterstützte, dieser Großartigkeit Ausdruck zu verleihen.

Viele Menschen haben dieses Buch in einem frühen Stadium gelesen, und sie alle verdienen Dank. Hervorheben möchte ich James O'Dea, Ursula Harlos und Stephanie Davis, die in der Anfangsphase des Schreibens detaillierte Vorschläge zu einer Fassung nach der anderen gemacht haben.

Und nicht zuletzt möchte ich Ihnen, den Lesern, dafür danken, dass Sie das Interesse und die Zeit aufbringen, über dieses außerordentliche Experiment zu lesen. Mögen wir alle lernen, unser Leben in diesem wundervollen Universum zu schätzen – Tag für Tag ein wenig mehr.

Teil 1
AUFWACHEN

DIE VORAUSSETZUNGEN

In 12 000 Meter Höhe allein in einem sechssitzigen Privatjet zu sitzen, hat etwas ausgesprochen Friedliches. Ich verfiel in Meditation und mein Geist wurde sehr still. Als ich die Augen öffnete, ließ ich den unglaublichen Unterschied in der Umgebung zwischen diesem Moment und jener Zeit, da ich mich das erste Mal in die Wälder zurückgezogen hatte, um allein zu sein und zu meditieren, auf mich wirken. Obwohl ich immer noch in denselben Wäldern lebte, war an meinem einsamen Wohnort inzwischen eine blühende Yoga-Gemeinschaft entstanden, und ich war zum Generaldirektor einer Aktiengesellschaft geworden, die das Leben auf wundervolle Weise um mich herum manifestiert hatte. Es war mir jetzt vollkommen klar, dass all diese unterschiedlichen Lebenserfahrungen – wozu auch gehörte, ein Unternehmen auf diesem Niveau zu führen – ebenso viel zu meiner spirituellen Befreiung beitrugen wie meine Jahre einsamer Meditation. So wie Herkules zwei Flüsse nutzte, um die Ställe des Augias zu säubern, so war die machtvolle Strömung des Lebens dabei, das, was noch von mir übrig war, wegzuspülen. Ich fuhr einfach fort, loszulassen und mich in Widerstandslosigkeit zu üben, ob ich das, was geschah, nun mochte oder nicht. In dieser Geistesverfassung war ich auf dem Weg nach Texas, um eine milliardenschwere Fusion zu verhandeln, die ein machtvoller Generaldirektor, dem ich bisher noch nicht einmal begegnet war, mir angeboten hatte.
– Meine Betrachtungen, Mai 1999

Das Leben entfaltet sich selten genau so, wie wir uns das wünschen. Und wenn wir einmal innehalten und darüber nachdenken, ist das auch überaus sinnvoll. Der Rahmen des Lebens ist universell, und es versteht sich von selbst, dass wir nicht wirklich die Kontrolle über die Ereignisse des Lebens haben. Das Universum existiert bereits seit 13,8 Milliarden Jahren, und die Prozesse, die den Fluss des Lebens um uns herum bestimmen, begannen nicht, als wir geboren wurden, und sie werden auch nicht enden, wenn wir sterben. Was sich in jedem einzelnen Moment vor uns manifestiert, ist tatsächlich etwas ganz und gar Außergewöhnliches – es ist das Endresultat all der Kräfte, die seit Milliarden von Jahren miteinander interagieren . Wir sind auch nicht für den kleinsten Bruchteil dessen, was sich um uns herum entfaltet, verantwortlich. Dennoch laufen wir herum und versuchen unablässig, das zu kontrollieren und festzulegen, was in unserem Leben geschieht. Kein Wunder, dass es so viel Spannung, Angst und Furcht gibt. Jeder von uns glaubt tatsächlich, die Dinge müssten so sein, wie wir sie uns wünschen, und sie sollten nicht das natürliche Resultat aller Kräfte der Schöpfung sein.

Tag für Tag geben wir den Gedanken unseres Geistes den Vorzug vor der Realität, die sich vor unseren Augen entfaltet. Wir sagen immer wieder Dinge wie «Es sollte heute besser nicht regnen, denn ich will einen Campingausflug machen» oder «Ich sollte unbedingt die Gehaltserhöhung bekommen, denn ich brauche wirklich dieses Geld». Beachten Sie, dass all diese kühnen Forderungen in Hinsicht auf das, was geschehen oder nicht geschehen sollte, nicht auf wissenschaftlichen Belegen basieren, sondern einzig auf persönlichen Vorlieben, die wir uns in unserem Geist zurechtgelegt haben. Ohne uns dessen bewusst zu werden, tun wir dies mit allen Dingen in unserem Leben – es ist so, als glaubten wir tatsächlich, die Welt um uns herum müsse sich in Übereinstimmung mit unseren eigenen Wünschen und Abneigungen manifestieren. Geschieht dies nicht, dann läuft bestimmt etwas schief. Es ist äußerst schwierig, auf diese Weise zu leben, und das ist die Ursache für unser Gefühl, ständig mit dem Leben kämpfen zu müssen.

Es ist allerdings auch wahr, dass wir den Ereignissen gegenüber, die sich um uns herum entfalten, nicht völlig machtlos sind. Wir sind mit Willenskraft begabt. Tief aus unserem Inneren heraus können wir bestimmen, wie wir etwas haben wollen, und wir können die Kräfte unseres Geistes, unseres Herzens und Körpers in dem Versuch nutzen, uns die Außenwelt gefügig zu machen. Doch das führt zu einem unablässigen Kampf zwischen dem, was wir wollen, und den Umständen, wie sie sich frei von unserer Einmischung entwickeln würden. Dieser Kampf zwischen unserem individuellen Willen und der Realität des Lebens, die sich um uns herum entfaltet, verzehrt letztlich unser Leben. Gewinnen wir den Kampf, dann sind wir glücklich und entspannt; gewinnen wir ihn nicht, sind wir verstört und gestresst. Da sich die meisten von uns nur dann gut fühlen, wenn alles nach ihrem Willen läuft, versuchen wir ständig, unser gesamtes Leben zu kontrollieren.

Es stellt sich die Frage, ob dies so sein muss. So vieles weist darauf hin, dass das Leben auch ohne unsere Einmischung gut funktioniert. Die Planeten bleiben auf ihrer Umlaufbahn, winzige Samen wachsen zu riesigen Bäumen heran, die entsprechenden klimatischen Bedingungen haben die Wälder auf dem ganzen Globus seit Millionen von Jahren mit Wasser versorgt, und eine einzige befruchtete Zelle wächst zu einem wunderschönen Baby heran. Nichts von diesen Dingen wird als bewusster willentlicher Akt von uns geleistet; sie kommen alle durch die unbegreifliche Vollkommenheit des Lebens selbst zustande. All diese erstaunlichen Ereignisse und zahllose mehr werden von den Kräften des Lebens herbeigeführt, die bereits seit Milliarden von Jahren existieren – und es sind diese Kräfte des Lebens, denen wir uns Tag für Tag ganz bewusst mit unserem Willen entgegenstellen. Wenn die natürliche Entfaltung des Lebensprozesses das gesamte Universum erschaffen und für es sorgen kann, ist es dann wirklich vernünftig, dass wir annehmen, es könne nichts Gutes geschehen, ohne dass wir es herbeizwingen? Das vorliegende Buch ist der Erkundung dieser faszinierenden Frage gewidmet.

Könnte es denn eine wichtigere Frage geben? Wenn das Leben von sich aus das DNS-Molekül zu manifestieren vermag,und nicht ganz nebenbei auch das menschliche Gehirn, wieso haben wir dann das Gefühl, dass wir unsererseits alles unter Kontrolle haben müssen? Es muss doch eine andere, vernünftigere Herangehensweise an das Leben geben. Was würde zum Beispiel geschehen, wenn wir den Fluss des Lebens respektieren und unseren freien Willen dazu benutzen würden, zu dem, was sich entfaltet, beizutragen, statt dagegen anzukämpfen? Welche Art von Lebensqualität würde sich dann entfalten? Käme es nur zu zufälligen Ereignissen ohne Ordnung oder Sinn, oder würde sich dieselbe vollkommene Ordnung und Sinnhaftigkeit, die sich im Rest des Universums manifestiert, auch im Alltagsleben um uns herum entfalten?

Diese Frage ist die Grundlage eines erstaunlichen Experiments. Im Kern des Experiments steht eine einfache Frage: Bin ich besser dran, wenn ich mir in meinem Geist eine andere Wirklichkeit ausmale und dann mit der Wirklichkeit ringe, um sie meinen Vorstellungen anzupassen, oder geht es mir besser, wenn ich loslasse, was ich mir wünsche, und den Kräften der Wirklichkeit diene, die in der Lage waren, die ganze Vollkommenheit des Universums um mich herum zu schaffen? Das Experiment bestünde nicht darin, sich aus dem Leben zurückzuziehen, sondern darin, sich in das Leben hineinzustürzen, es so zu leben, dass wir nicht mehr von unseren persönlichen Ängsten und Begierden kontrolliert werden. Da mir keine bessere Bezeichnung einfiel, habe ich dies das «Experiment Hingabe» genannt, und ich habe die vergangenen vierzig Jahre meines Lebens darauf verwandt, mit anzusehen, wohin der Fluss der Ereignisse des Lebens mich ganz von selbst trägt. Was im Lauf dieser vier Jahrzehnte mit mir geschah, ist geradezu sagenhaft. Die Dinge sind nicht nur nicht auseinandergefallen, es geschah das genaue Gegenteil. Indem ein Ereignis ganz natürlich auf das andere folgte, nahm mich der Fluss des Lebens mit auf eine Reise, wie ich sie mir vorher nicht hätte vorstellen können. In diesem Buch erzähle ich von dieser Reise, sodass Sie erfahren können, was geschieht, wenn jemand es wagt, loszulassen und auf den Fluss des Lebens zu vertrauen.

Ich möchte allerdings von vornherein klarstellen, dass diese Art von Hingabe nicht bedeutet, sein Leben zu leben, ohne den Willen zur Geltung zu bringen. Meine Geschichte dieser vierzig Jahre ist einfach die Geschichte dessen, was geschah, während die Äußerungen meines Willens von dem gelenkt wurden, was das Leben tat, und nicht von dem, was es meiner Meinung nach hätte tun sollen. Meine persönliche Erfahrung hat gezeigt, dass es zu eindrucksvollen Resultaten führen kann, wenn man seinen eigenen Willen mit den natürlichen Kräften, die sich um uns herum entfalten, in Einklang bringt.

Die einzig effektive Weise, die Resultate dieses großen Experiments mit Ihnen zu teilen, besteht darin, Sie sehen zu lassen, wie ich in diese Lebensweise hineingezogen wurde, und Ihnen dann zu erlauben, diese Reise so zu erfahren, wie ich sie erfahren habe. In diesem Buch werden Sie einer Reihe von Lebenserfahrungen begegnen, die sich sehr wahrscheinlich sehr stark von Ihren eigenen unterscheiden. Ich berichte Ihnen nur deshalb davon, weil wir Menschenwesen die außerordentliche Fähigkeit besitzen, von den Erfahrungen anderer zu lernen. Sie müssen nicht so leben, wie ich gelebt habe, um sich von dem beeindrucken zu lassen, was mir widerfahren ist. Die unerwarteten Ereignisse, die sich vor mir entfaltet haben, haben nicht nur mein gesamtes Leben verändert, sie haben auch meine gesamte Anschauung des Lebens verändert und mir ein Gefühl tiefen inneren Friedens beschert. Ich berichte Ihnen von meinem Hingabeexperiment in der Hoffnung, Sie dazu zu ermutigen, zu einer friedlicheren und harmonischeren Lebensweise zu finden und die erstaunliche Vollkommenheit, die sich um uns herum entfaltet, tiefer zu schätzen.

NICHT MIT EINEM SCHREI, MIT EINEM FLÜSTERN

Mein Taufname ist Michael Alan Singer. So weit meine Erinnerung zurückreicht, wurde ich von allen Mickey genannt. Ich wurde am 6. Mai 1947 geboren und habe bis zum Winter 1970 ein ziemlich gewöhnliches Leben geführt. Dann widerfuhr mir etwas, das so tiefgreifend war, dass es die Ausrichtung meines Lebens für immer veränderte.

Lebensverändernde Ereignisse können sehr dramatisch und ihrer Natur nach sehr verstörend sein. Dein ganzes Leben ist körperlich, emotional und mental auf eine bestimmte Richtung eingestellt, und dieser Ausrichtung wohnt die gesamte Schwungkraft deiner Vergangenheit und all deiner Träume für die Zukunft inne. Und dann kommt es mit einem Mal zu einem schweren Erdbeben, einer schrecklichen Krankheit oder einer zufälligen Begegnung, die dir total den Teppich unter den Füßen wegzieht. Ist dieses Ereignis einschneidend genug, um das Hauptaugenmerk deines Herzens und deines Geistes zu verändern, dann wird der Rest deines Lebens sich mit der Zeit ebenfalls verändern. Du bist nach dem lebensverändernden Ereignis buchstäblich nicht mehr dieselbe Person wie vorher. Deine Interessen verändern sich, deine Ziele verändern sich, ja tatsächlich verändern sich Sinn und Zweck deines ganzen Lebens. Es braucht gewöhnlich ein sehr drastisches Ereignis, um dir den Kopf so weit zu verdrehen, dass du niemals mehr zurückblickst.

Jedoch nicht immer.

In jenem Winter 1970 geschah mir nichts dermaßen Dramatisches. Was passierte, war so subtil, so zart, dass es leicht unbemerkt hätte vorübergehen können. Mein Leben wurde nicht mit einem Schrei, sondern mit einem Flüstern in äußersten Aufruhr und in eine tiefe Transformation gestürzt. Seit jenem lebensverändernden Moment sind inzwischen mehr als vierzig Jahre vergangen, aber ich erinnere mich noch daran, als sei es gestern gewesen.

Ich saß auf der Couch im Wohnzimmer bei mir zu Hause in Gainesville, Florida. Ich war zweiundzwanzig Jahre alt und damals verheiratet mit einer wunderschönen Seele namens Shelly. Wir studierten beide an der Universität von Florida, wo ich auf meinen Abschluss in Wirtschaftswissenschaften hinarbeitete. Ich war ein sehr aufgeweckter Student und wurde vom Vorsitzenden der wirtschaftswissenschaftlichen Fakultät als College-Professor aufgebaut. Shelly hatte einen Bruder namens Ronnie, der in Chicago lebte und ein sehr erfolgreicher Rechtsanwalt war. Obwohl wir beide aus total unterschiedlichen Welten kamen, wurden Ronnie und ich enge Freunde. Er war ein einflussreicher, vom Streben nach Reichtum angetriebener Großstadtanwalt, ich war ein von den Sechzigerjahren geprägter intellektuell veranlagter Hippie. Es ist durchaus erwähnenswert, wie analytisch ich zu jener Zeit ausgerichtet war. Ich hatte auf dem College niemals irgendwelche Kurse in Philosophie, Psychologie oder Religion belegt, sondern hatte mich in meiner Ausbildung mit symbolischer Logik, höherer Mathematik und theoretischer Statistik beschäftigt. Dies lässt das, was mir geschah, noch erstaunlicher erscheinen.

Ronnie kam gelegentlich zu Besuch, und wir hingen einfach zusammen herum. So saßen wir an jenem schicksalshaften Tag im Jahre 1970 zusammen auf der Couch. Ich erinnere mich nicht mehr genau, worüber wir gerade sprachen, doch in unserer entspannten Unterhaltung war es zu einer Pause gekommen. Ich bemerkte, dass mir die Stille irgendwie unangenehm war und dass ich nach etwas suchte, was ich als Nächstes hätte sagen können. Ich hatte mich zuvor schon häufig in ähnlichen Situationen befunden, aber es war etwas völlig anderes an dieser Erfahrung. Statt mich einfach nur unwohl zu fühlen und nach etwas zu suchen, was ich sagen könnte, fiel mir auf, dass ich mich unwohl fühlte und nach etwas suchte, was ich sagen könnte. Zum ersten Mal in meinem Leben waren meine Gedanken und Emotionen etwas, das ich beobachtete, statt es zu sein.

Ich weiß, dass dies schwer in Worte zu fassen ist, aber da war ein Gefühl der totalen Trennung zwischen meinem beunruhigten Geist, der alle möglichen Themen, über die man sprechen könnte, vorschlug, und mir, nämlich demjenigen, der sich einfach dessen bewusst war, dass mein Geist dies tat. Es war so, als sei ich plötzlich in der Lage, außerhalb meines Geistes zu stehen und ruhig zu beobachten, wie er Gedanken erzeugte. Ob Sie es glauben oder nicht, diese subtile Verlagerung des Standpunktes meiner Bewusstheit entfachte einen Wirbelsturm, der mein ganzes Leben auf den Kopf stellen sollte.

Für einige Momente saß ich einfach nur da und beobachtete innerlich, wie ich versuchte, das unangenehme Schweigen zu «beheben». Aber ich war nicht derjenige, der es zu beheben versuchte – ich war derjenige, der ganz ruhig die Aktivität meines Geistes beobachtete, welcher versuchte, es zu beheben. Zuerst war die Trennung zwischen mir und dem, was ich beobachtete, noch recht geringfügig. Aber mit jeder Sekunde wurde die Trennung immer stärker. Ich selbst tat nichts, um diese Verlagerung voranzutreiben. Ich war einfach nur da und nahm zur Kenntnis, dass meine Ichempfindung die neurotischen Gedankenmuster, die vor mir abliefen, nicht mehr umfasste.

Dieser gesamte Prozess der «Bewusstwerdung» vollzog sich fast augenblicklich. Es war so, als starre man eines dieser Poster an, in denen sich ein Bild verbirgt. Zuerst scheint da einfach nur ein Kreis mit chaotischen Linienmustern zu sein, und dann taucht aus dem vermeintlichen Chaos plötzlich ein 3-D-Bild auf. Sobald man das dreidimensionale Bild erst einmal sieht, kann man sich nicht mehr vorstellen, wie man es zuvor nicht hatte sehen können. Man hatte es doch genau vor Augen! Genauso war es mit dem Umschalten, zu dem es in mir kam. Es war so offensichtlich – ich war da und beobachtete meine Gedanken und Gefühle. Ich war schon immer dort gewesen und hatte sie beobachtet, aber ich war zu unbewusst gewesen, um das zu bemerken. Es war so, als sei ich von den Details meiner Gedanken und Emotionen dermaßen eingenommen gewesen, dass ich sie nicht als bloße Gedanken und Emotionen hatte erkennen können.

Innerhalb von Sekunden hörte sich das, was ich zuvor für wichtige Lösungen zum Durchbrechen des unangenehmen Schweigens gehalten hatte, an wie eine neurotische Stimme, die innerhalb meines Kopfes redete. Ich beobachtete, wie diese Stimme verschiedene Dinge, die sie sagen könnte, ausprobierte:

Das Wetter war einfach toll, nicht wahr?
Hast du mitbekommen, was Nixon kürzlich gesagt hat?
Sollen wir uns etwas zu essen holen?

Als ich dann endlich den Mund öffnete, um etwas zu sagen, war es das Folgende:

«Ist dir jemals aufgefallen, dass es da diese Stimme gibt, die in deinem Kopf redet?»

Ronnie sah mich zuerst etwas befremdet an, aber dann leuchtete etwas in seinen Augen auf, und er sagte: «Ja, ich weiß, was du meinst – meine Stimme hält nie den Schnabel!» Ich erinnere mich noch genau, dass ich ihn scherzend fragte, wie es wohl sein würde, wenn er die Stimme eines anderen da drinnen reden hörte. Wir lachten und das Leben ging weiter.

Jedoch nicht mein Leben. Mein Leben ging nicht «einfach weiter». In meinem Leben sollte nichts mehr so sein wie zuvor. Ich musste nicht versuchen, diese Bewusstheit aufrechtzuerhalten. Sie war das, was ich jetzt war. Ich war das Wesen, das den unablässigen Fluss von Gedanken, die durch meinen Geist zogen, beobachtete. Von demselben Sitz der Bewusstheit aus beobachtete ich den sich ständig verändernden Strom von Emotionen, die durch mein Herz zogen. Wenn ich duschte, sah ich, was diese Stimme zu sagen hatte, während ich mich einseifte. Wenn ich mit jemand anderem sprach, beobachtete ich, wie diese Stimme sich überlegte, was sie als Nächstes sagen sollte – statt auf das zu hören, was die andere Person zu sagen hatte. Wenn ich in den Unterricht ging, beobachtete ich meinen Geist bei dem Spiel, dem Gedankengang des Professors vorauszueilen, um herauszufinden, worauf sein Vortrag hinauslaufen würde. Ich brauche wohl kaum zu betonen, dass es nicht lange dauerte, bis diese neu gefundene Stimme in meinem Kopf begann, mir wirklich auf die Nerven zu gehen. Es war, als säße ich im Kino neben jemandem, der einfach nicht aufhören will zu quasseln.

Während ich diese Stimme beobachtete, wollte etwas tief in meinem Inneren sie einfach nur zum Schweigen bringen. Wie wäre es wohl, wenn sie aufhörte? Ich begann mich nach innerer Stille zu sehnen. Innerhalb weniger Tage nach jener ersten Erfahrung begannen sich die Muster meines Lebens zu verändern. Wenn Freunde zu uns kamen, um den Kontakt zu pflegen, hatte ich daran keinen Spaß mehr. Ich wollte meinen Geist ruhigstellen, und soziale Kontakte halfen da nicht. Ich begann mich zu entschuldigen und hinauszugehen in den Wald in der Nähe unseres Hauses. Dort setzte ich mich unter den Bäumen auf den Boden und befahl dieser Stimme zu schweigen. Natürlich funktionierte das nicht, nichts schien zu funktionieren. Ich bemerkte, dass ich das Thema, über das die Stimme sprach, wechseln konnte, aber ich konnte sie einfach nicht dazu bringen, mal für eine Weile still zu sein. Mein Verlangen nach innerer Stille wurde zur Besessenheit. Ich wusste, wie es war, die Stimme zu beobachten. Was ich nicht wusste, war, wie es sein würde, wenn diese Stimme einfach aufhören würde. Und ich hätte mir niemals vorstellen können, auf welche lebensverändernde Reise ich von hier aus aufbrechen würde.

MICH SELBST KENNENLERNEN

Bereits in meiner Jugend liebte ich es herauszufinden, wie die Dinge funktionieren. So war es unvermeidlich, dass mein analytischer Geist fasziniert davon war, meine Beziehung zu der Stimme in meinem Kopf zu verstehen. Bevor ich mich jedoch dieser intellektuellen Faszination erfreuen konnte, musste ich erst einmal mit der Tatsache fertig werden, dass mein persönlicher Geist mich verrückt machte. Wann immer ich irgendetwas erblickte, gab diese Stimme einen Kommentar dazu ab: Ich mag das ...; Ich mag das nicht...; Das passt mir nicht ...; Das erinnert mich an ... Als ich mich allmählich daran gewöhnt hatte, all dies zu beobachten, stellten sich ganz natürlich einige Fragen. Zuerst einmal: Warum redet diese Stimme die ganze Zeit? Wenn ich etwas sehe, bin ich mir sofort dessen bewusst, dass ich es sehe. Warum muss diese Stimme mir erzählen, dass ich es sehe und was ich davon halte?

Da kommt Maria. Ich habe keine Lust, ihr heute zu begegnen. Ich hoffe, dass sie mich nicht sieht.

Ich weiß, was ich sehe, und ich weiß, was ich fühle. Schließlich bin ich derjenige hier drinnen, der sieht und fühlt. Warum muss das in meinem Geist noch ausgesprochen werden?

Eine weitere der Fragen, die sich daraus ergaben, war: Wer bin ich, der ständig all diese mentale Aktivität zur Kenntnis nimmt? Wer bin ich, der mit einem Gefühl der totalen Distanziertheit einfach nur beobachten kann, wie Gedanken in mir auftauchen? Im Zusammenhang mit der neu gefundenen Stimme in meinem Kopf waren zwei Triebkräfte erwacht. Eine war der Wunsch, die Stimme zum Schweigen zu bringen, und die andere war pure Faszination sowie ein Verlangen danach zu verstehen, was diese Stimme war und woher sie kam.

Ich habe bereits erwähnt, dass mein Leben vor diesem inneren Erwachen ziemlich gewöhnlich war. Ich sage das nur im Vergleich zu dem, was danach aus meinem Leben wurde. Ich wurde zu einem getriebenen Menschen. Ich wollte wissen, was es mit der Stimme, die ich entdeckt hatte, auf sich hatte, und ich wollte wissen, wer ich war – der hier drinnen, der all dies erfuhr. Ich begann viele Stunden in der Bibliothek der Hochschule zu verbringen, allerdings nicht in der Abteilung für Wirtschaftswissenschaft, sondern in der Abteilung für Psychologie. Ich konnte mir nicht vorstellen, dass andere diese Stimme, die im Inneren redet, nicht ebenfalls entdeckt hatten. Sie war so vorherrschend, dass man sie nicht überhören konnte. Auf der Suche nach Antworten auf meine Fragen durchsuchte ich das Werk von Freud. Ich las ein Buch nach dem anderen, aber ich fand keinen direkten Hinweis auf die im Inneren redende Stimme – ganz zu schweigen von irgendeiner Bezugnahme auf denjenigen, der sich dessen bewusst ist, dass die Stimme redet. Damals sprach ich jeden, der mir nur zuhören wollte, auf diese Stimme an. Die Leute hielten mich wahrscheinlich für verrückt. Ich erinnere mich noch an eine Begegnung mit einem hochkultivierten und sehr reservierten Professor für Spanisch. Ich traf ihn eines Tages zufällig zwischen den Unterrichtsstunden und erzählte ihm aufgeregt, ich hätte jetzt verstanden, was es bedeute, eine Sprache flüssig zu sprechen. Ich erklärte ihm, es gebe da diese Stimme in unserem Kopf, die zu praktisch allem einen Kommentar abgebe – was man mag und was man nicht mag, was man eben jetzt tun sollte und was man sich in der Vergangenheit hatte zuschulden kommen lassen. Wenn diese innere Stimme Spanisch spräche und man augenblicklich verstehen könne, was sie sagt, dann würde man flüssig Spanisch sprechen. Ergäben die spanischen Wörter jedoch keinen Sinn, solange man sie nicht mental übersetzte, sodass die Stimme sie auf Englisch wiederholen könnte, dann beherrsche man die spanische Sprache noch nicht. Das war total einsichtig – wenigstens für mich. Würde ich Sprachen im Hauptfach studieren, so sagte ich ihm, dann würde ich meine Doktorarbeit auf dieser Prämisse aufbauen. Ich brauche wohl kaum zu erwähnen, dass mein Professor für Spanisch mich ziemlich schräg ansah, dass er irgendetwas Höfliches sagte und darauf seiner Wege ging.

Mir war egal, was er von mir dachte. Ich befand mich auf einer Forschungsreise, die mich über alles, was ich mir hätte vorstellen können, hinausführen sollte. Ich lernte jeden Tag unglaublich viel über mich selbst. Ich konnte kaum glauben, wie viel an Selbstbewusstheit und Angst durch diese Stimme zum Ausdruck kam. Es war ganz offensichtlich, dass es der Person, die ich im Inneren beobachtete, sehr wichtig war, was die Leute von ihr dachten. Das traf besonders auf Menschen zu, die ich gut kannte. Die Stimme schrieb mir vor, was ich sagen und was ich nicht sagen sollte. Sie beschwerte sich unablässig, wenn irgendetwas nicht so war, wie ich es mir wünschte. Wenn ein Gespräch mit einem Freund mit der geringsten Unstimmigkeit oder Meinungsverschiedenheit endete, dann ging das Gespräch in meinem Kopf weiter. Ich konnte beobachten, wie die Stimme sich voller Wunschdenken vorstellte, wie das Gespräch anders hätte enden können. Ich konnte sehen, wie viel Angst vor Zurückweisung und Nichtakzeptanz durch diesen mentalen Dialog zum Ausdruck kam. Das war manchmal überwältigend, aber der Standpunkt, von dem aus ich die im Inneren sprechende Stimme beobachtete, ging nie verloren. Sie war offensichtlich nicht ich selbst, sie war etwas, das ich beobachtete.

Stellen Sie sich vor, Sie würden eines Tages inmitten einer Kakophonie von Geräuschen aufwachen. Sie wollen, dass die Geräusche aufhören, aber Sie haben keine Ahnung, wie Sie sie abstellen könnten. Eine solche Wirkung hatte die Stimme auf mich. Eines war vollkommen klar: Diese Stimme hatte auch vorher schon immer gesprochen, aber ich war ihr dermaßen ausgeliefert gewesen, dass ich sie niemals als etwas von mir Getrenntes erkannt hatte. Es war so, als wisse ein Fisch nicht darum, dass er im Wasser lebt, bis er es verlässt. Ein Sprung in die Luft und der Fisch erkennt augenblicklich: «Da unten ist das Wasser und darin habe ich mich immer aufgehalten. Aber jetzt sehe ich, dass ich es verlassen kann.»

Ich mochte diese Stimme des Geistes, welche die ganze Zeit redete, überhaupt nicht. Sie war einfach so etwas wie ein störendes Geräusch, von dem ich mir wünschte, es möge aufhören. Aber das tat es nicht. Ich konnte es erst einmal nicht loswerden. Wie sich jedoch zeigte, hatte ich noch nicht einmal begonnen zu kämpfen.

DIE PFEILER DES ZEN

Monate vergingen, und noch immer stand ich mit meiner inneren Forschung allein da. Ich ahnte nicht, dass unerwartet Hilfe kommen sollte.

Während meines Doktoratsstudiums hatte ich einen Kommilitonen namens Mark Waldman. Er war ein blitzgescheiter junger Mann und ein Bücherwurm, der über viele verschiedene Themen las. Wie alle Welt, hörte auch Mark mich über mein Interesse an der inneren Stimme sprechen. Eines Tages brachte er mir ein Buch mit, von dem er glaubte, es könne mir helfen. Das Buch trug den Titel *Die drei Pfeiler des Zen*, der Autor hieß Philip Kapleau.

Ich wusste nicht das Geringste über den Zen-Buddhismus. Ich war ein Intellektueller, der keine Gedanken auf religiöse Dinge verschwendete. Ich war zwar jüdisch erzogen worden, aber diese Prägung war nicht sehr tiefgehend. Als ich schließlich das College besuchte, spielte Religion in meinem Leben keine Rolle mehr. Hätten Sie mich gefragt, ob ich Atheist sei, hätte ich Sie wahrscheinlich nur verständnislos angesehen. Ich hatte niemals auch nur darüber nachgedacht.

Ich begann das Buch über Zen durchzublättern, und innerhalb von Minuten wurde mir klar: Hier war von der inneren Stimme die Rede. Mir blieb geradezu das Herz stehen, und ich rang um Atem. In diesem Buch ging es offensichtlich darum, wie man diese Stimme zum Schweigen bringt. Abschnitt für Abschnitt sprach von der Ruhigstellung des Geistes. Der Autor benutzte Begriffe wie das «wahre Selbst» für das, was hinter dem denkenden Geist steht. Ich zweifelte nicht daran, gefunden zu haben, wonach ich gesucht hatte. Ich wusste jetzt, dass es andere Menschen gab, die den Standpunkt gefunden hatten, von dem aus sie diese Stimme beobachten konnten, statt sich damit zu identifizieren. Es gab nicht nur ein über Jahrtausende überliefertes Wissen über den Umgang mit der Stimme, sondern in diesem Buch ging es offensichtlich darum, die Stimme «loszuwerden». Es sprach davon, wie man sich aus dem Griff des Geistes befreien könne. Es handelte von Transzendenz.

Unnötig zu erwähnen, dass ich von Ehrfurcht ergriffen war. Ich fühlte eine Verehrung für dieses Buch, wie ich sie für nichts zuvor in meinem Leben empfunden hatte. In der Schule und auf der Universität hatte ich so viele Bücher lesen und studieren müssen. Jetzt hielt ich ein Buch in Händen, das mir einige echte Fragen beantwortete – etwa wer bin ich, der beobachtet, wie diese Stimme spricht. Das waren Fragen, auf die ich unbedingt eine Antwort finden wollte. Ja, es ging in Wahrheit um mehr als ein Wollen. Ich musste die Antworten finden, denn die Stimme trieb mich zum Wahnsinn!

Was *Die drei Pfeiler des Zen* aussagte, war sehr klar und unmissverständlich. Das Buch sagte: Hör auf zu lesen, zu reden und über deinen Geist nachzudenken und tue einfach das, was nötig ist, um ihn zum Schweigen zu bringen. Es war ebenso unmissverständlich, was dazu nötig war – zu meditieren.

Bevor ich irgendetwas über Meditation wusste, hatte ich bereits versucht, allein für mich dazusitzen, um die Stimme zum Schweigen zu bringen. Aber das hatte einfach nicht funktioniert. In diesem Buch wurde mir eine altbewährte Methode angeboten, die bei Tausenden anderer Menschen funktioniert hatte: Setze dich einfach an einem stillen Ort nieder, beobachte, wie dein Atem einströmt und ausströmt, und wiederhole mental den Klang Mu. Das ist alles. Und tue das nun von Tag zu Tag für immer längere Zeiträume. Im Zen wurde diese wahre Arbeit üblicherweise im Rahmen einer Gruppe während eines sogenannten Sesshin geleistet. Im traditionellen Rahmen ging eine geschulte Person mit einem Kyosaku («Erweckungsstock») genannten abgeflachten Stock herum. Wenn man einzuschlafen begann oder auf andere Weise die Sammlung verlor, erhielt man mit dem Stock einen Schlag auf die Schulter. Das Zen war streng, es war keine Spielerei. Diese Form des Zen war ernste Arbeit.

Ich hatte allerdings keine Gruppe und keinen Lehrer. Alles, was ich hatte, war ein Buch und der ernsthafte Wunsch herauszufinden, ob diese Praktiken mich zu dem ersehnten Ziel führen könnten. Ich begann, auf mich gestellt Zen-Meditation zu üben – oder zumindest das, was ich nach meinem besten Wissen für Zen-Meditation hielt. Zuerst saß ich jeden Tag für fünfzehn oder zwanzig Minuten. Innerhalb einer Woche hatte ich diese Übung auf eine halbe Stunde zweimal am Tag ausgebaut. Ich erlebte kein Feuerwerk oder irgendwelche tiefen Erfahrungen. Aber die Sammlung auf meinen Atem und das Mantra lenkten meine Bewusstheit auf jeden Fall von dem unablässigen Geplapper der Stimme ab. Wenn ich die mentale Stimme Mu sagen ließ, dann konnte sie nicht all die verrückten persönlichen Dinge sagen, die sie gewöhnlich äußerte. Sehr schnell begann ich die Übung zu mögen. Ich freute mich auf die Zeiten am Tag, die ich für die Meditation freihielt.

Bei meinem Experiment mit der Zen-Meditation waren erst einige Wochen vergangen, als Shelly und ich beschlossen, einen Campingausflug zu machen. Vier Freunde schlossen sich uns an, und wir fuhren mit unseren Campern für das Wochenende in den Ocala National Forest. Ich besaß einen VW-Camper, und so war es ein Leichtes, solche Wochenendausflüge zu unternehmen. Aber dieser Ausflug erwies sich als kein gewöhnlicher Campingausflug – dieser Ausflug sollte einen bleibenden Einfluss auf den Rest meines Lebens haben.

Wir fanden eine abgelegene Stelle in den Wäldern, von der aus man einen Blick auf ein unberührtes Feuchtgebiet hatte. Wir hatten unsere Camper kaum abgestellt, da waren wir bereits von der Stille und Schönheit dieses Ortes verzaubert. Ich hatte das Gefühl, dass dies ein guter Platz für die

Meditation sein könnte. Ich war noch ein totaler Anfänger, nahm die Übung, durch die ich herauszufinden hoffte, wie es sein würde, wenn die Stimme tatsächlich schweigen würde, jedoch sehr ernst. Ich fragte Shelly und unsere Freunde, ob ich einige Zeit für mich allein verbringen könnte. Niemand hatte etwas dagegen. Also schlenderte ich zu dem grasgesäumten See hinunter und fand einen schönen Platz zum Sitzen. Die ganze Idee der Meditation erschien mir von Anfang an so sinnhaft, dass sie so etwas wie eine heilige Erfahrung für mich war. Ich suchte mir einen Baum, unter dem ich sitzen konnte wie einst der Buddha. Und dann sagte ich ziemlich theatralisch zu mir selbst: Ich werde nicht wieder aufstehen, bevor ich Erleuchtung erlangt habe.

Was unter diesem Baum geschah, war so überwältigend, dass ich jetzt noch am ganzen Körper zu zittern beginne und mir Tränen in die Augen treten, wenn ich nur daran denke.

ABSOLUTE STILLE

Ich verschränkte die Beine in der vollen Lotoshaltung. Ich wusste, dass ich noch nicht geübt genug war, um diese Sitzhaltung für längere Zeit beibehalten zu können, aber ich dachte mir, ich sollte zumindest mit der offiziellen Meditationshaltung beginnen. Ich richtete meinen Rücken auf, hielt den Nacken gerade und begann dann, mich auf den Atem zu sammeln, der meine Bauchdecke sich heben und senken ließ. Nach Anweisung des Zen-Buches erzeugte ich den Mu-Klang in meinem Unterbauch, unterhalb des Bauchnabels. Ich beobachtete, wie mein Atem von dort unten aus ein- und ausströmte.

Ich beabsichtigte, sehr viel länger zu sitzen, als ich das zuvor getan hatte, und benutzte deshalb meine Willenskraft, um mich mit besonderer Intensität und Ernsthaftigkeit zu konzentrieren. Das hatte offenbar eine Wirkung, denn ich ging tiefer nach innen, als ich jemals zuvor gegangen war. Es kam mir so vor, als erzeuge die Konzentration auf die Bewegung des Atems in meinem Bauch eine Kraft, die das Ausfließen meines Atems aus meinen Nasenlöchern mit der inneren Bewegung meines Unterbauchs verband. Immer wenn ich langsam durch die Nase ausatmete, spürte ich eine warme, einladende Empfindung in dem ganzen Bereich unterhalb meines Bauchnabels. Die Empfindung war so angenehm, dass meine Aufmerksamkeit sich ganz von selbst dort sammelte. Für eine Weile verlor ich mich einfach völlig in die Schönheit dieser Erfahrung.

Einige Zeit später – ich vermochte nicht zu sagen, wie viel später – begann die mentale Stimme darüber zu reden, wie schön die Erfahrung sei und dass dies wahre Meditation sein müsse. Da meine Aufmerksamkeit zu dieser mentalen Stimme abschweifte, wurde sie von der Sammlung auf den

Atem abgezogen. Die Meditationserfahrung schien ihren natürlichen Gang zu gehen, und ich begann, auf das Niveau meines normalen Geisteszustands abzusinken.

Aber diese Meditationssitzung hatte ich mir anders vorgestellt. Ich hatte mir selbst gesagt, dass ich nicht aufstehen würde, bevor ich nicht einen Durchbruch erlebt hatte. Also begann ich mich willentlich erneut auf die Bewegung des Atems in meinem Bauch und auf den Klang des Mu zu sammeln. Wieder verlor ich mich in die warme fließende Kraft, die mein Ausatmen mit der Wärme in meinem Unterbauch verband. Indem ich mich noch tiefer konzentrierte, wurde die Kraft noch stärker. Schließlich war jede Wahrnehmung meines Körpers und meiner Umgebung verschwunden. Ich war mir nur noch des mühelosen Flusses warmer Energie bewusst, der sich im Zentrum meines Bauches aufbaute und ausdehnte. Ich war nicht mehr vorhanden – da war nur noch dieser Fluss.

Von Zeit zu Zeit kehrte meine Empfindung von Selbstbewusstheit für kurze Momente zurück. Sobald das zu geschehen begann, fokussierte ich mich willentlich wieder auf das Gefühl des Ausatmens und auf die Bewegung meines Bauches – und sogleich war ich nicht mehr vorhanden. Diese Erfahrung des abwechselnden Herausfallens aus dem tiefen Zustand und des Wiedereintretens ging eine ganze Weile weiter, vielleicht für einige Stunden.

Irgendwann muss mir der Wille, mich während der Momente, in denen die Selbstbewusstheit zurückkehrte, erneut zu sammeln, abhandengekommen sein. Ich war weit in einen sehr tiefen und friedlichen Zustand hineingeraten, aber jetzt begann ich zurückzukommen. Ich weiß nicht, wie lange ich damals wirklich gesessen habe, aber das Erste, was mir bewusst wurde, waren die Schmerzen in meinen Beinen. Da ich so lange in der vollen Lotoshaltung gesessen hatte, taten meine Beine sehr weh. Die Stimme in meinem Geist hatte jedoch noch nicht wieder eingesetzt. Ich war einfach nur da, ein wenig benommen, aber in tiefem Frieden und gebannt von der Erfahrung. Ich schätze, ich hätte meine Landeanflug fortgesetzt, aber dann passierte etwas Erstaunliches. Aus einem Bereich hinter dem Ort, um den mein Bewusstsein sich zentrierte, erklang eine dröhnende Stimme. Sie sagte sehr streng: «WILLST DU WISSEN, WAS JENSEITS VON DIR IST, ODER NICHT?»

Dies war nicht die Stimme meines Verstandes, mit der zu kämpfen ich inzwischen gewohnt war. Seit ich diese plappernde Stimme zum ersten Mal bemerkt hatte, sprach sie aus einem Bereich vor und unterhalb des Punktes, wo ich mich im Inneren befand. Diese neue beschwörende Stimme kam aus einem Bereich hinter und über dem Ort, wo ich mein Bewusstsein jetzt lokalisierte. Auf jeden Fall erschütterte mich ihre strenge Herausforderung bis in die Tiefe meines Seins. Ich hatte kein Bedürfnis, die Frage zu beantworten, da jede Faser in mir sich danach sehnte, tiefer zu gehen. Also atmete ich ein, trieb mich dann tief in den Ausatem – und war verschwunden.

Als meine Empfindung der Selbstbewusstheit sich wieder herauszukristallisieren begann, war meine Erfahrung des Daseins vollkommen anders als alles, was ich bisher erfahren hatte. Ich fühlte den Schmerz in meinen Beinen, aber er war sehr weit weg und er hatte etwas Warmes und Schönes. Als mir der Körper wieder etwas stärker bewusst geworden war, versuchte ich, meinen Kopf ein wenig nach vorn zu neigen. Nichts bewegte sich. Es war, als stoße ich mit der Stirn an eine Wand. Etwas sehr Solides widersetzte sich der geringsten Bewegung meines Kopfes nach vorn. Augenblicklich wurde mir klar, dass die schiere Intensität meiner Konzentration eine deutlich erkennbare Kraft erzeugt hatte, die aus meiner Stirn nach außen und dann in einer Kurve zurück in den Punkt in meinem Unterbauch floss, auf den ich mich konzentriert hatte. Ich weiß, dass sich das seltsam anhört, aber ich fühlte eine Art Magnetfeld, welches so stark war, dass es einfach keine Bewegung zuließ.

Dies war nicht die einzige machtvolle Energie, die ich erfuhr. Ich hatte in der vollen Lotoshaltung gesessen, wobei meine Hände auf meinen überkreuzten Füßen ruhten. In dieser Haltung bildeten meine Hände, Arme und Schultern einen geschlossenen Kreis. Jetzt war dieser gesamte Kreis zu einem weiteren Kraftfeld geworden. Ich vermochte mich weder nach vorn noch zur Seite zu beugen. Ich war wie arretiert in etwas, das ich nur als sich überschneidende Energieflüsse beschreiben kann. Mit jedem Ausatmen wurden diese Flüsse greifbarer und intensiver. Die ganze Erfahrung war dermaßen fesselnd, dass kein Bewusstsein meiner Umgebung zurückkehrte. Ich kam nur so weit herunter, um zu sehen, dass mein Körper von diesen Energieflüssen überwältigt war. Dann hörte ich erneut: «WILLST DU WISSEN, WAS JENSEITS VON DIR IST, ODER NICHT?»

Sofort atmete ich tief ein und atmete dann mit großer Entschlossenheit langsam durch die Nasenlöcher aus. Es war, als erzeuge der ausströmende und gegen die magnetischen Kraftfelder prallende Atem eine Art Auftrieb. Dieser nach oben und innen gerichtete Schub begann mich in immer größere Tiefe zu treiben, über jede Empfindung von Selbstbewusstheit hinaus. Nach einem weiteren Einatmen und Ausatmen war ich völlig verschwunden.

Sie mögen sich vielleicht fragen, wohin ich da gegangen bin. Das ist verständlich, aber es ist mir nicht möglich, diese Frage zu beantworten. Ich weiß nur, dass ich mich jedes Mal, wenn ich zurückkam, in einem erhabeneren Zustand wiederfand als zuvor. Als ich das nächste Mal aus dem Nirgendwo zurückkehrte, war alles völlig anders. Der subtile Widerstand gegen das Zurückgekehrtsein war verschwunden. Ich hatte nicht mehr das Gefühl, unbedingt an dem erhabenen Zustand festhalten zu müssen. Da war nur noch Friede – tiefer, tiefer Friede. Und da war eine absolute Stille, eine Stille, die sich durch rein gar nichts stören ließ. Sie war dermaßen still, dass es hier in aller Ewigkeit wohl niemals irgendein Geräusch gegeben hatte. Es war wie im

Weltraum, wo es keine Atmosphäre gibt und deshalb auch kein Geräusch geben kann. Geräusche brauchen ein Medium, in dem sie sich verbreiten können. An dem Ort, zu dem ich zurückkehrte, gab es kein solches Medium. Ich erfuhr wahrhaft den Klang der Stille.

Und das Wichtigste war: Es gab dort keine Stimme. Es gab nicht einmal eine Erinnerung daran, wie es wäre, an diesem heiligen Ort ihr Geschwätz zu hören. Sie war einfach verschwunden. Total verschwunden. Alles, was blieb, war ein Bewusstsein des Seins. Ich existierte einfach, sonst nichts. Diesmal forderte mich keine strenge Stimme auf, darüber hinauszugehen. Es war an der Zeit, zurückzukommen.

Das Erste, was ich bemerkte, als ich mir meiner Umgebung wieder bewusst wurde, war, dass die äußeren Energieflüsse, die ich zuvor erfahren hatte, sich jetzt nach innen zurückgezogen hatten. Ich fühlte jetzt einen höchst angenehmen Fluss von Energie meine Wirbelsäule hinauf bis in die Mitte meiner Stirn. Ich hatte so etwas noch nie erfahren, und fast meine gesamte Aufmerksamkeit wurde von diesem Punkt angezogen. Es gab zwar immer noch starke Schmerzen in meinen Beinen, aber das war kein Problem. Es war einfach nur eine gelassene Erfahrung von Schmerz. Keine Klagen, kein mentaler Dialog darüber, was man dagegen tun könnte. Da war einfach nur Bewusstheit, die mit dem, dessen sie sich bewusst war, vollkommen in Frieden war.

Es gelang mir, meine Arme so weit zu bewegen, dass ich meine Beine aus der Lotoshaltung entflechten konnte. Sie fühlten sich an wie ein totes Gewicht, also legte ich mich für eine Weile auf die Seite, bis sie wieder zum Leben erwachten. Es war so friedlich, so angenehm, dort zu liegen. Nach einer Weile öffnete ich die Augen. Was durch diese Öffnungen in mich hineinströmte, war mit nichts, was ich je zuvor gesehen oder mir erträumt hatte, vergleichbar. Das Feuchtgebiet vor mir sah aus wie eine japanische Tuschemalerei. Es strahlte Zartheit und Stille aus. Die hohen Gräser wiegten sich in der sanften Brise, aber ihre Bewegung hatte etwas Stilles. Alles war so still, so friedlich. Die Bäume waren still, die Wolken waren still, das Wasser war still. Inmitten der Bewegung der Natur war da absolute Stille. Mein Körper war still, und es gab keinerlei Gedanken. Ich hätte für immer dort liegen bleiben und mit dem Frieden verschmelzen können, der meine Empfindung des Daseins umfing.

Als ich schließlich aufstand, kam mir auch die Bewegung meines Körpers ungewohnt vor. Ich war nie ein besonders anmutiger Mensch gewesen, ganz bestimmt nicht der Typ «Tänzer». Aber jetzt fühlte sich jede Bewegung meines Körpers wie ein Ballett an. Wenn meine Arme sich bewegten, war da ein anmutiger Fluss, und als ich zu gehen begann, wurde der Unterschied besonders deutlich. Bei jedem Schritt vermochte ich die Bewegung jedes kleinen Muskels in meinen Füßen zu fühlen. Ich floss von einem Schritt zum nächsten, und die Bewegung selbst war berauschend.

Das Erstaunliche ist, dass dieser Zustand einige Wochen lang anhielt. Als ich mich an jenem Tag wieder zu meinen Freunden gesellte, veränderte sich der Zustand nicht. Ich hatte keinerlei Bedürfnis, zu erklären oder zu beschreiben, was mir während der zwei oder drei Stunden, in denen ich fort gewesen war, widerfahren war. Ich vermochte kaum zu sprechen. Alles war so wunderschön und friedlich. Stille, absolute Stille, die selbst von den Geräuschen da draußen nicht gestört wurde. Die Geräusche waren da, aber sie schienen weit von dem Ort in meinem Inneren, wo ich mich befand, entfernt zu sein. Ein Burggraben stabilen Friedens ließ nichts in die Zitadelle meines erhabenen Zustandes eindringen.

VOM ABSOLUTEN FRIEDEN ZUM TOTALEN AUFRUHR

Shelly und ich kehrten von dem Wochenendausflug zurück, aber ich hatte keinerlei Beziehung mehr zu dem Leben, in das ich zurückkam. Ich hatte mich innerhalb weniger Stunden total verändert. Mein normaler innerer Zustand hatte sich in einen Zustand absoluter Klarheit verwandelt. In der ersten Zeit danach vermochten mich weder Verlangen noch Angst zu berühren. Selbst die Gedanken verstummten, bevor sie mir zu Bewusstsein kamen. Alles, was ich meiner Erinnerung nach zu jener Zeit erfuhr, war eine machtvolle, unerschütterliche Empfindung pointierter Intention: Ich werde diesen Zustand nie wieder verlassen. Ganz gleich, was geschieht, ich werde mich durch nichts mehr von diesem Ort ablenken lassen. Das musste mir auch nicht mehr von einer Stimme meines Geistes vorgesagt werden; es war das, was ich war. Mickey Singer war nicht mehr. Ich war derjenige, der diesen Frieden nie mehr verraten würde, der es nie mehr zulassen würde, dass diese transzendente Stille durch irgendetwas gestört würde.

Ich war wie ein Kind, das noch einmal alles neu lernen musste. Ich musste lernen, auf eine Weise zu essen, die mit diesem Frieden vereinbar war. Ich hatte vorher gern Marihuana geraucht, aber ich hörte ganz damit auf. Mein Zustand war kristallklar, und ich wollte ihn um keinen Deut trüben lassen. Ich musste lernen, Vorlesungen zu besuchen und Prüfungen zu absolvieren und dabei vollkommen zentriert zu bleiben. Ich befand mich in einem komplett von einem Stipendium finanzierten Doktoratsstudium. Ich musste lernen, meinen Intellekt zu benutzen, ohne den Frieden zu stören, den ich jetzt mehr liebte als das Leben selbst.

Einige Wochen lang hatte ich das Gefühl, neu geboren zu sein. Ich sehnte mich danach, zu jener Transzendenz zurückzukehren. Tatsächlich wurde ich jedes Mal, wenn ich mich zur Meditation hinsetzte, in einen erhabenen Zustand versetzt. In mir war ein Schleier weggezogen worden, und es war jetzt völlig natürlich, ihn wieder zu durchdringen. Ich begann um drei Uhr morgens aufzuwachen, um mich für lange Zeit der Meditation zu widmen. Im Lauf des Tages saß ich, wann immer und wo immer ich Gelegenheit dazu hatte. Nur in einem kleinen Teil meines Lebens ging es um die äußere Existenz. Worum es mir wirklich ging, war, zu lernen, tief im Inneren zu verweilen, während mein äußeres Leben vor mir ablief und ich dabei in Frieden weilte.

Es war mir jedoch nicht möglich, lange Zeit so losgelöst zu bleiben. Nach zwei oder drei Wochen begann der unerschütterliche Friede Risse zu bekommen. Diese Risse ermöglichten es der Stimme meines persönlichen Geistes, wieder in das Heiligtum der Stille einzusickern. Ich rang darum, die Stille wiederzufinden. Und wie ich darum kämpfte! Doch das Kämpfen selbst war mit der absoluten Stille nicht vereinbar. Es gab nichts, was ich hätte tun können. Ich musste einfach hilflos hier drinnen sitzen und beobachten, wie das «Land jenseits all meiner Träume» einem lärmenden inneren Zustand wich. Damals ahnte ich noch nicht, dass ich versuchen konnte, meine äußere Existenz zu verlassen, um die innere Stille aufrechtzuerhalten. Diese Bemühung kam erst etwas später.

Auch wenn mein tiefer innerer Friede zu verblassen begann, kehrte ich nie wieder vollständig zu meinem normalen Zustand zurück. Mein persönlicher Geist und meine Emotionen kehrten zwar wieder, aber ich war doch weiter von ihnen entfernt als vorher. Auch etwas anderes hatte sich wesentlich verändert: Ich erfuhr jetzt einen ständigen Fluss von Energie, der in mir zu dem Punkt zwischen meinen Augenbrauen aufstieg. Er erzeugte einen wirbelnden Druck, der meine Aufmerksamkeit zwang, sich auf diesen Punkt zu richten. Wenn ich zum Beispiel etwas anschaute, hatte ich das Gefühl, dass ich meinen Blick durch meine Stirn konzentrierte und nicht durch meine Augen. Das beeinflusste meine Sehfähigkeit allerdings nicht, es ließ mich nur die ganze Zeit näher am meditativen Zustand bleiben. Wohlgemerkt, die Fokussierung des Energieflusses war nicht etwas, das ich tat; es war etwas, das von selbst geschah. Ich war mir nur dessen bewusst, dass dieser Fluss vorher nie da gewesen war und dass er jetzt immer vorhanden war.

Dieser Sog, der meine Aufmerksamkeit zu dem Punkt zwischen meinen Augenbrauen hinzog, wurde mir zum Lehrer und Freund. Wenn die mentale Stimme etwas sagte, hatte ich jetzt eine Wahl – entweder auf die Stimme zu achten oder mich weiterhin auf den inneren Fluss der Energie zu konzentrieren. Wenn ich nicht auf das mentale Geschwätz hören wollte, so erkannte ich schließlich, brauchte ich bloß meine Konzentration auf den Energiefluss zu meiner Stirn leicht zu verstärken. Die Gedanken zogen dann einfach vorbei, ohne mich zu stören. Die Gedanken loszulassen, wurde für mich zu einem Spiel. Das gesamte Leben wurde mir zu einer leichteren Erfahrung als zuvor. Mein persönliches Melodrama tauchte zwar immer noch auf, aber es konnte mich nicht mehr runterziehen. Ich hatte das Geschenk dieses inneren Energieflusses erhalten, damit er mir half, mich von mir selbst zu befreien. Und wichtiger noch: Ich wusste jetzt, wie es sein würde, mich meinem persönlichen Ich zu entziehen. Meine Intention war fest und entschlossen: Ganz gleich, was nötig sein würde und wie lange es dauern würde – ich würde meinen Weg zurück in die Transzendenz finden.

Es dauerte jedoch nicht lange, bis sich äußere Veränderungen in meinem Leben einzustellen begannen, die mit den inneren Veränderungen, durch die ich ging, konkurrierten. Es begann mit Shelly. Eines Tages sagte sie mir, es sei für sie an der Zeit weiterzuziehen. Das haute mich um. Auch wenn wir erst seit eineinhalb Jahren verheiratet waren, bildete die

Beziehung zu ihr doch das Fundament meines persönlichen Lebens. Ich versuchte vergeblich, an ihr festzuhalten, aber irgendwann erkannte ich etwas, das ich zuvor nie hatte sehen können: Die schiere Stärke meiner Persönlichkeit und meines Intellekts hatten ihr keinen Raum zum Atmen gelassen. Wenn ich sie wirklich liebte, musste ich sie gehen lassen. Gerade zu jener Zeit suchte ein Freund jemanden, der sein Haus hütete, während er abwesend war. Ich zog in das Haus ein und widmete mich dem Prozess der Gesundung eines gebrochenen Herzens.

Die plötzliche Veränderung meines äußeren Lebens hatte eine tiefgreifende Wirkung auf meine innere Arbeit. Ich hatte mich bereits völlig meiner regelmäßigen Meditation verschrieben. Den inneren Zustand tiefen Friedens zu erkunden, war zu meinem Lebenszweck geworden. Jetzt hatte ich eine weitere machtvolle Quelle der Inspiration: Ich beobachtete einen Menschen, der nahezu unerträgliche Qualen litt. Mein Herz quoll die ganze Zeit über vor Schmerz, und mein Geist war buchstäblich gebrochen. Es war, als sei mir das Fundament meines Selbstbildes entzogen worden und als befände sich mein persönliches Ich in freiem Fall. Ich wusste nicht, wie ich es wieder zusammensetzen sollte, und eigentlich wollte ich das auch nicht.

Wenn ich mich während der Meditation sehr tief konzentrierte, schmolz aller Aufruhr hinweg. Da war Stille und Frieden. Die Stille war nicht so stark, wie sie zuvor gewesen war, aber sie war doch ein Ort der Zuflucht für mich. Sobald ich aus der Meditation zurückkehrte, kamen auch Schmerz und Aufruhr wieder zu mir. Die Erfahrung meines Alltags war jetzt entweder Himmel oder Hölle – dazwischen gab es nichts mehr. Meine «normale» Daseinsweise war dahin. Der, der ich gewesen war, war auf einen Schlag nicht mehr.

Ich vertiefte mich mehr und mehr in die Meditation. Sie war nicht nur eine Möglichkeit, dem Schmerz zu entfliehen, die Meditation gab meinem Leben Sinn. Ich war fest entschlossen, alles zu transzendieren – und zwar dauerhaft. Die Veränderungen in meinem Leben halfen mir, einen beträchtlichen Teil meines Seins, der mich zurückhielt, loszuwerden. Die Persönlichkeit, die durch jene mentale Stimme zum Ausdruck kam, war ihrer selbst nicht mehr so sicher. Tatsächlich wusste sie nicht mehr, wo oben und wo unten war. Die äußeren Veränderungen hatten sie kleinlaut werden lassen. Sie hatte geglaubt, alles im Griff zu haben – nun ja, von wegen! Jetzt, da sie in Scherben lag, war es auf jeden Fall leichter, sie loszulassen.

In jenem Stadium meines Wachstums beobachtete ich sehr genau, wie das Selbstbild versuchte, sich neu zu definieren. Ich begann, mich selbst nicht mehr als verheirateten Mann mit einer wohldefinierten Karriere zu sehen, sondern als Meditierenden, der nach einer tieferen Wahrheit sucht. Doch selbst in jenen frühen Tagen wollte ich nicht auf der Grundlage eines weiteren mentalen Konzepts meiner selbst wieder zu Kräften kommen. Wann immer ich bemerkte, dass Gedanken zusammengeflickt wurden, um ein neues «Ich» zu kreieren, zog ich den Teppich unter ihnen weg. Das war sehr schmerzlich, aber ich war bereit, alles loszulassen, wenn mir das die Freiheit bescherte, die Transzendenz zu erkunden.

Mein Freund kehrte in sein Haus zurück, und so zog ich aus. Es war mir egal, wo ich wohnte, ich wollte einfach nur allein sein. Mein Leben war ziemlich einfach. Ich meditierte, übte etwas Yoga und ging regelmäßig zu den Vorlesungen. Ich besaß nichts außer meinen Lehrbüchern, einigen Klamotten und meinem VW-Camper. Ich fuhr stundenlang in der Landschaft um Gainesville herum. In der Umgebung einer Nachbarstadt hatte ich einmal einen wunderschönen Platz in der Nähe einer verlassenen Kalkgrube entdeckt. In der Grube stand jetzt kristallklares blaues Wasser, und rings umher war nichts als ein weites, von Buscheichen und Kiefern bewachsenes Gebiet. Ich fuhr dort hin und lebte fortan an diesem Ort. So wurde ich mehr und mehr zu einem Einsiedler. Es war nicht etwa so, dass ich vor etwas weglief – ich lief in mich selbst hinein. Meine Intention war jederzeit ganz klar: Ich wollte tief in mich selbst hineingehen. Mein Problem war, dass ich keinen blassen Schimmer hatte, was ich mit meinem persönlichen Ich – alias «Mickey» – anfangen sollte. Dessen bloße Existenz hielt mich von dem zurück, wonach ich mich sehnte. Wenn ich nicht daran arbeitete, dann wurde der Fokus meiner Aufmerksamkeit wieder auf sein persönliches Melodrama gelenkt. Das war ganz eindeutig das Gegenteil der Richtung, die ich einschlagen wollte. «Mickey» war am Boden und am Ende; ich sah mich am Anfang einer Bewegung nach innen und oben. Einer Sache war ich mir damals gewiss: Mickey war das Problem, und er musste verschwinden. Es war mir todernst damit, ihn loszuwerden – ich wusste nur nicht, wie ich das anstellen sollte.

SOUTH OF THE BORDER

Der Sommer des Jahres 1971 nahte, und ich sollte bald keine Vorlesungen mehr haben. Ich befand mich im zweiten Jahr meines Doktoratsstudiums, und auch wenn ich nicht besonders regelmäßig an den Vorlesungen teilgenommen hatte, gelang es mir, meine guten Noten beizubehalten. Ich studierte gerade genug, um bei meinen Prüfungen und Referaten sehr gut abzuschneiden. Für mich stand außer Frage, was ich mit dem Sommer anfangen würde – mehr Meditation und Yoga. Die einzige Frage war, wo ich das tun sollte.

Dies war wahrscheinlich das erste Mal in meinem Leben, dass ich begann, bewusst das wiederholte Auftauchen eines bestimmten Themas in den Ereignissen, die mich umgaben, zu erkennen. Es begann, als ein Kommilitone mich aus heiterem Himmel fragte, ob ich jemals unten in Mexiko gewesen wäre. Er meinte, es sei interessant, einige Zeit dort zu verbringen. Kurz danach suchte ich eine Buchhandlung auf und stolperte dort buchstäblich über einen Mexiko-Reiseführer, den jemand auf dem Boden hatte liegen lassen. Das brachte mich auf die Idee, dass ich vielleicht für eine Weile verreisen sollte und dass Mexiko womöglich ein gutes Reiseziel sein würde. Als ich wenig später an einer Tankstelle volltankte, fand ich auf der Tanksäule, die ich benutzte, eine Straßenkarte von Mexiko, die jemand dort hatte liegen lassen. Das waren genügend Zeichen für mich. Ich beschloss, mich nach Mexiko aufzumachen.

Ich wusste nicht, wo in dem Land ich hinfahren sollte – Mexiko ist schließlich recht groß. Aber in meinem Geisteszustand war mir das ziemlich egal. Ich wollte einfach nur losfahren und die Dinge sich entfalten lassen. Meine

Freunde und meine Familie fanden es gar nicht so toll, dass ich ohne bestimmtes Ziel allein nach Mexiko fahren wollte. Man warnte mich vor Bandidos und empfahl mir, mich vor Fremden zu hüten. Ich sprach ein wenig Schulspanisch, gerade genug, um mich in Schwierigkeiten zu bringen. Mit wenig mehr als dem machte ich mich auf nach Mexiko.

Ich fuhr durch die Südstaaten an der Golfküste und durch Texas. Am Steuer sammelte ich mich auf meinen Atem und ließ das Mu in meinem Bauch ertönen. Das Letzte, was ich wollte, war, die Stimme in meinem Kopf den ganzen Tag lang plappern zu hören. Jeden Abend suchte ich mir einen Platz in den die Straße säumenden Wäldern, meditierte dort und legte mich dann schlafen. In diesem Rhythmus brauchte ich einige Tage, um den Norden von Zentralmexiko zu erreichen.

Eines Abends, tief im ländlichen Mexiko, fand ich keinen Wald, in den ich für die Nacht hätte abbiegen können. Mir war nicht wohl bei dem Gedanken, einfach so am Straßenrand zu übernachten, und ich wusste nicht, was ich tun sollte. Schließlich bog ich einfach irgendwo ab und fuhr den nicht allzu steilen Hang eines Vorgebirges hinauf, bis ich zu einem Platz kam, an dem ich von einem Kamm aus einen wundervollen Blick über grünes Weideland hatte. Es waren keine Zäune oder Häuser zu sehen, und so beschloss ich, hier oben die Nacht zu verbringen.

Der nächste Morgen war einfach atemberaubend. Nebel hing über den Feldern, und ich sah all die Farben des Sonnenaufgangs. Es war so wunderschön, dass ich meine Morgenmeditation und meine Yoga-Stellungen draußen machte. Es gelang mir, sehr tief zu gehen, und ein Widerhall des Friedens, den ich suchte, überkam mich. Ich blieb mehrere Wochen lang auf diesem grasbewachsenen Hügel, ohne den Ort jemals zu verlassen. Von Tag zu Tag verlängerte ich meine Perioden der Übung von Meditation und Yoga. Mein Geist beruhigte sich, und mein Herz begann wieder zu atmen.

Eines Morgens wurde ich durch ein Klopfen an der Seitentür meines Campers aufgeschreckt. Ich bekam einen riesigen Schrecken. Hatten die Bandidos mich endlich entdeckt, oder wollte der Besitzer des Landes mich mit vorgehaltenem Gewehr von seinem Besitz vertreiben? Als ich die Tür öffnete, stand draußen ein etwa acht Jahre alter Junge, der einen Behälter in Händen hielt.

«Este leche es de mi mama para el Americano en la Colina.»

Ich übersetzte mir das mit einiger Mühe: «Diese Milch ist von meiner Mutter für den Amerikaner auf dem Hügel.» Ich war sehr bewegt und dankte dem Jungen überschwänglich. Ich hatte das Schlimmste befürchtet, und wie so oft erwies sich die Situation als eine freundliche Geste mitten im Niemandsland von Mexiko.

Allmählich lernte ich, dass mein Leben gar nicht so gefährdet war, wie die Stimme in meinem Kopf es mich wollte glauben machen. Das Leben hält Erfahrungen für uns bereit, aber nur, wenn auch wir bereit sind, diese Erfahrungen zu machen. Wichtiger noch war, dass ich damals wohl zum ersten Mal in meinem Leben den Fluss der Ereignisse, die sich entfalteten, dem Leben selbst zuschrieb. Schließlich hatte ich nicht vorab den perfekten Platz abseits der Route ausgesucht, an dem ich einige Wochen in Meditation und Einsamkeit verbringen würde, ganz zu schweigen von dem freundlichen Besuch des Jungen. Das Leben hatte mir diese Dinge beschert, ich war einfach nur dem Fluss des Lebens gefolgt. So begann ich, all diese Erfahrungen als ein Geschenk des Lebens zu betrachten.

DEN PANIKKNOPF DEAKTIVIEREN

Mexiko hatte mir gutgetan, aber jetzt war es an der Zeit, mich wieder auf die Heimreise zu machen. Ich fuhr los nach Norden und fand am Ende des Tages einen kleinen See in der Nähe eines Feldweges, wo ich die Nacht verbringen konnte. Der Platz war so friedlich, dass ich nach meinen morgendlichen Übungen dort verweilte und in dem See schwimmen ging. Als die Zeit für meine nachmittägliche Meditationssitzung gekommen war, wanderte ich einen Hügel hinauf und fand eine abgelegene Stelle, wo ich begann, meine Yoga-Stellungen zu üben.

Als ich etwa die Hälfte der Übungen hinter mir hatte, hörte ich in der Ferne einige Stimmen. Mir wurde etwas mulmig, aber ich wollte mich nicht der verängstigten Person in meinem Inneren überlassen. Also entspannte ich mich tiefer in meine Yoga-Stellungen, und die Angst legte sich.

Das nächste Geräusch, das mich aufschreckte, war das Schnauben eines Pferdes, sehr viel näher, als die Stimmen zuvor gewesen waren. Ich war überzeugt, dass dies die Bandidos waren. Bald hörte ich sowohl die Stimmen als auch die Pferde nur einen Steinwurf von mir entfernt. Ich muss gestehen, dass ich nicht gerade entspannt reagierte. Verängstigt, verletzlich und auf schreckliche Weise meiner selbst bewusst – das war eine sehr viel zutreffendere Beschreibung meines Zustands.

Alles in mir wollte meine Yoga-Sitzung augenblicklich beenden und die Augen öffnen, um zu sehen, in was für eine Gefahr ich mich gebracht hatte. Nun ja, alles außer dem harten Kern der Selbstdisziplin, die ich entwickelt hatte, um mich von der verängstigten Person in mir zu befreien. Aus einem Bereich hinter meinen Ängsten kam ein stahlharter

Befehl: Du lässt dir auf gar keinen Fall die Gelegenheit entgehen, all diesen inneren Aufruhr zu transzendieren. Also schloss ich als Trotzreaktion meine Augen noch fester und holte tief Atem. Ich verlangte nach einem Zustand der Entspannung inmitten des Dramas.

Nachdem ich die gewohnte Abfolge von Yoga-Stellungen absolviert hatte, saß ich gewöhnlich für eine halbe Stunde in Meditation. Ich beobachtete, wie die Stimme um die Erlaubnis bettelte, diesen Schritt zu überspringen. Schließlich waren die Pferde immer noch da. Ich hörte ihr Schnauben direkt vor mir und dazwischen ab und zu ein Flüstern der Reiter. Aber eigentlich ging es nicht darum, eine Entscheidung zu treffen. Ich hatte deutlich gesehen, dass es diese verängstigte Person in meinem Inneren war, die mich von dem zurückhielt, wonach ich mich doch so verzweifelt sehnte. Ich musste mich von ihr befreien. Also nahm ich einen tiefen Atemzug und ging über in die volle Lotoshaltung. Ich begann das Mu in meinem Unterbauch erklingen zu lassen, im vergeblichen Versuch, das zu übertönen, was die Stimme in mir zu sagen hatte. Ich stand vor der Frage, was ich wirklich wollte: Ist dir das Äußere oder das Innere wichtiger?

Als ich schließlich die Augen öffnete, sah ich zwei Pferde genau vor mir, nicht mehr als drei Meter entfernt. Die Reiter auf den Pferden sahen eher wie Landarbeiter als wie Bandidos aus. Sie rauchten Zigaretten, und einer von ihnen saß seitwärts auf seinem Sattel und schaute den anderen an. Als sie bemerkten, dass ich in ihre Welt zurückgekehrt war, begannen sie auf Spanisch auf mich einzureden. Ich war einigermaßen überrascht, dass ich das meiste von dem, was sie sagten, verstand – und allein schon die Tatsache, dass sie mit mir redeten, war definitiv ein gutes Zeichen. Ich spürte Erleichterung, und die Ereignisse, die darauf folgten, hinterließen einen unauslöschlichen Eindruck in meinem Geist, was mich darin bestärkte, mein Leben nicht mehr von der verängstigten Person in meinem Inneren bestimmen zu lassen.

An einem bestimmten Punkt in unserem Austausch fragten die Landarbeiter, ob das mein Camper sei, der unten am See parkte. Sofort warnte mich meine mentale Stimme, vorsichtig zu sein, da sie mich ausrauben könnten. Ich ignorierte den Einwurf und streckte bereitwillig die Hand aus, als einer der Reiter mir anbot, mich auf sein Pferd zu ziehen und mit mir zurück zu meinem Camper zu reiten. Ich war ein Stadtjunge; in meiner Badehose mit einem mexikanischen Fremden zu zweit auf einem Pferd zu reiten, war für mich nichts Alltägliches. Als wir den Hügel hinab ritten, überflutete mich von Kopf bis Fuß tiefer Friede. Diese Erfahrung war so wunderbar, und sie wäre mir entgangen, hätte ich auf mein verängstigtes Ich gehört.

Als wir bei meinem Camper angekommen waren, erzählte mir der Cowboy, er und die anderen würden dieses Land für einen reichen Grundbesitzer bearbeiten. Er sagte, sie alle seien sehr arm und der Grundbesitzer erlaube ihnen nicht einmal, in dem See zu angeln. Er deutete in die Richtung, wo sie wohnten, und lud mich ein, bei ihnen hereinzuschauen, bevor ich am nächsten Tag abfuhr. Wir verabschiedeten uns, als seien wir schon seit Jahren befreundet, sie wendeten ihre Pferde und ritten davon.

Ich fühlte mich so offen, so tief mit der Erfahrung, die ich machte, verbunden. Ich machte zwar drastische Veränderungen durch, aber ich erinnere mich, dass ich dem Leben an diesem Abend dankte für einen ganz besonderen Tag. Der Schmerz und der Aufruhr in mir begannen sich zu legen, aber die Sehnsucht nach dem absoluten Frieden und der totalen Stille brannte weiter in meinem Herzen.

Am nächsten Morgen packte ich nach meinen Übungen meine Sachen zusammen, um den Rückweg nach Norden fortzusetzen. Doch bevor ich diesen Ort verließ, wollte ich den Feldweg weiter hinabfahren, um den Ort der Landarbeiter zu finden. Schließlich erreichte ich eine Ansammlung von fünfzehn bis zwanzig Lehmhütten mit Strohdächern. Ich hatte bereits über so etwas gelesen, aber ich hatte noch nie eine Lehmhütte mit einem strohgedeckten Dach gesehen. Noch bevor ich mir überlegen konnte, ob ich weiterfahren sollte, kam einer meiner neuen Freunde aus einer der Hütten gerannt, um mich zu begrüßen.

Ich stellte meinen Camper ab und folgte dem aufgeregten Cowboy, der den Dörflern seinen neuen amerikanischen Freund vorstellen wollte. Ich war verblüfft zu sehen, wie primitiv hier alles war. Die Hütten hatten einen Erdfußboden und als Fenster bloße viereckige Öffnungen. In den Türöffnungen gab es keine Türen und keine Glasfenster in den Fensteröffnungen. Viele der Menschen, denen ich begegnete, starrten mich an, als hätten sie noch nie zuvor einen Amerikaner gesehen. Bald zeigte sich, dass dem tatsächlich so war. Soweit ich mich erinnere, sagte die lästige Stimme in meinem Kopf während der Stunden, die ich dort verbrachte, kein einziges Wort – alles war dermaßen neu für mich. Es war so natürlich, so erdverbunden. Ich saß in einer Hütte zusammen mit Frauen, die ihren Säuglingen die Brust gaben. So etwas hatte ich noch nie zuvor gesehen. Ich bemerkte, wie mich die Tatsache beschämte, dass meine Kultur sich so weit von der Natur entfernt hatte, dass ganz natürliche Dinge nicht mehr natürlich schienen.

Wir gingen wieder hinaus und setzten unseren Rundgang durch das kleine Dorf fort. Als wir zur Hütte meines Freundes kamen, fragte er mich, ob ich ein Pferd reiten könne. Ich erzählte ihm, es sei zwar schon lange her, aber früher sei ich schon mal geritten. Was ich ihm nicht erzählte, war, dass ich das letzte Mal im Alter von zwölf Jahren auf einem Pferd gesessen hatte – in einem Ferienlager und auf einem englischen Sattel. Dann tat er etwas völlig Unerwartetes. Er gab mir die Zügel seines Pferdes in die Hand und zeigte auf ein offenes Feld. Dies waren nicht die Zeit und der Ort, ängstlich zu sein. Ich setzte meine Sandalen in den Steigbügel und schwang mich in den Sattel, als wüsste ich, was ich tue. Ich hatte mir immer vorgestellt, wie ausgelassen es sich anfühlen müsse, mit einem Pferd über ein weites Feld zu galoppieren. Dieser Traum sollte nun mitten in Mexiko, wo ich keinen Menschen kannte, in Erfüllung gehen. Ich gewöhnte mich an das Pferd, während einige Dörfler zusammenliefen, um mir zuzusehen. Dann ritt ich wie der Wind über die Weite des Feldes. Ich war im siebten Himmel, total beschwingt im Vergleich zu der strengen Zen-Disziplin, die ich mir auferlegt hatte.

Ich blieb noch einige Stunden und diskutierte mit einigen sehr neugierigen Dörflern die amerikanische Lebensweise; dann begann ich mich zu verabschieden. Man lud mich zum Abendessen ein, aber es war Zeit für meine abendliche Übung. Ich erinnerte mich daran, dass mein Freund mir erzählt hatte, es sei ihnen nicht erlaubt zu angeln, obwohl sie Mühe hatten, genug zu essen zu bekommen. Also ging ich zu meinem Camper und holte meine Vorräte von Naturreis und getrockneten Bohnen, die ich unter dem Rücksitz verstaut hatte, hervor. Ich übergab sie den Frauen, die das Essen zubereiteten. Die Frauen waren so dankbar dafür, dass es mir beinahe die Tränen in die Augen trieb. Diese Nahrungsmittel bedeuteten mir wenig, ihnen dafür umso mehr. Dies war eine weitere Lektion des Lebens, die ich nie mehr vergaß: die Freude, anderen Menschen zu helfen.

Bevor ich losfuhr, versammelten sich alle um meinen Camper, um mir Lebewohl zu sagen. Ich hatte nahezu einen Monat lang ohne menschliche Kontakte in Stille und Einsamkeit verbracht – und jetzt war ich plötzlich eine Berühmtheit. Was war da geschehen? Für mich stand außer Frage, was geschehen war – ich hatte mich selbst losgelassen und etwas ganz Besonderes war darauf gefolgt. Ich war bereit gewesen, mich Einsamkeit und Angst zu stellen und nicht nach Abhilfe zu greifen. Und doch war ganz von selbst etwas geschehen, ohne dass ich es getan oder darum gebeten hatte. Der Same eines großen Experiments war gesät. Konnte es sein, dass uns das Leben mehr zu geben hat, als wir selber je für uns beanspruchen können?

UNERWARTETE INSPIRATION

Meine Erfahrungen in Mexiko hatten mir sehr viel eingebracht. Zu lernen, das Leben um mich herum so anzunehmen, wie es sich entfaltet, war etwas Neues für mich, und das Resultat war sehr befreiend. Als ich nach Gainesville zurückkehrte, waren mein Herz und mein Geist viel mehr in Frieden. Das Problem war – ich hatte keine Wohnung. Zuletzt hatte ich in den Wäldern bei der Kalkgrube östlich der Stadt gelebt, und so kehrte ich an diesen abgelegenen Ort zurück und lebte dort in meinem Camper. Alles, was ich zum Leben brauchte, war Einsamkeit, die Disziplin meiner sich ständig erweiternden meditativen Praktiken und die nötigsten Lebensmittel.

Mir wurde klar, dass die Wahrscheinlichkeit, meine Promotion zu schaffen, rapide abnahm. Ich musste nur noch wenige Seminare absolvieren, aber dann gab es noch die Zulassungsprüfung und die Dissertation. In mir gab es nichts mehr, das ein Professor der Wirtschaftswissenschaften werden wollte. Ich wollte mein Inneres erforschen, ganz tief. Die Tiefe meiner Meditationen war das Einzige, was mich interessierte.

Dr. Goffman, der Dekan der Fakultät für Wirtschaftswissenschaften, war für mich wie ein Vater. Ich liebte und respektierte ihn sehr, und er ermutigte mich, meine Promotion durchzuziehen. Er glaubte, ich befände mich einfach in einer jugendlichen Phase, die bald vorübergehen würde. Er erhielt mein Stipendium aufrecht und drängte mich, wenigstens die Seminare abzuschließen. Aus Respekt ihm gegenüber fuhr ich gelegentlich in die Stadt und besuchte die Vorlesungen – aber nicht allzu oft.

Ich sollte irgendwann lernen, dass alles im Leben uns etwas lehrt und alles zu unserem Wachstum beiträgt, aber ich war damals noch nicht bereit, das zu erkennen. Für mich gab es vor allem meine Meditation und erst danach alles andere. Auch wenn ich mein Studium nicht als relevant für mein inneres Wachstum betrachtete, machte ich im Zusammenhang mit einem meiner Seminare doch eine erhellende Erfahrung.

Der Professor, der das Seminar abhielt, war ein angesehener Wirtschaftswissenschaftler und ganz und gar nicht der liberale Typ. Ich fehlte in vielen seiner Vorlesungen, und wenn ich dort auftauchte, war ich barfuß und in Jeans. Ich glaube nicht, dass ich sein Lieblingsstudent war. Eines Tages fragte er mich, ob ich tatsächlich erwarte, eine gute Note für dieses Seminar zu erhalten. Er sagte, ich hätte mir zwar gerade genug Mühe gegeben, um bei den Prüfungen gut abzuschneiden, aber mein Fehlen und der Mangel an Teilnahme während des Seminars erlaubten keine gute Abschlussnote. Ich wusste, dass wir noch eine Abschlussarbeit schreiben mussten, und sagte ihm, ich würde mich für diese Arbeit ganz besonders anstrengen und würde es sehr begrüßen, wenn er allein meine Prüfungsergebnisse und die Qualität der Abschlussarbeit zur Grundlage meiner Benotung machen würde. Er sagte, er werde es sich überlegen.

Als die Zeit gekommen war, die Abschlussarbeit für das Seminar zu schreiben, wusste ich, dass mein Geisteszustand nicht gerade förderlich dafür war, in die Bibliothek zu gehen und zu versuchen, ausreichend Stoff zu büffeln, um eine vorzügliche Arbeit schreiben zu können. Ich hatte sehr viel meditiert und mein Geist war sehr still. Wie sollte ich da Tage darauf verwenden, über eine Thematik nachzudenken und in sie einzudringen? Wenn ich diese Arbeit schreiben wollte, musste ich dafür eine andere Methode finden.

Eines Abends suchte ich mir einige Schreibblöcke und Kugelschreiber zusammen. Nach der Meditation entzündete ich die Kerosinlampe und setzte mich an den Klapptisch in meinem Camper. Ich sagte mir, dass es mir im Grunde egal sei, welche Note ich für das Seminar erhalten würde, da ich wahrscheinlich sowieso nicht promovieren würde. Das nahm mir erst einmal den mentalen und emotionalen Druck. Dann sagte ich mir: Fang einfach an aufzuschreiben, was du über das Thema denkst. Ich hatte keine Bücher, auf die ich mich beziehen konnte, nur die natürliche Logik eines klaren, frei von Druck operierenden Geistes. Ich begann zu schreiben und die Gedanken begannen zu fließen. Ich dachte nicht nach über das, was ich schrieb, und hinterfragte meine Gedanken auch nicht. Das Ganze ähnelte sehr der Meditation. Ich hielt mein persönliches Ich aus der Sache heraus und ließ einfach die ungezügelte Inspiration fließen.

Irgendwann in diesem Prozess durchzuckte mich ein Lichtblitz der Inspiration. Hatte ich zuvor keine Ahnung gehabt, wie ich die Arbeit angehen sollte, so wusste ich plötzlich ganz genau, was ich schreiben sollte. Es war so, als hätte sich im Hintergrund meines ruhenden Geistes augenblicklich eine Wolke des Wissens gebildet. Das Ganze passierte sehr schnell und mit der Macht eines Blitzes. Zuerst hatte das nichts mit Gedanken zu tun, es war eher so etwas wie ein Gefühl, ein definitives Wissen darum, dass mir jetzt klar war, worauf die Arbeit hinauslief und wie ich dorthin gelangen würde. Erst danach begannen sich Gedanken zu bilden, zuerst langsam und dann wie ein Sturzbach. Ich musste sie nur noch zu einem logischen Fluss bündeln, aber das Ausgangsmaterial war da. Es war verblüffend, diesen Prozess zu beobachten.

Ich schrieb und schrieb. Notizblock um Notizblock füllte sich mit einer total logischen Darlegung, die mit einer Prämisse begann, die Argumentation ausführte und in eine Schlussfolgerung mündete. Das Ganze war illustriert mit Grafiken, die logische Beziehungen aufzeigten, und es gab Bezugnahmen auf Fakten, über die ich kürzlich gelesen oder die ich in den Vorlesungen aufgeschnappt hatte. Diese Fakten mussten später noch aufpoliert und mit Fußnoten versehen werden, also ließ ich einfach Platz dafür und schrieb weiter auf, was sich in meinem Geist ausformte. Ich hielt niemals inne. Ich machte mir keine Gedanken und fällte keine Urteile über gut oder schlecht; ich ließ den Prozess sich einfach entfalten.

Wenn Künstler ihre Werke kreieren, so bekommen sie zuerst die Inspiration und verwirklichen diese dann auf der physischen Ebene. Es war genau dieser Prozess, den ich in jener Nacht in meinem Camper erfuhr. Die Inspiration für die ganze Arbeit kam mit einem Mal, mein Geist nahm sie auf, verdaute sie und goss sie in eine Form. Statt einer Statue, einem Gemälde oder einer Symphonie war mein Kunstwerk eine wirtschaftswissenschaftliche Abhandlung. Es kam aus dem Bereich, aus dem Kunstwerke hervorgehen, aber das Medium für den Ausdruck meiner Inspiration war logisches Denken und nicht etwa Marmor oder Farbe. Ich hatte keinen blassen Schimmer, woher dieser Funke der Inspiration kam. Ich wusste nur, dass ich in einem einzigen lichten Moment alles vorliegen hatte, was ich brauchte, um eine Arbeit auf Dissertationsniveau zu schreiben.

Ich brauchte noch einige Tage, um die Rohfassung auszuarbeiten, die Arbeit einzutippen und sie dann abzuliefern. Der Umfang der eingetippten Arbeit betrug mehr als 30 Seiten. Ich erhielt nicht nur die Note A für das Seminar, sondern als er mir die Arbeit zurückgab, fragte mich mein Professor auch, ob er nicht als Doktorvater für meine Dissertation fungieren solle. Ich fühlte mich durch dieses Angebot sehr geehrt. Wie man schon daran sieht, dass ich dieses Ereignis noch nach vierzig Jahren erzähle, hatte die Erfahrung jener Nacht eine tiefgreifende Auswirkung auf mich. Ich hatte deutlich den Unterschied zwischen kreativer Inspiration und logischem Denken gesehen. Ich wusste zwar, wo Gedanken herkommen – aber wo kam die Inspiration her? Sie kam aus einem Bereich, der sehr viel tiefer lag als der Ort, an dem ich meine Gedanken erfuhr. Sie kam spontan, in totaler Stille, ohne Anstrengung oder Angespanntheit. Auch wenn ich mich noch so sehr angestrengt hätte, hätte ich meine Abschlussarbeit niemals nur durch die Bemühung meines logischen Verstandes schreiben können. Ich fragte mich, ob es einen Weg gäbe, die Brillanz dieser Inspiration regelmäßig anzuzapfen. Es sollte noch Jahre dauern, aber ich sollte schließlich lernen, dass man ständig im Zustand kreativer Inspiration leben kann.

DAS GELOBTE LAND

Seit meiner tiefen Meditationserfahrung im Ocala National Forest waren Monate vergangen. Was von der Erfahrung verblieb, war ein ständiger Fluss von Energie hin zu dem Punkt zwischen meinen Augenbrauen sowie die brennende Sehnsucht in meinem Herzen, noch tiefer nach innen zu gehen. Keine dieser beiden Kräfte versiegte mit der Zeit. Tatsächlich vertiefte sich die Sehnsucht danach, tiefer zu gehen, von Tag zu Tag. Es war, als hätte ich mich unsterblich verliebt und könne doch der Geliebten nicht begegnen. Ich begann daran zu denken, mich völlig in ein Leben der Einsamkeit zurückzuziehen. Mein Studium lag praktisch hinter mir, und nichts zwang mich dazu, die Zulassungsprüfung für die Promotion gleich zu absolvieren. Außerdem war ich zu jener Zeit ziemlich sicher, dass ich diese Prüfung ohnehin niemals machen wollte.

Ich beschloss, mir einen Platz weit weg von allem und allen Menschen zu suchen, um mich ganz auf meine Übungen konzentrieren zu können. Ich wusste, dass ich nicht ewig an der Kalkgrube würde campen können, aber ich war nicht bereit, selber nach einem abgeschiedenen Ort zu suchen. Ich beschloss, einfach die Augen offen zu halten und abzuwarten, ob sich von selbst etwas zeigen würde.

Das tat es dann auch.

Eines Tages betankte ich gerade meinen Camper, als mich der Tankwart aus heiterem Himmel fragte, wo ich wohne. Ich erzählte ihm, ich hätte eine Weile in meinem Camper gelebt, hoffe aber jetzt, ein Grundstück auf dem Land zu finden. Er erzählte mir, er habe zufällig einen wunderschönen Ort nordwestlich von Gainesville entdeckt, wo Grundstücke von fünf Morgen Größe zum Verkauf stünden. Ich ließ mir den Weg beschreiben.

Einige Tage später fuhr ich zu diesem Ort hinaus und fand die April Gift Estates. Sie befanden sich in einem dicht bewaldeten Gebiet etwa fünfzehn Kilometer nördlich der Stadt und bestanden aus einundzwanzig fünf Morgen großen Parzellen und einigen Feldwegen. Nur wenige der Parzellen waren bisher verkauft, und während ich dort herumfuhr, begegnete ich keinem einzigen Menschen. Der Platz war so friedlich und natürlich, dass ich fast wie in Trance herumfuhr. Er war einfach perfekt.

Ich kam bald zu einigen beieinanderliegenden Parzellen, die teilweise aus Wald und teilweise aus Wiesen bestanden. Dies war genau das, was ich suchte. Ich stellte meinen Wagen ab und ging durch die Wälder hinaus auf das innere Feld. Das Gefühl, aus den Wäldern unvermittelt auf das offene Land hervorzutreten, war unglaublich. Es wurde plötzlich hell und ich hatte ein Gefühl der Weite.

Ich ging einen sanften Hügel zum Zaun auf der Nordseite des Anwesens hinauf. Das Anwesen grenzte an ein wunderschönes Weideland, das sanft zu einem von Wäldern gesäumten Fluss hin abfiel. Von der gesamten Nordseite der Parzelle aus hatte man diesen atemberaubenden Blick. Er erinnerte mich an Homers Beschreibung der elysischen Gefilde. Ich schlenderte zurück in die Wälder und fand einen Platz unter einem Baum, von dem aus ich die Lichtung offen vor mir und das wunderschöne Weideland zu meiner Rechten sehen konnte. Die Wälder standen ruhig da und fühlten sich beschützend an. Es war wie in einem Mutterleib. Ich setzte mich hin und wurde sofort in tiefe Meditation hineingezogen. Als ich wieder daraus auftauchte, wusste ich, ich war zu Hause.

Ich hatte noch nie ein Stück Land gekauft, aber ich besaß einige finanzielle Mittel. Nach meinem College-Abschluss hatte mein Vater mir das Geld übergeben, das von den Rücklagen für mein College übrig geblieben war. Er wollte, dass ich selbst die Verantwortung für mein Doktoratsstudium übernahm. Da sowohl mein Studium für den Master als auch mein Doktoratsstudium vollständig durch ein Stipendium finanziert wurden, konnte ich fast die gesamten 15 000 Dollar, die er mir übergeben hatte, sparen. Jetzt war die Zeit gekommen, sie auszugeben. Ich beschloss, die beiden Parzellen zu kaufen, zu denen die Lichtung gehörte. Bevor ich mit dem Besitzer Kontakt aufnahm, legte ich den Maximalpreis fest, den ich bereit war, für die zehn Morgen Land zu zahlen. Die Summe lag beträchtlich unter dem geforderten Preis, aber ich sagte mir, wenn der Verkäufer mir nicht entgegenkommen würde, dann sollte es eben nicht sein. Ich war mit beiden Möglichkeiten völlig in Frieden. Wie sich zeigte, gab mir diese Leidenschaftslosigkeit den Biss, den ich brauchte, um die Verhandlungen für die beiden Parzellen erfolgreich abzuschließen. Es gelang mir, sie zu kaufen, aber ich verspürte darüber keine Freude. Was ich spürte, war ein Gefühl fester Entschlossenheit. Was vor mir lag, würde nicht leicht sein. Ich hatte bereits so viel in die Erkundung dessen, was über mich hinausreichte, investiert – jetzt würde ich alles investieren.

DER BAU EINER HEILIGEN HÜTTE

Bob Gould und ich waren bereits seit den ersten Tagen der Highschool befreundet. Wir waren beide aus dem Norden nach Florida zugezogen und waren damals die neuen Schüler, die zur zehnten Klasse hinzukamen. Wir hatten sofort eine Beziehung zueinander und blieben auch während der Zeit auf dem College Freunde. Bob war der praktische Typ, einer jener Burschen, die im Werkunterricht immer besonders gut abschnitten. Als es darum ging, eine Meditationshütte auf meinem Stück Land zu bauen, sagte er mir sofort seine Hilfe zu.

Weder Bob noch ich hatten je so etwas wie eine Hütte gebaut, in der man tatsächlich leben konnte. Ich war zwar handwerklich recht geschickt und hatte auf der Highschool an Sportwagen herumgebastelt, aber ein kleines Haus zu bauen, ging weit über das hinaus, womit Bob und ich uns auskannten. Also zogen wir unseren Freund Bobby Altman zurate. Zu Bobbys Referenzen gehörte nicht etwa, dass er tatsächlich schon mal ein Haus gebaut hatte, sondern dass er gerade seinen Master in Architektur gemacht hatte. Zumindest besaß er theoretische Kenntnisse darüber, wie man ein Haus entwirft und baut. Es sollte doch nicht allzu schwer sein, eine kleine Hütte zu bauen, in die ich mich für eine Zeit der Einsamkeit zurückziehen konnte.

Bobby Altman war offensichtlich der Ansicht, dass es ein Kinderspiel sein würde. Er entwarf sehr schnell Pläne für die Hütte und erstellte auch ein Modell aus Balsaholz. Als er mir seinen Plan das erste Mal zeigte, dachte ich tatsächlich, er habe nicht mehr alle Tassen im Schrank. Das war keine kleine, einfache Meditationshütte für eine einzelne Person. Vielmehr zeigte der Plan ein fächerförmiges Haus mit einer fantastischen Glasfassade, die sich über fünf

Meter Breite und sechs Meter Höhe erstreckte. Um ganz ehrlich zu sein, ich hatte mir eher so etwas wie einen Kasten mit einer Tür und einigen wenigen Fenstern vorgestellt. Wie sollten wir drei Hochschulabsolventen, die nie zuvor irgendetwas gebaut hatten, so ein Haus bauen?

Bobby Altman behauptete beharrlich, dass wir das ohne Weiteres könnten. Ich war mir da nicht so sicher, aber Bob Gould war ebenfalls für Bobbys Plan. Er meinte, es würde eine Herausforderung sein und uns Spaß machen, in Zelten auf dem Bauplatz zu leben und das Haus zu bauen. Ich weiß noch, dass ich da ziemlich anderer Meinung war – ich hatte bereits meine Herausforderung, die mich rundum in Beschlag nahm: an meinen geliebten Ort der absoluten Stille und des tiefen Friedens zurückzukehren. Aber wenn ich dieses architektonische Meisterwerk einer Meditationshütte bauen musste, um dorthin zu gelangen, dann sollte es wohl so sein.

Wir gingen das Projekt mit jener Missachtung von Vernunftgründen an, wie sie nur jungen Hippies und Verrückten zu eigen ist. Es wurde eine erstaunliche Erfahrung. Ich hatte nur noch wenig Geld übrig, um Bobby Altmans Landhaus zu bauen. Die beiden Bobs waren sich einig, dass wir, um Geld zu sparen, roh zugesägtes Bauholz anstelle des verarbeiteten Bauholzes, das man in einem Holzlager kaufen kann, verwenden könnten. Wie das Schicksal so spielt, gab es nur einige Meilen von meinem Stück Land entfernt eine Sägemühle: Griffis Lumber & Sawmill. James Griffis und seine Frau waren echte Südstaatler vom Lande, keine Langhaarigen, wie wir drei es waren. Ihre ganze Belegschaft sah uns immer ziemlich schräg an, wenn wir kamen, um Bauholz abzuholen. Einmal von unseren Haaren abgesehen, waren wir auch aufgrund dessen, was wir bestellten, außergewöhnlich. Da waren zuerst mal elf Balken aus Zypressenholz, die das tragende Gerüst des Hauses bilden sollten – mit neun Metern Länge hatten sie das Format von Bäumen. James Griffis erlaubte uns, die geradesten Bäume direkt vom Holzlaster bei dessen Ankunft auszusuchen. Wir konnten zusehen, wie seine Arbeiter die Bäume auf dem riesigen Sägewerk festmachten und sie dann zu quadratischen Balken von etwa 15 Zentimeter Kantenlänge zuschnitten. Es hatte etwas sehr Erdverbundenes, mit anzusehen, wie aus richtigen Bäumen das Rückgrat unseres Hauses entstand.

Mit der Zeit begann Mr. Griffis sich uns gegenüber aufzutun. Eines Tages lud er uns drei zum Abendessen in sein Haus neben dem Sägewerk ein. Das war eine große Sache für uns, da wir in Zelten lebten und unsere Mahlzeiten nur über einem offenen Feuer kochen konnten. Und besonders für mich war es etwas ganz Besonderes, weil ich seit fast einem halben Jahr in meinem Camper oder in einem Zelt gelebt hatte. Es ging dabei nicht nur um eine hausgemachte Mahlzeit – allein schon ein richtiges Wohnhaus zu betreten, war etwas Neues für mich.

Das Haus der Griffis' war ein gemütliches Landhaus. Die Wände bestanden aus schon vor langer Zeit vor Ort zugesägtem Schmuckzypressenholz. Mrs. Griffis hatte eine Südstaatenmahlzeit mit viel Gemüse zubereitet, da sie erfahren hatte, dass ich Vegetarier war. Das Gespräch war warm und freundlich, und es fühlte sich wirklich so an, als seien wir alle eine Familie. Irgendwann sagte Mr. Griffis etwas, das ich nie vergessen werde: «Bevor wir euch drei getroffen haben, dachten wir, Hippies seien die schlampigsten und schmutzigsten Wesen auf Erden. Wisst ihr, wir haben euch Jungs wirklich lieb gewonnen.» Das war ein weiterer dieser schönen Momente, die mir zu denken gaben – woher kamen nur all diese unglaublichen Erfahrungen? Irgendwie stellten sich unter den unerwartetsten Bedingungen tief berührende Erlebnisse ein. Das begann tiefen Eindruck auf mich zu machen.

Aus Tagen wurden Wochen, und das Haus nahm langsam Form an. Als die Außenwände hochgezogen waren, begann man wirklich den Raum im Inneren zu fühlen. Eines Tages stellte Bobby Altman eine Frage, an die ich nie gedacht hatte: Wer von uns soll die elektrischen Leitungen verlegen? Obwohl ich niemals so etwas getan hatte, erklärte ich mich dazu bereit. Bobby drückte mir ein schmales Buch über Elektroinstallation in die Hand, das er für einen seiner Kurse gekauft hatte, und überließ mir den Rest. Sein Zutrauen in meine Fähigkeit, das elektrische System für das Haus zu erstellen, erstaunte mich. Aber ich sagte mir: Wenn er glaubt, dass ich das kann, dann werde ich es können – und ich konnte es tatsächlich. Ein großer spiritueller Lehrer hat einmal gesagt: «Beiße jeden Tag ein wenig mehr ab, als du zu kauen vermagst, und kaue es.» Das Leben lehrte mich einige sehr wichtige Lektionen.

Wir legten im ganzen Haus Fußböden aus Kiefernholz, bauten vor und hinter dem Haus eine Veranda aus Zedernholz und heuerten einen Klempner an, der im Badbereich gusseiserne Rohre verlegte. Inzwischen hatte das Haus ein Eigenleben angenommen. Wir hatten uns dem Bau mit Herz und Seele verschrieben, und wir waren stolz auf das, was wir geleistet hatten. Für mich war es anfangs nur ein Projekt zum Bau einer einfachen Meditationshütte gewesen, doch das Ganze wurde zu einer einmaligen Lebenserfahrung. Es war allerdings nicht das, wonach ich mich gesehnt hatte. Was ich wirklich gewollt hatte, war, mich in die Einsamkeit zurückzuziehen und an meinem einzigen Herzenswunsch zu arbeiten – absolutem Frieden, Stille und Freiheit. Als das Haus fertig war, war die Zeit dafür endlich gekommen.

GEH IN EIN KLOSTER

Im November 1971 zog ich in mein neues Haus ein. Ich weiß noch, dass es November war, weil kurz vor dem Einzug meine Schwester Kerry und ihr Ehemann aus Miami kamen, um mich für Thanksgiving zu besuchen. Das war sehr mutig von ihnen, wenn man bedenkt, dass sie ganz normale Bürger waren. Harvey war ein erfolgreicher Steuerberater, und er und Kerry waren ein bequemes Leben in einem stattlichen Haus gewohnt. Als sie ankamen, war ich gerade damit beschäftigt, meine letzte Checkliste vor dem Umzug aus meinem Camper in das Haus zu erstellen. Harvey half mir, die letzten beiden Fenster zu installieren, und anschliessend bestand er darauf, mit mir Thanksgiving mit einem Dinner zu feiern. Das bedeutete, dass wir zusammen draußen auf Felsbrocken saßen und an einem offenen Feuer ein bescheidenes Mahl kochten. Ich selbst glaube, sie waren hergekommen, um nachzusehen, ob ich noch einigermaßen bei Verstand sei. Ich besaß schon seit längerer Zeit kein Telefon mehr und bin mir sicher, dass meine Familie sich Sorgen um mich machte.

Als Kerry und Harvey sich verabschiedet hatten, war ich glücklich, wieder allein mit meinem schönen neuen Haus zu sein. Alles, was ich gewollt hatte, war eine einfache Hütte, um mich ganz auf meine Meditationen sammeln zu können. Was ich erhielt, war ein Geschenk von der unsichtbaren Hand, die mein Leben übernommen hatte. So nannte ich es damals – die unsichtbare Hand. Seit dem Beginn meines Erwachens hatte ich innerlich um Hilfe gebeten bei dem Streben danach, zu wissen, wer ich war – derjenige, der die Stimme des Geistes beobachtete. Von jenem Punkt an war es so, als hätte etwas von oben nach meinem Pferdeschwanz gegriffen und begonnen, mich hinaufzuziehen.

Mein gesamtes äußeres Leben war mir in einem Augenblick entrissen worden. An seiner Stelle waren mir die Schönheit und der Friede eines inneren Zustands gezeigt worden, der über alles hinausging, was ich mir je hatte vorstellen können. Dieser Zugriff aus einem jenseitigen Bereich hatte mein Herz in Flammen gesetzt. Tief in meinem Inneren brannte ein Feuer, das mich nie verließ – auch nicht für einen Moment. Es war wie ein Lockruf, etwas, das mich aufrief, heimzukehren. In jenem Stadium meines Erwachens war das Einzige, was ich zu tun vermochte, um zurückzukehren, mich mit der intensiven Disziplin der Zen-Meditation willentlich voranzutreiben. Als ich vor der Schwelle der Tür saß, die sich in das schöne Haus öffnete, welches das Leben mir geschenkt hatte, um diese Arbeit tun zu können, senkte ich ehrfurchtsvoll den Kopf. Dies war mein Tempel, mein Kloster, und ich gelobte, guten Gebrauch davon zu machen.

Ich war sehr überrascht zu sehen, dass sich der klösterliche Lebensstil ganz von selbst einstellte. Ich wachte jeden Morgen um drei Uhr auf und saß einige Stunden in Meditation. Danach machte ich kontemplative Spaziergänge über die Felder. In jenen frühen Tagen hielt ich noch an der Idee fest, dass es bei meiner Suche vor allem um Sammlung und Konzentration ging. Wenn ich ging, war ich mir deutlich jeden Schrittes, den ich tat, und jeder Bewegung bewusst. Dies half, den Frieden zu verlängern, den ich aus meiner Morgenmeditation mitgebracht hatte. Als Nächstes übte ich draußen Yoga-Stellungen, bis die Zeit für meine Mittagsmeditation gekommen war. Ich hielt das Seil der Selbstdisziplin jeden Tag fest in der Hand. Es war ein äußerst strenger Lebensstil, ganz anders als alles, was ich je erlebt hatte. Doch wie ein Athlet, der Tag und Nacht bereit ist, alles für sein Training für die Olympischen Spiele zu geben, war ich bereit, in jedem Moment alles zu geben, um den Teil von mir fallen zu lassen, der mich von dem zurückhielt, wonach ich mich so sehr sehnte.

Schon bald bemerkte ich, dass das Essen einen wesentlichen Einfluss auf meine Übungen hatte. Je weniger ich aß, desto leichter war es, in einen meditativen Zustand einzutreten. Also testete ich aus, wie weit ich gehen konnte, ohne zu essen. Der ausgeglichene Zustand, den ich erreichte, bestand darin, jeden zweiten Tag zu Mittag einen kleinen Salat zu essen und dazwischen zu fasten. Es war meine Absicht, alles nur Mögliche aufzugeben, das meine Aufmerksamkeit nach außen zog. Dies sollte es mir erlauben, mich vollständiger auf die tieferen inneren Zustände zu konzentrieren.

Meine Abendroutine begann bei Sonnenuntergang. Irgendwie hatte die untergehende Sonne eine starke Auswirkung auf die Kraft, die mich in die Meditation hineinzog. Ich saß stets auf meinem Meditationskissen, bevor die Sonne begann unterzugehen. Nach einigen Stunden der Meditation ging ich nach oben ins Bett. Ich hatte keinen Wecker; ich wachte ganz von selbst jeden Morgen um drei Uhr auf, um wieder meinem Stundenplan zu folgen.

Ich weiß nicht, woher ich die Vorstellung hatte, dass mein niederes Selbst verschwinden und mich in Ruhe lassen würde, wenn ich das Seil nur fest genug in der Hand hielt. Auf jeden Fall lebte ich für etwa anderthalb Jahre auf diese Weise. Der Teil von mir, der mein gesamtes vorheriges Leben dominiert hatte, hatte keinen Platz in meinem neuen Leben. Es gab keinerlei Ermunterungen für ihn, und von Tag zu Tag schlug er immer seltener zurück. Doch der laute, anspruchsvolle Teil meiner selbst verschwand nicht – er begann einfach nur, sich der intensiven Disziplin zu ergeben. Ich glaubte, dass dies funktionierte, doch ich sollte bald erkennen, dass ich damit total auf dem Holzweg war.

WENN DER SCHÜLER BEREIT IST, ERSCHEINT DER MEISTER

Einmal abgesehen von der Arbeit für mein Studium, hatte das Lesen von Büchern nie eine größere Rolle in meinem Leben gespielt. Doch so, wie das Buch *Die drei Pfeiler des Zen* genau dann aufgetaucht war, als ich dafür bereit war, so hatte ein anderes Buch seinen Weg zu mir gefunden, kurz bevor ich in mein Haus einzog. Bob Merill, ein Freund, der ebenso wie ich viel für Yoga und Meditation übrighatte, hatte es mir geschenkt.

Eines Tages, als ich noch in meinem Camper lebte, schenkte Bob mir ein Buch mit dem Titel *Autobiographie eines Yogi* von Paramahansa Yogananda, einem Heiligen aus Indien. Ich erinnere mich, dass ich noch an dem Abend, als ich das Buch von Bob erhalten hatte, darin zu lesen begann, dass ich es aber nach wenigen Seiten aus der Hand legen musste. Nicht weil ich es nicht mochte, sondern weil jedes Wort, das ich las, mich in einen derart tiefen meditativen Zustand hineinzog, dass ich nicht weiterlesen konnte. Am nächsten Abend versuchte ich es erneut. Das Gleiche geschah. Ich verstand nicht, was da vor sich ging, aber ich war gewiss von der Erfahrung fasziniert. Ich beschloss, das Buch wegzulegen, bis ich in mein neues Haus eingezogen war. Jetzt, da ich in dem Haus lebte und meine intensive meditative Lebensweise begonnen hatte, war die Zeit gekommen, dieses geheimnisvolle Buch zu lesen.

Kapitel für Kapitel versetzte mich in eine Welt, die mir eigentlich sehr fremd hätte sein müssen. Doch aufgrund der transformierenden Ereignisse, die ich erlebt hatte, konnte ich mit der Lebensgeschichte des indischen Heiligen sehr wohl etwas anfangen. Etwas wurde mir ganz deutlich – ich hatte erst den großen Zeh in den Ozean eingetaucht, in dem Yogananda schwamm. Er war ein Meister des gesamten Wissensbereichs und der Erfahrung, nach denen ich suchte. Ich spürte das bis in Mark und Bein. Yogananda war weit über mein Jenseits hinausgegangen, und er war nie vollständig von dort zurückgekehrt. Er hatte gelernt, in diesem Zustand zu existieren und doch in der Welt präsent zu sein und mit ihr zu interagieren. Ich hatte meinen Lehrer gefunden.

Auch wenn ich ungemein erleichtert war, dass ich auf meiner inneren Reise nicht mehr allein war, musste ich doch erst mit einigen Dingen zurechtkommen, die mir nicht ganz geheuer waren. Da war zuerst einmal das Wort Gott, das in meinem Alltagsvokabular einfach nicht vorkam. Yogananda benutzte dieses Wort nicht nur so freizügig, wie sein Atem floss, sondern er verwendete es mit einem Gefühl intensiver Hingabe, das mir den Atem verschlug. Yoganandas Leidenschaft kam am meisten in den von ihm verfassten Liedern zum Ausdruck:

Mein Herz steht in Flammen und meine Seele steht in Flammen – nur für Dich, Dich, Dich, nur für Dich.

Interessanterweise sagte mir das etwas. Da ich mit diesem wunderbaren Bereich tief in meinem Inneren in Berührung gekommen war, brannte mein Herz ebenfalls. Tatsächlich hatte ich das Interesse an allem anderen verloren. Ich wollte nur noch meinen Weg zurück und über mich selbst hinaus in der Meditation finden. Ich vermochte Gott als etwas zu verstehen, das mit diesem tief in meinem Inneren verborgenen Bereich zu tun hatte. Meine Beschäftigung mit dem Zen hatte mich gelehrt, dass der Buddha auf seinem Weg zum Nirvana durch absolute Stille und Frieden hindurchgegangen war. Ich hatte gehört, Christus habe gesagt, das Königreich Gottes ist in euch, und ich war mir dessen bewusst, dass die Bibel von einem Frieden, der höher ist als alle Vernunft, sprach. Ich wusste um einen solchen Ort in meinem Inneren, wo der Friede so tief war, dass er mein ganzes Leben vollkommen verwandelt hatte.

Ein anderes Wort, mit dem ich zunächst nichts anfangen konnte, war das Wort Geist (spirit). Ich hielt dies für ein christliches Wort, und doch benutzte Yogananda es die ganze Zeit. Er sprach davon, den Geist anzurufen und zu fühlen, wie der Geist ihn durchströmte. Er erzählte von Zeiten, in denen er seine Hände emporhielt und spürte, wie der Geist durch sie eintrat und austrat. Meinte er vielleicht jenen machtvollen Energiefluss, den ich seit meiner ersten tiefen Meditation erlebt hatte? Ich spürte oft, wie dieses Energiefeld von dem Punkt zwischen meinen Augenbrauen in meine Arme hinabfloss und durch die Mitte meiner Handflächen ausfloss. War «Geist» vielleicht ein anderes Wort für diesen inneren Energiefluss, und war dieser Brennpunkt zwischen meinen Augenbrauen womöglich der Ort dessen, was Yogananda immer wieder das «Dritte Auge» oder das «spirituelle Auge» nannte? Mir wurde immer klarer, dass ich tatsächlich etwas mit den Lehren von Yogananda anfangen konnte.

Die Autobiographie eines Yogi änderte meine Anschauung all der Dinge, die mir passiert waren. Als ich das Buch ausgelesen hatte, war Gott für mich nicht mehr nur ein Wort. Er repräsentierte das, wohin es mich zog. Ich hatte mich auf diese Reise gemacht, weil ich wissen wollte, wer ich war und wer diese mentale Stimme beobachtete. Jetzt wurde mir klar, dass die großen Heiligen und Meister aller religiösen Traditionen über ihr persönliches Ich hinausgegangen waren, um ihr spirituelles Selbst zu finden. Yogananda nannte das Selbst-Verwirklichung. Was für ein perfekter Begriff für das, worum es mir an diesem Punkt meines Lebens einzig und allein ging! Ich wollte die Natur desjenigen erkennen, der beobachtet – meines wahren, innersten Selbst.

Bob Merril hatte mir erzählt, er erhielte von der Self-Realization Fellowship, der von Yogananda in Amerika begründeten Organisation, Lehrbriefe. Yogananda hatte seinen Körper 1952 verlassen, aber er war so gütig gewesen, seine Lehren in Form von wöchentlichen Lektionen zu hinterlassen. Ich hatte zwar schon von «Katalogbräuten» gehört, jedoch noch nie von einem Katalog-Guru. Ich schrieb mich sofort für die Unterweisungen ein und integrierte sie in meine regelmäßige Praxis. Ich erinnere mich, dass ich zu jener Zeit zudem beschloss, die Bibel zu lesen. Ich hatte das Neue Testament nie zuvor gelesen und fand es sehr inspirierend. Viele seiner Aussagen waren ganz im Sinne dessen, was ich in meiner Meditation erfahren hatte. Da war zum Beispiel die Vorstellung, dass man sterben muss, um wiedergeboren zu werden. Genau das hatte ich ja versucht zu tun: für das Persönliche zu sterben, um im Spirituellen wiedergeboren zu werden. Ich stellte Bilder von Christus und Yogananda auf den Altar, vor dem ich meditierte. Einige sehr bedeutende Wesen waren diesen Pfad vor mir gegangen. Ich wollte von ihnen lernen. Ich begann gerade erst zu realisieren, dass ich diesen Pfad nicht alleine zu gehen vermochte – ich brauchte Hilfe.

Teil 2

DAS GROSSE EXPERIMENT BEGINNT

EXPERIMENT FÜR EIN GANZES LEBEN

Bisher war es auf meinem Pfad zur inneren Freiheit immer allein um meine Meditationen gegangen. In der Meditation wurde ich von einem Gefühl tiefen Friedens und der Gelassenheit erfüllt. Und das funktionierte – bis zu einem bestimmten Grad. Ich konnte stundenlang sitzen und dabei diesen wunderbaren Fluss von Energie spüren, der mich emporhob. Aber ich vermochte nicht zu dem durchzubrechen, wonach ich mich eigentlich sehnte. Außerdem kehrte der persönliche Geist immer wieder zurück, sobald ich aufstand und aktiv wurde. Ich brauchte Hilfe, und diese Hilfe wurde mir eines Tages in einem Blitz des Erkennens zuteil. Mir wurde bewusst, dass ich die ganze Sache womöglich auf die falsche Weise angegangen war. Statt zu versuchen, mich durch die ständige Ruhigstellung des Geistes zu befreien, sollte ich mich vielleicht fragen, warum mein Geist so aktiv war. Was ist die Motivation hinter all dem Geschwätz? Wenn diese Motivation sich ausräumen ließe, dann wäre der ganze Kampf vorbei.

Diese Erkenntnis öffnete die Tür für eine völlig neue und aufregende Dimension meiner Übungen. Als ich mein Inneres erforschte, bemerkte ich zuerst einmal, dass der größte Teil meiner mentalen Aktivität sich um meine Vorlieben und Abneigungen drehte. Sobald mein Geist für oder gegen etwas voreingenommen war, redete er aktiv darüber. Ich vermochte zu sehen, dass es diese mentalen Vorlieben waren, die einen großen Teil des ständigen Dialogs darüber erzeugten, wie ich mein ganzes Leben kontrollieren könnte. In dem beherzten Versuch, mich von alldem zu befreien, beschloss ich, einfach damit aufzuhören, dem ganzen Geschwätz über meine persönlichen Vorlieben zuzuhören, und stattdessen mit der Praxis zu beginnen, all das, was der

Fluss des Lebens mir präsentierte, willentlich anzunehmen. Vielleicht würde dieser Wechsel der Ausrichtung die Dinge in meinem Inneren beruhigen.

Ich begann diese Übung mit etwas sehr Einfachem, dem Wetter. Muss es denn wirklich so schwierig sein, es einfach regnen zu lassen, wenn es regnet, und die Sonne scheinen zu lassen, wenn es sonnig ist, ohne sich darüber zu beschweren? Anscheinend ist das dem Geist nicht möglich:

Warum muss es ausgerechnet heute regnen? Es regnet immer, wenn mir das nicht passt. Es hätte doch schließlich schon die ganze Woche lang regnen können – das ist einfach nicht fair.

Ich ersetzte all diesen sinnlosen Lärm durch den Gedanken:

Sieh doch, wie schön – es regnet.

Diese Übungen des Annehmens erwiesen sich als sehr wirksam, und sie halfen mir durchaus, den Geist zu beruhigen. Also beschloss ich, die Sache noch weiter zu treiben und den Bereich der Ereignisse, die zu akzeptieren ich lernen würde, auszuweiten. Ich erinnere mich noch lebhaft daran, dass ich mich entschied, meine Vorlieben loszulassen und dem Leben die Verantwortung zu übergeben, wenn es sich auf eine bestimmte Weise entfaltete und der einzige Grund, dass ich mich dagegen wehrte, in meinen persönlichen Vorlieben bestand.

Das war für mich noch völlig unbekanntes Terrain. Wohin würde mich das führen? Was würde mit mir geschehen, wenn ich mich nicht mehr von meinen Vorlieben leiten ließe? Ich fand diese Fragen nicht etwa beängstigend, sondern faszinierend. Ich wollte ja nicht das Kommando über mein Leben haben, ich wollte frei sein, um mich weit über mich selbst hinaus aufschwingen zu können. Ich begann, dies als ein großes Experiment zu betrachten. Was würde mit mir geschehen, wenn ich einfach meinen inneren Widerstand aufgeben und mich dem Fluss des Lebens überlassen würde? Die Regeln des Experiments waren ganz einfach: Wenn mir das Leben bestimmte Ereignisse bescherte, dann wollte ich so damit umgehen, als seien sie dazu da, mich über mich selbst hinaus zu führen. Und wenn mein persönliches Ich sich beschwerte, dann wollte ich jede Gelegenheit nutzen, es einfach loszulassen und mich dem zu ergeben, was das Leben mir präsentierte. Dies war die Geburt dessen, was ich später das «Experiment Hingabe» nannte, und ich war ganz und gar bereit herauszufinden, wohin mich das führen würde.

Sie mögen denken, dass nur ein Verrückter solch eine Entscheidung treffen kann. Aber ich hatte ja wahrlich bereits einige erstaunliche Dinge erlebt, die der Fluss des Lebens mir beschert hatte. Ich hatte unmittelbar erfahren, was geschah, als ich losließ und den unscheinbaren Hinweisen folgte, die mich in die Berge von Mexiko und dann zu den wunderbaren Erfahrungen mit den mexikanischen Dorfbewohnern führten. Als ich in die Staaten zurückgekehrt war, war ich zu meinem wundervollen Stück Land geführt worden, und denken Sie daran, was mit dem Haus geschah. Ich wollte einfach nur eine einfache Hütte bauen und das Ganze wurde zu einer unerwartet reichen Erfahrung. Mir war vollkommen klar, dass ich diese Dinge nicht getan hatte – sie waren mir geschehen. Ja, es war so, dass nichts davon hätte geschehen können, wenn ich nicht meinen anfänglichen mentalen Widerstand dagegen losgelassen hätte. Ich hatte den größten Teil meines bisherigen Lebens geglaubt zu wissen, was gut für mich war, aber das Leben schien es besser zu wissen. Ich wollte diese Vermutung, dass nichts zufällig geschah, nun bis zum Letzten austesten. Ich war bereit, mich hinzugeben und dem Fluss des Lebens die Kontrolle zu überlassen.

DAS LEBEN ÜBERNIMMT DIE REGIE

Es mag so aussehen, als sei die Hingabe an den Fluss des Lebens ein sehr mutiger Schritt gewesen, aber in Wahrheit war ich den Herausforderungen des Lebens damals nur in geringem Maße ausgesetzt. Schließlich verbrachte ich den größten Teil meiner Tage allein in Stille auf meinem Stück Land. Es gab jedoch eine Ausnahme. Ich war noch offiziell an der Hochschule eingeschrieben, bis ich dort meine Zulassungsprüfung und meine Dissertation abgeschlossen hatte. Das bedeutete, dass mein Stipendium der Universität weiterlief und ich die Aufgabe hatte, pro Semester ein Seminar über Mikroökonomie oder Makroökonomie abzuhalten. Das einstündige Seminar fand gewöhnlich an drei Tagen in der Woche statt. Also machte ich morgens und mittags meine Yoga-Übungen und fuhr dann schnell in die Stadt, um an der Uni zu lehren. Danach fuhr ich sofort wieder zurück auf mein Land. Ich glaube kaum, dass ich damals für andere eine gute Gesellschaft war – ich war vollkommen unsozial. Wenn ein Schüler nicht gerade nach dem Seminar noch eine Frage hatte, tat ich mein Bestes, jedem Gespräch auszuweichen. Ich trug stets dieselbe Kleidung: Jeans und ein langärmliges Jeanshemd. Ich hatte mein langes Haar zu einem Pferdeschwanz zusammengebunden und trug entweder Sandalen oder war barfuß. Das war für die philosophische Fakultät vielleicht nichts ganz Außergewöhnliches, aber es ging dabei um einen Kurs für Erstsemester an einer Wirtschaftshochschule in den Südstaaten. Die Fakultät tolerierte mich nur, weil ich ein sehr beliebter Lehrer war und meine Studenten bei den Zwischenprüfungen sehr gut abschnitten.

Ich will nur eine bestimmte Vorlesung erwähnen, die wirklich extrem war. Ich hatte mich selbst vor die Aufgabe gestellt, herauszufinden, ob ich in die Stadt fahren, die Vorlesung halten, dann nach Hause zurückkehren könnte und während alledem meinen Geist die ganze Zeit möglichst still zu halten vermochte. Um das tun zu können, musste ich üben, während vieler Momente im Lauf des Tages in einem meditativen Zustand zu bleiben. Also übte ich Yoga im Freien, bevor ich abfuhr, und machte einige kontrollierte Atemübungen in meinem Auto, bevor ich zu dem Seminar ging. Ich hielt zudem vor allen Studenten zu Beginn der Vorlesung und danach inne, um meinen Geist zu beruhigen. An diesem speziellen Tag fuhr ich also in die Stadt, machte eine Atemübung und betrat den großen vollbesetzten Hörsaal. Aus irgendeinem Grund begannen die Studenten mich auszupfeifen, als ich den Hörsaal betrat. Ich brauchte einen Moment, um so weit auf den Boden der Tatsachen zurückzukehren, dass mir klar wurde, was los war: Als ich von meiner Yoga-Matte aufgestanden war, hatte ich zwar meine Jeans übergezogen, hatte jedoch vergessen, ein Hemd anzuziehen. Ich stand also barfuß und halbnackt vor den Studenten im Hörsaal. Mich störte das nicht, aber ich fragte die Studenten, ob wir das heutige Seminar ausfallen lassen sollten oder ob ich meine Vorlesung halten sollte. Die Reaktion war einstimmig, also hielt ich ungeachtet meiner Kleidung – oder des Mangels an Kleidung – meine Vorlesung über Makroökonomie.

So verging ein Monat nach dem anderen, während ich an meinem strikten meditativen Lebensstil festhielt. Ich hätte meine Zeit eigentlich für die Vorbereitung der Zulassungsprüfung zur Promotion verwenden sollen, aber natürlich schlug ich während der ganzen Zeit kein einziges Buch auf, und ich hatte auch nicht vor, das zu tun. Ich hatte mit diesem Teil meines Lebens abgeschlossen – so dachte ich zumindest.

Eines Tages nach dem Ende meiner Ökonomievorlesung traf ich Dr. Goffman in der Vorhalle, und er sagte mir, er wolle mich sprechen. Die Stimme in meinem Kopf meldete mir sofort, ich befände mich jetzt bestimmt in Schwierigkeiten. Schließlich war er der Dekan der Fakultät, und zweifellos hatte er von dem hemdlosen Zwischenfall gehört. Aber wie gewöhnlich hatte die Stimme nicht recht.

Dr. Goffman berichtete mir, er habe einen Anruf vom Büro des Gouverneurs in Tallahassee erhalten. Offenbar hatte man an höherer Stelle beschlossen, in Gainesville eines der führendes Community Colleges von Florida aufzubauen.[1] Dazu suchte man eine fähige Führungspersönlichkeit, die nicht nur für den Bereich der Ausbildung, sondern auch für das Fundraising und die Verwaltung der Finanzen verantwortlich sein sollte. Mit Rücksicht darauf hatte die Kommission einen der führenden Bankiers des Bundesstaates zum Präsidenten des neuen erweiterten Santa Fe Community College erkoren. Während mir Dr. Goffman all dies erklärte, fragte mein Geist die ganze Zeit: Warum erzählt er mir das? Was hat das mit mir zu tun? Ich will zurück auf mein Land.

Ich erhielt bald die Antwort. Offenbar verlangte das Gesetz von Florida, der Präsident eines Community College müsse einen Doktortitel tragen. Alan Robertson, der Bankier, den die Kommission für das Amt vorgesehen hatte, besaß jedoch keinen Dr. phil. Was hatte man also beschlossen? Ein hervorragender Doktorand, der einen ähnlichen akademischen Hintergrund besaß wie Alan Robertson selbst, sollte ihn dabei unterstützen, zu promovieren. Und erstaunlicherweise war ich der Doktorand, den sie dafür im Auge hatten.

Die Stimme in meinem Kopf begann zu toben. Ich beobachtete, wie sie in meinem Inneren aufschrie: Nein! Das kann ich nicht. Ich habe das alles hinter mir gelassen. Ich muss meine Zeit meinen Übungen widmen. Ich werde auf

[1] Ein Community College (CC) ist in den USA ein zweijähriges College zur Berufsausbildung und Vorbereitung auf ein Hochschulstudium. (Anm. d. Übers.)

keinen Fall wieder all meine alten Ökonomielehrbücher hervorkramen – damit habe ich nichts mehr am Hut. Mitten in all dem Protestgeheul erinnerte ich mich an die unlängst gefällte Entscheidung, mich dem zu ergeben, was das Leben mir präsentierte. Die Stimme, die ich beobachtete, war nicht mein spiritueller Ratgeber; sie war eine Bürde für meine Spiritualität. Dies war die perfekte Gelegenheit, den Sitz hinter dem Steuer freizumachen.

Während mir all das durch den Kopf ging, wartete Dr. Goffman auf meine Antwort. Doch die Worte der Zustimmung wollten mir nicht über die Lippen kommen. Schließlich hörte ich mich selbst laut sagen: «Ja, es wäre mir eine Freude, hier einzuspringen. Ich werde ihn unterrichten.»

Damit war der Würfel gefallen. Nun hatte das große Experiment Hingabe wirklich begonnen.

Ich führte nicht mehr die Regie in meinem Leben.

PRINZ UND BETTELKNABE

Den Tutor für Alan Robertson zu spielen, veränderte meinen Lebensstil nicht drastisch. Wir stimmten unsere Stundenpläne so aufeinander ab, dass ich jedes Mal, wenn ich zum Unterrichten in die Stadt fuhr, nach der Vorlesung ein paar Stunden mit Alan verbrachte. Wir trafen uns im Büro des Präsidenten auf dem Campus des alten Santa Fe College im Stadtzentrum in der Nähe der Universität. Wir waren ein merkwürdiges Paar. Alan war ein sehr erfolgreicher Bankier im dreiteiligen Anzug, ich war ein Yogi mit Pferdeschwanz in Jeans und Sandalen. Ich hatte keine Ahnung, was ich zu erwarten hatte, aber Alan erwies sich als außergewöhnlich warmherzige Person mit einem offenen Geist. Er war zudem sehr dankbar für meine Hilfe.

Das heißt nicht, dass es nicht zu einigen prekären Momenten kam. Das erste Aufeinanderprallen der Kulturen ereignete sich, als es um die Bezahlung meiner Dienste ging. Ich sagte Alan, ich erwarte keine Bezahlung für seinen Privatunterricht. Er bestand darauf, aber ich lehnte es ab. Er argumentierte weiter, er sei schließlich ein erfolgreicher Bankier und jetzt auch noch Präsident eines College, und ich sei ein Student, der von einem Stipendium von 250 Dollar pro Monat lebte. Das stimmte natürlich, und es war auch so, dass ich all mein Geld für den Kauf des Grundstücks und den Bau meines Hauses ausgegeben hatte. Dennoch war mein Unterricht ein Akt der Hingabe an den Fluss des Lebens, und dafür wollte ich nicht bezahlt werden.

Mit der Zeit akzeptierte Alan unsere nicht geschäftliche Beziehung und wir wurden gute Freunde. Manchmal kam er hinaus auf mein Land und wir unternahmen gemeinsam lange Spaziergänge. Es machte ihm Freude, meinen einzigartigen Lebensstil kennenzulernen, und mir machte es Spaß, dem ganz besonderen Menschen hinter der Fassade des Dreiteilers zu begegnen. Gelegentlich akzeptierte ich sogar die Einladung seiner Frau zu einem Abendessen in ihrem Haus. Ich begann, meine ganze Beziehung zu Alan als ein weiteres der magischen Geschenke des Lebens ungeachtet meines anfänglichen Widerstands zu sehen.

Alan hatte schließlich genug Fortschritte in Richtung auf seine Promotion gemacht, um sich für seine Zulassungsprüfung anmelden zu können. Er überraschte mich mit der Aufforderung, ich solle meine Prüfung ebenfalls ablegen. Ich war nicht im Geringsten daran interessiert, zumal wir zusammen nur zwei der drei Hauptbereiche meines Studiums vorbereitet hatten. Doch ich ergab mich auch diesem Wunsch. So schrieb ich mich für die Prüfung zu den beiden Bereichen ein, die wir bearbeitet hatten, und plante, die dritte Prüfung auf einen späteren Zeitpunkt zu verschieben – wenn ich sie überhaupt ablegen wollte. Als ich daraufhin die Benachrichtigung von der Uni erhielt, sah ich, dass die Verwaltung mich irrtümlicherweise für alle drei Prüfungen registriert hatte. Was sollte ich jetzt tun – mich auch dem ergeben?

Ich begann, mich selbst zu beobachten, um herauszufinden, warum ich die dritte Prüfung als so bedrohlich empfand. Ich beabsichtigte ja überhaupt nicht, tatsächlich zu promovieren, was spielte es also für eine Rolle? Ich entdeckte, dass ich einfach nicht in den Augen anderer versagen wollte. Ich wusste, dass ich kläglich versagen würde, wenn ich mich der Prüfung zur öffentlichen Finanzwirtschaft stellen würde, da ich in diesem Bereich kein bisschen vorbereitet war. Die Aussicht auf ein Versagen machte mir Sorgen und brachte die innere Stimme dazu, ständig Möglichkeiten einer Vermeidung der Prüfung durchzukauen. Was für eine wunderbare Gelegenheit, diesen Teil meiner selbst loszuwerden! Ich betrachtete den Fehler der Verwaltung darum nicht mehr als Problem, sondern als Herausforderung dazu, mich selbst noch weiter loszulassen. Also beschloss ich, in alle drei Prüfungen zu gehen und die Erfahrung des Scheiterns in der dritten Prüfung bereitwillig zu akzeptieren.

In den ersten beiden Prüfungen ging alles glatt. Ich hatte diese Bereiche mit Alan ausführlich bearbeitet und kannte das Material ziemlich gut. Als der Tag der dritten Prüfung nahte, bereitete ich mich innerlich auf das Unvermeidliche vor. Ich wollte in die Prüfung gehen und einen Teil meines Egos bereitwillig einen schmerzhaften Tod erleiden lassen.

Was dann schließlich geschah, veränderte mich für den Rest meines Lebens. Am Tag vor der Prüfung erlaubte ich mir, das Lehrbuch über die öffentliche Finanzwirtschaft zum ersten Mal in die Hand zu nehmen. Ich nahm das dicke Buch mit nach draußen und legte es neben mich, bevor ich meine Yoga-Übung machte. Als ich mit dem Yoga fertig war, fühlte ich mich sehr friedvoll und ganz und gar bereit, mich der Feuerprobe des nächsten Tages zu stellen. Wie um mir das Schwert anzusehen, in das ich stürzen sollte, öffnete ich das Buch an einer zufälligen Stelle. Ich las die beiden Seiten, die ich aufgeschlagen hatte. Ich führte dieses Ritual dreimal aus und hob das Buch dann als Zeichen meiner Bereitschaft zur Hingabe gen Himmel.

Am nächsten Tag achtete ich genau darauf, was die Stimme wohl zu sagen hatte. Ich war erstaunt zu bemerken, dass ich mit dem bevorstehenden Ereignis ganz in Frieden war. Nach meiner Morgenmeditation nahm ich das Buch nochmals zur Hand und öffnete es – zufällig wieder an einer der drei Stellen des Vortages. Ich sah mir das komplexe Diagramm auf dieser Seite genau an und stellte das Buch dann wieder zurück ins Regal.

Später am Vormittag parkte ich vor dem Gebäude der wirtschaftswissenschaftlichen Fakultät und meditierte eine Weile, bevor ich hineinging. Ich war innerlich immer noch ganz ruhig. Da war nur ein Gefühl der stillen Hingabe. Ich weiß noch, dass ich das Gefühl hatte, den wahren Test bestanden zu haben – ich hatte bewiesen, dass ich in der Lage war, mich tief zu ergeben, wenn das Leben mir etwas präsentierte, das ich nicht wirklich tun wollte.

Ich ging nach oben in die wirtschaftswissenschaftliche Fakultät, und die Verwaltungsassistentin händigte mir die Prüfungsfragen aus. Als ich sie entgegennahm, überflog ich kurz die sechs Aufsatzthemen, von denen ich drei ausarbeiten musste. Ich blieb wie erstarrt stehen und Tränen stiegen mir in die Augen. Bei drei der Fragen ging es genau um die Themen, die ich am Vortag zufällig in dem Lehrbuch aufgeschlagen hatte. Ich war sprachlos. Ich stand lange Zeit einfach da und vermochte nicht einmal Atem zu holen.

Wie konnte das sein? Es war erneut passiert. Um mich selbst zu transzendieren, hatte ich mich hingegeben und mich bereitwillig meinen persönlichen Ängsten gestellt. Dann wurde ich angesichts der sicheren Höllenfahrt im letzten Moment gen Himmel emporgehoben.

Ich ging in den mir zugewiesenen Raum und schrieb und schrieb. Die Samen der Inspiration lagen noch frisch in meinem Geist. Ich war sogar in der Lage, das Diagramm, das ich zweimal aufgeschlagen hatte, zu reproduzieren und es auszuschmücken. Ich gab die Hefte ab und machte mich in einem ganz anderen Geisteszustand, als ich erwartet hatte, auf den Heimweg. Auf dem Weg zu der Prüfung hatte ich das Gefühl gehabt, das Leben verlange von mir, an diesem Tag willentlich einen Teil von mir sterben zu lassen. Doch jetzt wurde mir klar, dass das Leben mich aufforderte, ihm nicht im Weg zu stehen und es das Seine tun zu lassen. Ich war sehr froh, dass ich bereit gewesen war, dieses Risiko einzugehen.

Einige Tage später rief Dr. Goffman mich in sein Büro und beglückwünschte mich für die vorzügliche Leistung bei meiner Prüfung zur öffentlichen Finanzwirtschaft. Diese Anerkennung durch den Dekan der Fakultät hätte mich freuen sollen, aber tatsächlich fühlte ich mich schuldig. Ich erzählte ihm die ganze Geschichte und fragte ihn, ob ich nicht irgendwie gegen die Prüfungsordnung verstoßen hätte. Dr. Goffman stand auf, legte mir eine Hand auf die Schulter und sagte mir, ich solle aufhören, so bescheiden zu sein. Damit erklärte er unser Gespräch für beendet.

DEM UNSICHTBAREN INS UNBEKANNTE FOLGEN

Im Frühjahr 1972 hatte ich also, ohne es beabsichtigt zu haben, sowohl die Vorlesungen als auch die Zulassungsprüfungen für meine Promotion absolviert. Alles, was in dieser Hinsicht noch zu tun blieb, war, eine Dissertation zu schreiben. Ich wusste, dass dies nie geschehen würde, und dachte deshalb nicht mehr daran. Meine Meditationen und mein Yoga waren für mich mein ganzes Leben.

Obwohl ich in meinen Übungen beträchtlich fortgeschritten war, hatte ich immer noch das Gefühl, dass mich etwas zurückhielt. Ich sagte mir, die Übung des Kriya-Yoga, einer speziellen, von Yogananda gelehrten Meditationstechnik, könne die Antwort sein. Das Problem war, dass man erst ein Jahr lang den Lektionen der Self-Realization Fellowship gefolgt sein musste, um für die Einweihung in den Kriya-Yoga qualifiziert zu sein. Ich beschloss, die Fellowship um eine vorzeitige Initiation in die Übung des Kriya-Yoga zu bitten.

Zu jener Zeit bekam ich fast nie Post. Deshalb war ich überrascht, als ich einige Wochen später zwei Briefe am selben Tag erhielt: einen von der Self-Realization Fellowship und den anderen von einer Organisation, von der ich noch nie gehört hatte.

Ich war gespannt auf die Antwort von der Fellowship und öffnete deren Brief deshalb zuerst. Die Enttäuschung war groß. Ich musste weitere sechs Monate auf die Unterweisungen zum Kriya-Yoga warten. Da war sonst nichts zu machen, außer meine Reaktion loszulassen. Ich nahm einen tiefen Atemzug und öffnete den anderen Brief. Ein Blick darauf, und meine gesamte Enttäuschung löste sich auf. Der

Umschlag enthielt einen Prospekt, auf dem in großen, fett gedruckten Buchstaben stand:

Empfangen Sie Kriya in diesem Sommer von einem direkten Schüler von Paramahansa Yogananda

Wieder einmal war ich sprachlos. Ich hatte noch nie von diesen Leuten gehört. Es schien sich um eine bekannte Yoga-Gemeinschaft in Kalifornien zu handeln, aber ich hatte keine Ahnung, wie sie von mir erfahren oder meine Adresse erhalten haben konnten. Ich war ein Einsiedler, der in den Wäldern Floridas lebte. Wie konnten diese beiden so eng miteinander verknüpften Briefe zur selben Zeit in meinem Briefkasten landen?

Ungeachtet der Antwort auf diese faszinierende Frage war mir klar, wohin mein Weg mich in diesem Sommer führen würde – zu einer spirituellen Gemeinschaft in Nordkalifornien. Es ist nicht schwierig, einer Führung zu folgen, wenn sie dermaßen offensichtlich erfolgt. Doch mein Entschluss, dem Leben von jetzt an die Regie zu überlassen, musste noch einige Herausforderungen bestehen, bevor ich zu meinem Abenteuer nach Westen aufbrach.

Kurz nachdem ich die beiden Briefe erhalten hatte, ließ Dr. Goffman mich wissen, dass Alan Robertson mich sprechen wolle. Wir hatten uns nicht mehr gesehen, seit Alan und ich unsere Prüfungen bestanden hatten. Ich meldete mich bei ihm und erfuhr, dass der Bau des Campus des neuen Santa Fe Community College abgeschlossen war. Alan war dabei, den Lehrkörper für die ersten Kurse zusammenzustellen, und er bat mich, dort zu lehren, und sei es nur auf Teilzeitbasis. Ich sagte nichts mehr. Ich hatte absolut kein Interesse daran, am Santa Fe Community College oder an irgendeiner anderen Institution zu lehren. Ich beabsichtigte einzig und allein, meine spirituelle Praxis zu vertiefen, bis ich mit den wundervollen Bereichen, die ich in meinem Inneren entdeckt hatte, verschmolzen bleiben könnte. Ich versuchte Alan zu überzeugen, aber er wollte nichts davon hören. Schließlich sagte er: «Ich bitte dich nicht, ich verlange es von dir.» Mein Mund wurde trocken, als ich die Worte aussprach, die mein Herz nicht sagen wollte: «Yes, Sir, ich werde dort auf Teilzeitbasis lehren. Was habe ich also zu tun?»

Ergebung – was für ein machtvolles Wort! Man denkt dabei oft an Schwäche oder Feigheit. In meinem Fall verlangte sie jedoch all meine Kraft, um den Mut aufzubringen, dem Unsichtbaren in das Unbekannte zu folgen. Und es war genau das, was ich tat. Es ist nicht so, dass die Hingabe mir Klarheit darüber verschafft hätte, wohin mein Weg mich führen würde – ich hatte keinen blassen Schimmer. Aber die Hingabe schenkte mir Klarheit in Hinsicht auf einen wesentlichen Punkt: Meine persönlichen Vorlieben von Mögen und Nichtmögen sollten mein Leben nicht mehr lenken. Indem ich den Zugriff, den diese machtvollen Kräfte auf mich hatten, preisgab, ließ ich zu, dass mein Leben von einer noch viel mächtigeren Kraft gelenkt wurde – dem Leben selbst.

An jenem Punkt meines inneren Wachstums vermochte ich zu erkennen, dass die Übung der Hingabe tatsächlich aus zwei klar unterscheidbaren Schritten besteht: Zuerst lässt man die persönlichen Reaktionen von Mögen und Nichtmögen los, die im eigenen Geist und Herzen entstehen. Mit dem daraus resultierenden Gefühl der Klarheit sieht man sich als zweiten Schritt dann an, was die Situation, die sich vor einem entfaltet, von einem verlangt. Was würdest du tun, fragte ich mich, wenn du nicht unter dem Einfluss der Reaktionen von Mögen oder Nichtmögen stündest? Dieser tieferen Führung zu folgen, wird dein Leben in eine völlig andere Richtung führen als dorthin, wohin deine Vorlieben dich führen. Das ist die beste Erklärung meines Experiments Hingabe, und es wurde zur Grundlage sowohl meines spirituellen als auch meines weltlichen Lebens.

MEIN ERSTES EINSTELLUNGSGESPRÄCH

Ich war nun den größten Teil meines Lebens zu Schule und Uni gegangen, und abgesehen von temporären Einsätzen als Sportwagenmechaniker nach den Unterrichtsstunden an der Highschool hatte ich nur in den Sommerferien gejobbt. Ich hatte bisher nie ein wirkliches Einstellungsgespräch gehabt. Alan arrangierte ein Treffen mit der Programmdirektorin des Santa Fe Community College, bei dem es um meine berufliche Stellung am College gehen sollte.

Am Tag des Gesprächs erschien ich in meinem normalen Outfit: Jeans, Jeanshemd und Sandalen. Der Campus des Santa Fe in der Innenstadt war ziemlich liberal gewesen, aber ich hatte keine Ahnung, wie die Dinge auf dem neuen Campus mit Alan als Präsident liefen. Die Programmdirektorin fragte mich zuerst, was ich gern lehren würde. Ich ging davon aus, dass eine ehrliche Antwort erwartet wurde. Also sagte ich ihr, ich würde gern das lehren, was ich über die Stimme in unserem Kopf gelernt hatte. Ich wolle den Studenten begreiflich machen, dass sie nicht auf dieses unablässige Geschwätz hören müssen, sondern die Freiheit besitzen, von einem viel tieferen Bereich in ihrem Inneren auszugehen. Ich sagte ihr auch, ich wolle die Studenten lehren, dass sie sich auf einem winzigen Planeten befinden, der durch den Weltraum kreiselt, und dass sie ihre Reise genießen sollten.

Zu meiner Überraschung antwortete sie, der einzige verfügbare Kurs, in dem ein solcher Lehrplan möglich wäre, sei ein Anfängerkurs in Sozialwissenschaft. Der Kurs war Pflicht für alle Studienanfänger, und es wurde noch ein Lehrer für ein Drittel dieses Kurses gesucht. Sie erklärte mir, diesen Kurs zu unterrichten, entspräche einer Halbzeit-Stelle am College. Ich akzeptierte die Position, und sie setzte meine erste Unterrichtsstunde für den September zur offiziellen Eröffnung des Campus an.

Was für ein Lauf der Ereignisse! Zuerst sagte mir das Leben, ich solle für den Sommer nach Kalifornien gehen, und jetzt sagte mir die Programmdirektorin, was ich nach meiner Rückkehr tun solle. Das alles entfaltete sich ganz von selbst. Ich musste einfach nur mit dem Zug mitfahren. Ich hatte keinen blassen Schimmer, was ich im kommenden September in dem Kurs lehren sollte. Ich hatte das, was ich gelernt hatte, niemals irgendjemanden gelehrt, geschweige denn eine ganze Klasse. Meinem persönlichen Ich war die Sache nicht ganz geheuer. Um es zu beruhigen, legte ich einige Grundregeln fest: Ich wollte keinen Gedanken an das verschwenden, was ich bei dem Kurs lehren würde, bis es an der Zeit war, den Klassenraum zu betreten. Ich beabsichtigte, mit einem völlig leeren Geist vor die Klasse zu treten. Es sollte sein wie damals, als ich mich beim Schreiben der Abschlussarbeit für das Seminar in Wirtschaftswissenschaft ganz auf meine Intuition verließ. Geh einfach zu dem Kurs und sieh zu, was dann auftaucht.

Da diese aus der Außenwelt eindringenden Dinge begannen, mir kleine Stücke meiner Zeit zu stehlen, schätzte ich es umso mehr, allein auf meinem Land zu sein. Dennoch gelang es Leuten, entgegen all meiner Bemühungen, meine Einsamkeit zu schützen, mich aufzufinden. So war es auch mit Sandy Boone, einer Frau, die buddhistische Meditation und das Leben im Freien liebte. Ich erinnere mich nicht mehr, woher sie kam, aber eines Tages tauchte sie auf und begann Spaziergänge auf meinem Grund und Boden zu machen. Sie achtete darauf, meine Privatsphäre zu respektieren; sie wollte einfach nur in der Natur sein und im Freien meditieren. Das war in Ordnung, bis sie mich fragte, ob sie ihr Zelt am äußersten Ende meines Besitzes aufschlagen könne, um dort zu meditieren. Ich wollte das nicht, aber wer war ich, dass ich jemanden vom Meditieren abhalten durfte? Schließlich war sie keck genug zu fragen, ob sie sich mir am Sonntagvormittag für die Meditation anschließen könne – nur für eine Stunde. Ich erinnere mich noch deutlich, warum ich ihrer Bitte nachgab: nur weil die Stimme in meinem Kopf sich so vehement dagegen wehrte.

Nach einer Weile begann Sandy, einige ihrer Bekannten zu den Meditationen am Sonntagvormittag mitzubringen. Zuerst waren es drei, dann sechs, dann zehn. Mir gefiel das alles überhaupt nicht, aber ich hatte nicht das Recht, dem ein Ende zu bereiten. Ich meditierte oft einfach im Obergeschoss, während sich meine Gäste unten aufhielten. So entstand im Frühjahr 1972 das Konzept der Sonntagvormittag-Sitzungen bei Mickey, eine Tradition, die sich nun seit über vierzig Jahren Sonntag für Sonntag fortgesetzt hat.

Inzwischen nahte der Sommer, und es war an der Zeit, mich für meinen Ausflug nach Kalifornien vorzubereiten. Ich stellte mir vor, dass ich in meinem Camper für drei oder vier Wochen auf dem Gelände der spirituellen Gemeinschaft kampieren und dann rechtzeitig für den Unterricht zurück sein würde. Ich brauchte etwa zehn Tage für die Fahrt nach Kalifornien, weil ich unterwegs all meine Meditationssitzungen beibehielt. Als ich bei der Gemeinschaft ankam, fand ich sie in einer sehr ländlichen Umgebung auf einem riesigen Grundstück mit vielen kleinen, rustikalen Hütten vor. Die Mitglieder der Gemeinschaft schienen sehr erdverbundene Typen zu sein – eine Umgebung, in die ich gut hineinpasste. Während der Anmeldung fielen mir spezielle Namensschilder für Gäste auf, die Schweigen praktizieren wollten. Ich war nicht daran interessiert, Leute zu treffen oder neue Freundschaften zu schließen, das hätte mich nur von meiner inneren Arbeit abgelenkt. Also beschloss ich, diesen Ausflug zu nutzen, um meine Übungen auf noch strengerer Ebene voranzutreiben: Ich wollte während meines Aufenthalts in totalem Schweigen verharren.

In der Nähe des Tempelbereichs war kein Platz zum Kampieren verfügbar, also parkte ich meinen Camper auf dem nächsten unbefestigten Parkplatz. Dort sollte ich für einige Wochen leben. Nachdem ich mich eingerichtet hatte, begann ich meine Yoga- und Meditationssitzungen des Nachmittags im Tempel der Gemeinschaft auszuführen. Obwohl ich es gewohnt war, allein zu sein, war mir sofort klar, dass ich mich hier für eine Weile sehr wohlfühlen würde. Diese Leute verstanden, worum es mir ging, und sie überließen mich meinen Übungen. Ich fastete weiterhin drei Tage in der Woche, und wenn ich meinen Salat aß, blieb ich immer für mich. Ich war nicht gerade der gesellige Typ, doch ich nahm an der Abendmeditation und den Programmen des Chanting im Tempel teil. Hier kam ich in der Tat zum ersten Mal mit dem Chanting des Ostens in Berührung. Da ich Schweigen wahrte, sang ich selbst nicht mit, aber ich konnte spüren, wie die Energie im Raum anstieg.

Auf diese Weise hätte ich wahrscheinlich während meines gesamten Aufenthalts weitergemacht – hätte ich nicht diesen Traum gehabt. Ich träumte so gut wie gar nicht, und wenn ich träumte, schienen die Träume keine tiefere Bedeutung zu haben. Eines Nachts jedoch hatte ich einen phänomenalen luziden Traum, der eine tiefgreifende Wirkung auf mich hatte. Ich träumte, dass ich meine intensiv fokussierte Zen-Gehmeditation ausführte. Ich setzte ganz bewusst einen Fuß vor den anderen, während ich ganz langsam auf den Eingang einer Höhle zuging. Ich betrat die Höhle ohne jeden Zwischenfall und ging tiefer in die Dunkelheit, die sich vor mir ausbreitete. Als es sehr dunkel wurde, ergriff ich eine hölzerne Fackel, die an der Höhlenwand angebracht war. Ich entzündete sie und ging weiter wie zuvor. Mir fiel auf, dass die Luft immer dünner wurde, je weiter ich in die Höhle hineinging. In mir verspürte ich eine fast beängstigende Entschlossenheit: Ich wollte die Tiefe dieser unbekannten Höhle erkunden, bis ich gefunden hatte, wonach ich suchte. Nichts würde mich aufhalten. Da nahm ich in weiter Ferne einen blassen Lichtschimmer wahr. Mir ging kein einziger Gedanke durch den Kopf, doch ich wusste intuitiv, dass ich zu diesem Licht unterwegs war. Als ich näher kam, konnte ich sehen, dass das Licht von oben in die Höhle hinabschien. Je näher ich der Quelle des Lichts kam, desto dünner wurde die Luft. Ich vermochte kaum noch zu atmen. Doch ich ging weiter. Die Erfahrung ähnelte den Erfahrungen, die ich während meiner Übungen machte. Je tiefer ich in meine Meditationen hineinging, desto mehr verlangsamte sich meine Atmung – bis sie schließlich ganz von selbst verebbte. Ich weiß nicht, wie lange ich jeweils in diesem atemlosen Zustand verweilte, doch wenn ich zurückkehrte, schnappte ich heftig nach Luft. An einem bestimmten Punkt fühlte sich der Gang durch die Höhle an wie dieses Stadium meiner Meditationen.

Ich war fast am Ziel. Ich sah das Licht in einem gebündelten Strahl auf den Boden der Höhle genau vor meinen Füßen herabströmen. Ich hatte das Gefühl, aufgrund des Mangels an Sauerstoff jeden Moment zusammenzubrechen, aber ich brachte den Willen auf, den letzten Schritt hinein in das Licht zu tun. Ich wurde augenblicklich von gleißendem Licht überflutet. Ich wandte mich nach oben, um zu dem Licht hinaufzuklettern, doch meine Hände stießen gegen ein Eisengitter in der Decke der Höhle. Von hier aus gab es keinen Weg nach draußen.

Nicht ein Gedanke tauchte in meinem Geist auf. Kein Seufzer verließ meine Lippen. Mit dem Gefühl derselben eisernen Entschlossenheit, die mich in diese Höhle geführt hatte, drehte ich mich um und begann wieder nach draußen zu gehen. Da war einfach nur die Gewissheit: Ich muss einen anderen Weg finden.

DAS SEIL LOSLASSEN

Ich erwachte als ein anderer Mensch aus diesem Traum – meine Art zu denken war auf einer tiefen Ebene transformiert. Zum ersten Mal stellte ich infrage, ob immer mehr Disziplin mich zu dem führen würde, wonach ich mich so sehr sehnte. Als ich da an diesem Morgen allein in meinem Camper saß, wusste ich: Die Antwort ist nein. Mein Pfad zu wahrer Freiheit verlangte ein subtileres Vorgehen als einfach nur einen festeren Griff.

Etwas von sehr viel größerer Weisheit als ich selbst hatte in dieser Nacht in meine Psyche eingegriffen und meine gesamte Beziehung zu mir selbst zurechtgerückt. Ich sah den niederen Aspekt meiner selbst mit seinen persönlichen Problemen und Melodramen nicht mehr als Feind an, der vernichtet werden musste. Ich betrachtete ihn jetzt mit neuem Verständnis. Ich hatte all diese gestörten persönlichen Energien für meinen Aufstieg zu nutzen. Mir war vollkommen klar: Wenn dieser Aspekt das Problem war, dann war er auch die Lösung. Ich verspürte tatsächlich einen Anflug von Mitgefühl mit dieser strampelnden Person in meinem Inneren. Später sollte ich lernen, dass die Bhagavadgita sagt, man solle das Ich mit dem Selbst aufziehen und es nicht niedertrampeln. In dem Versuch, mich von seinen menschlichen Eigenschaften zu befreien, hatte ich mein persönliches Ich niedergetrampelt. Jetzt musste ich lernen, seine Energien zu erhöhen, damit sie mir auf meiner Reise behilflich sein konnten.

Ich verließ meinen Camper und machte mich auf den Weg zum Tempel. Dabei fühlte ich mich viel leichter und offener. Ich hatte das Gefühl, meine Fesseln abwerfen und meine Flügel ausbreiten zu können. Aber da war noch etwas, das ich zuerst tun musste. Seit ich mit meiner mentalen Disziplin begonnen hatte, hatte ich mir einen Raum im Inneren meines Geistes vorgestellt, in den ich mein persönliches Ich für die Meditation führte. Der Raum hatte ein riesiges Holztor als Eingang und Wände aus solidem Glas. Was diesen Raum so besonders machte, war, dass man durch die Glaswände auf das gesamte Universum hinausschaute. Wenn ich auf dem einsamen Meditationssitz saß, konnte ich die Erde in der Dunkelheit des Weltraums schweben sehen. In der Ferne schwebten Sterne und Galaxien in der Unendlichkeit. Wann immer Mickey ein Problem hatte, führte ich ihn zur Entspannung in diesen Raum. Ich machte auch ein Spiel daraus, ihn dort einfach zurückzulassen. Ich wollte, dass er sich dort immer stillhielt und sich stets daran erinnerte, dass alle seine Erfahrungen auf einem winzigen Staubkorn stattfanden, das im unendlichen Raum schwebte.

An jenem Morgen hielt ich auf dem Weg zum Tempel inne, schloss die Augen und öffnete das riesige Holztor zu diesem ganz speziellen Raum. Die Person, die ich auf dem Meditationskissen hatte sitzen lassen, richtete sich sofort gerade auf. Als ich mich ihr näherte, wurde sie noch disziplinierter und konzentrierter. In drastischem Kontrast zu der Strenge, die ich in der Vergangenheit hatte walten lassen, streckte ich die Hand in einer fürsorglichen Geste zu ihr aus und sagte: «Du kannst jetzt herauskommen.» Was auf diese Äußerung folgte, beschämt mich noch heute, weil ich diese Übung für ein unschuldiges Spiel des Geistes gehalten hatte. In dem Moment, in dem ich diese Worte aussprach, erfuhr ich eine emotionale Befreiung von einer Intensität, die ich niemals für möglich gehalten hätte. Tränen schossen mir in die Augen und meine Knie wurden ganz weich. Mein Herz brach auf, als sei irgendetwas Markerschütterndes passiert, ein Ereignis, das genügend Erleichterung für ein ganzes Leben zuließ.

Sobald diese kathartische Befreiung sich vollzogen hatte, erkannte ich etwas, das ich nie wieder vergessen werde: Diese ängstliche, verstörte Person da drinnen, die ich beobachtet und beurteilt hatte, war tatsächlich eine Person. Die Psyche ist eine Person mit Gefühlen und Gedanken, Hoffnungen, Ängsten und Träumen. Man darf sie nicht in einen Raum einsperren und ihr ständig befehlen, den Mund zu halten. Es gibt sehr viel konstruktivere Weisen, mit verstörten, egozentrischen Energien umzugehen. Unglücklicherweise musste ich das auf die harte Tour lernen – durch Erfahrung.

Ich fühlte mich gesünder denn je und erinnerte mich an die Aussage in meinem Traum: Ich muss einen anderen Weg finden. Es stand außer Frage, worin dieser «andere Weg» bestehen würde: Ich musste lernen, mich noch mehr hinzugeben, anstatt so viel zu kämpfen. Ich hatte bereits beschlossen, mich dem Fluss des Lebens zu überlassen, selbst wenn ich nicht wissen konnte, wohin dieser Fluss mich trug. Dasselbe musste ich jetzt auch innerlich tun: Ich musste lernen, mich innerlich einfach zu entspannen, statt so viel mit meinem Geist zu kämpfen. Nur weil die Stimme sprach, brauchte ich ihr ja nicht zuzuhören oder sie die Richtung meines Lebens beeinflussen zu lassen. Sie hatte nichts mit mir zu tun – ich konnte mich einfach entspannen, ungeachtet dessen, was sie zu sagen hatte. Ich war zurück bei den Grundlagen: Ich bin derjenige, der bemerkt, dass die Stimme redet.

Für den weiteren Aufenthalt in der Gemeinschaft hob ich mein Schweigen auf. Das heißt allerdings nicht, dass ich viel geredet hätte. Ich war gerade so weit gesellig, dass die Leute sich nicht scheuten, mich anzusprechen. Ich traf einige Menschen, die bereits seit langer Zeit dort lebten, und hörte mir die Geschichten ihrer eigenen Reisen an. Trotz der Veränderungen, die ich durchmachte, änderte ich meine Meditations- und Yoga-Sitzungen nicht. Sie waren nicht das Problem – ich war das Problem. Ich hatte eine mentale Vorstellung von absoluter Disziplin aufgebaut, die mich in Wirklichkeit zurückhielt. In meinen Meditationen hatte ich solche Höhen erreicht, weil ich die niederen Energien abgewürgt hatte. Aber das war bloß eine Form der Verdrängung. Ich musste lernen, diese Energien umzulenken und aufwärtszuschicken, statt sie von mir wegzustoßen. Ich brauchte einige Zeit dazu, aber schließlich begann ich, den wahren Zweck des Yoga zu erkennen. Wird er richtig ausgeführt, dann ist der Yoga die Wissenschaft der Kanalisierung sämtlicher Energien nach oben, bis sie am höchsten Punkt – der Einheit – miteinander verschmelzen.

Nach einigen Wochen in der Gemeinschaft machte ich mich auf die Heimreise. Die Person, die nach Florida zurückfuhr, war klarer und weiser als zuvor. Obwohl der Samen gesät war und ich einige sehr tiefgreifende Lektionen gelernt hatte, sollte es noch eine Weile dauern, bis ich lernte, Frieden mit mir selbst zu schließen. Erst einmal freute ich mich darauf, auf mein Stück Land und in die Einsamkeit meines wunderschönen Hauses in den Wäldern zurückzukehren.

ANNEHMEN, ANNEHMEN UND NOCHMALS ANNEHMEN

Auf dem Weg quer durch das Land blieb mein Geist sehr friedlich. Doch als ich zu Hause war, sah ich mich mit einer ernsthaften Herausforderung meines Gelübdes der Akzeptanz konfrontiert. Auf dem Weg durch die Wälder zur Lichtung hörte ich statt der charakteristischen Stille das Geräusch einer Kreissäge. Dann sah ich Sandy und meinen Freund Bob Gould in Zimmermannsschürzen auf einer Struktur herumklettern, die sie auf meinem Land bauten. Es war einer jener Momente, in denen man sich ungläubig die Augen reibt.

Ich fragte, was hier los sei. Sandy erklärte mir fröhlich, sie sei dabei, ein Haus zu bauen, und Bob Gould habe zugesagt, ihr zu helfen. Ich weiß nicht mehr, in welchem Tonfall ich antwortete, aber ich erinnerte sie daran, dass dies mein Land sei, auf dem sie ihr Haus baue. Sandy erwiderte wiederum sehr fröhlich, sie erhebe keinen Anspruch auf das Haus und es würde mir gehören, wenn sie sich entschlösse, von hier wegzugehen. Sie hatte sich das alles ganz offensichtlich bereits in ihrem Kopf zurechtgelegt, und sie hatte kein Problem damit. Ich beschloss, besser erst mal in mein Haus zu gehen und eine Weile zu meditieren, bevor ich darauf einging.

Sie können sich vorstellen, was die Stimme in meinem Kopf sagte: O mein Gott! Wie kann sie es wagen, eine solche Entscheidung zu treffen, ohne mich zu fragen? Ich will kein weiteres Haus auf meinem Land. Ich will nicht, dass sonst irgendjemand hier wohnt, also wozu brauche ich ein weiteres Haus? Wie in aller Welt kann jemand beschließen, ein Haus auf dem Grundstück eines anderen zu bauen, ohne ihn überhaupt jemals gefragt zu haben? So ging es immer weiter. Aber inzwischen war ich so weit geschult, dass ich all diese Gedanken, die mein von Vorlieben angetriebener Geist produzierte, einfach nur ruhig zu beobachten vermochte. Hätte ich mir ein weiteres Haus auf meinem Grund und Boden gewünscht, dann hätte diese Stimme schließlich gesagt: Was für ein Wunder! Gott hat eingegriffen und hat begonnen, mir ein zweites Haus zu erbauen, ohne dass ich irgendetwas dazu tun musste.

Für mich spielte es keine Rolle, was die Stimme alles sagte. Ich wusste nur bis in Mark und Bein, dass ich dieser Stimme nicht das Feld überlassen, geschweige denn ihr gestatten würde, mein Leben zu bestimmen. Hätte ich die Wahl, diese ganz reale Lebenssituation dazu zu gebrauchen, meinen Willen zu bekommen oder mich davon zu befreien, an meinen Willen gebunden zu sein, dann wollte ich stets die Freiheit wählen. Das war die Essenz meines Experiments mit dem Leben: Ist alles letztlich eine Frage meiner Vorlieben, dann geht das Leben vor. Also ging ich den Hügel hoch, zog selbst einen Overall an und half mit, Sandys Haus zu bauen.

Es fühlte sich gut an, wieder zu bauen. Diesmal war ich kein Grünschnabel mehr – ich war ein Zimmermann. Es macht einen erstaunlichen Unterschied, ob man etwas zum ersten Mal tut oder ob man es erneut tut. Ich hatte das Gefühl, zu wissen, was ich tat, und das gab mir ein Gefühl von Zuversicht und innerer Stärke. Ich arbeitete weder für Sandy noch für mich an diesem Haus; der Fluss des Lebens hatte mich in diese Situation gebracht.

Es war während der Zeit, als wir die Hütte von Sandy bauten, dass ich mit dem Ritual begann, meine Arbeit der unsichtbaren Kraft darzubringen, die mich leitete. Ich führte nicht Regie, und doch entfaltete sich das Leben weiterhin so, als wüsste es genau, was es tat. Ich wollte dieser Kraft, wie immer man sie nennen wollte – Gott, Christus, Geist –, dienen. Das waren längst nicht mehr nur Namen, etwas, an das man glauben muss. Die Ereignisse, die mich durch mein Leben geleiteten, waren ganz real und greifbar für mich. Ich begann, innerlich alles, was ich tat, der Universalen Kraft darzubringen. Alles, worum es mir ging, war, zu jenem wundervollen Ort in meinem Inneren zurückzukehren. Musste ich der unsichtbaren Hand Folge leisten, um dorthin zu gelangen, so war ich einverstanden.

Sandys Haus war sehr einfach. Es ähnelte dem, was ich anfangs für mich hatte bauen wollen. In ihrer fünf × vier Meter großen Hütte gab es keine Elektrizität, keine Rohrleitungen, keine Innenverkleidung, und die Fensteröffnungen waren nur mit Fliegengittern und etwas Plastik verschlossen. Es brauchte nur etwa sechs Wochen, um die Hütte zu bauen, und es kostete so gut wie nichts, aber Sandy liebte ihr Haus. Heute muss ich lächeln, wenn ich daran denke, wie sehr ich mich anfangs dagegen sträubte. Ich hätte mir damals niemals vorstellen können, wie viele wichtige Erfahrungen ich schließlich im Zusammenhang mit dieser Hütte noch machen würde.

Inzwischen war der Sommer vergangen, und der Beginn meines Unterrichts am Santa Fe College rückte rasch näher. Ich hatte mich an mein Versprechen gehalten, mir keinerlei Gedanken über das zu machen, was ich dort lehren würde. Wie konnte ich herausfinden, wozu das Leben fähig war, wenn ich immer die Kontrolle behielt? Als ich den Hörsaal am College betrat, war ich völlig offen für alles, was sich entfalten wollte. Während die Studenten hereinkamen, beruhigte ich einfach meinen Geist und fragte mich selbst: Hast du diese Studenten etwas Lohnendes zu lehren? In meinem Herzen wusste ich, dass ich ein reiches Wissen besaß, das sowohl interessant als auch für ihr Leben förderlich sein würde. Also nahm ich einen tiefen Atemzug, stand auf und begann einfach zu reden. Damals wusste ich es noch nicht, aber genau dieser Moment legte das Fundament für die nächste Phase meiner spirituellen Reise: zu einem Lehrer zu werden.

Die Worte sprudelten einfach hervor, ich brauchte sie mir nicht vorher zurechtzulegen. In der ersten Vorlesung präsentierte ich den Studenten einen Ablauf für das, was wir in diesem Kurs tun würden, so als sei bereits im Vorhinein ein Lehrplan festgelegt worden. Es war ganz wie damals, als ich die Abschlussarbeit in Wirtschaftswissenschaft in meinem Camper in den Wäldern schrieb. Nur dass ich diesmal beobachten konnte, wie sich ein unablässiger Strom der Inspiration zu einer beeindruckenden Vorlesung formierte. Ich selbst tat nichts dazu – ich wurde mir nur dessen bewusst.

Im weiteren Verlauf des Semesters geschah dies Vorlesung für Vorlesung. Ich war selbst erstaunt über das, was dabei gelehrt wurde. Es war so, als würde alles Wissen aus meiner Schulzeit und der Zeit an der Universität zusammen mit allem, was ich durch meine Meditation und die unerschrockene Beobachtung der Stimme gelernt hatte, zu einem zusammenhängenden Ganzen verwoben. Die zentrale Prämisse des Kurses war die Möglichkeit, dass dem Universum eine einzige Wahrheit zugrunde liegt und das Wissen des Menschen einfach nur darin besteht, sich diese Wahrheit aus verschiedenen Blickwinkeln anzusehen. Zur Erkundung dieser Prämisse wurden Physik, Biologie, Psychologie und Religion herangezogen. Bestand eine Möglichkeit, dass sie alle von derselben Sache sprachen? Ich hatte nie zuvor in diese Richtung gedacht. Tatsächlich hatte ich meine Zeit damit zugebracht zu lernen, das Denken nicht zu meinem Zeitvertreib zu machen. Wie kam nur jede Vorlesung so perfekt zustande, ohne dass ich es tat? Der Vortrag entfaltete sich einfach in jeder Unterrichtsstunde vor meinen Augen.

Der Erfolg des Kurses war überwältigend. Zu Beginn des Semesters hatte ich zwanzig Studenten im Raum, und am Ende des Semesters hatte sich die Zahl verdoppelt. Ich erinnere mich an eine Unterrichtsstunde, in der ich kaum in den Hörsaal reinkam. Zwanzig Studenten waren registriert und etwa vierzig zusätzliche Personen saßen entweder im Raum oder hörten vom Gang aus zu. Die Leute brachten einfach immer mehr ihrer Freunde mit.

Ich liebte immer noch die Stille und wollte nicht, dass mich dies alles von meinen Übungen ablenkte. Also versuchte ich, für mich zu bleiben, indem ich gerade rechtzeitig zum Beginn der Vorlesung zum College kam und nach der Vorlesung gleich wieder wegfuhr und an keinen Versammlungen des Lehrkörpers oder anderen Aktivitäten des Colleges teilnahm. Das störte niemanden. Dies waren die Siebzigerjahre und ich lehrte Universales Denken mitten in der Bewusstseinsrevolution. Nach einiger Zeit begannen Studenten und deren Freunde zu den Sonntagsmeditationen in meinem Haus aufzutauchen.

Als sei dies alles noch nicht genug, legte der Unterricht am Santa Fe College die Grundlage für eine weitere sehr spirituelle Entwicklung der Ereignisse. Und diesmal ging es ausgerechnet um meine Dissertation. Ich hatte Dr. Goffman bereits mitgeteilt, dass mein Leben mich weit vom Bereich der Wirtschaftswissenschaft weggeführt habe und ich nicht beabsichtige, eine Dissertation zu schreiben. Dennoch nahm er mir das Versprechen ab, ihm den Gefallen zu tun, ihm etwas, irgendetwas, das er lesen konnte, vorzulegen. Ich mochte und respektierte Dr. Goffman sehr und betrachtete es als einen Akt der Hingabe, mich seinem Wunsch zu fügen. Noch am selben Abend setzte ich mich in meinem Haus auf den Boden, zündete die Kerosinlampe an und fragte mich, ob ich etwas zu sagen habe, das einem solch enormen Unterfangen gerecht würde. Es brauchte nur einen Moment, bis mir klar wurde, dass ich tatsächlich etwas sehr Wichtiges zu schreiben hatte und es mir ein Anliegen war, es Dr. Goffman zur Kenntnis zu bringen. Es sah so aus, als präsentiere mir das Leben die perfekte Gelegenheit, über die Stimme in unserem Kopf und über die Einheit hinter aller Wissenschaft und Religion zu schreiben – so wie ich es in meinen Vorlesungen am Santa Fe College gelehrt hatte.

Als dieses Thema erst einmal feststand, stellte sich auch die Inspiration ein. Auch wenn ich wusste, dass dies nicht als Dissertation zur Wirtschaftswissenschaft akzeptiert werden würde, machte ich mich doch mit Herz und Seele an die Arbeit. Was dabei herauskam, hatte auf unerwartete Weise sein eigenes Schicksal. Einer der Professoren aus der Promotionskommission veranlasste einen Verleger, Kontakt mit mir aufzunehmen, und innerhalb eines Jahres wurde meine Dissertation unter dem Titel *The Search for Truth* (*«Die Suche nach Wahrheit»*) veröffentlicht. Fünfunddreißig Jahre danach verkauft sich das Buch immer noch jeden Monat bei Amazon, ein gebührender Tribut an die Akte der Hingabe, die es hervorgebracht haben.

Das Wichtige an diesen Dingen ist, dass nichts davon geschehen wäre, hätte ich auf meinen eigenen Geist gehört. Indem ich dem Fluss des Lebens und nicht meinen eigenen Vorlieben folgte, war ich zum Schreiner, zum Lehrer und jetzt zum Autor geworden. Innerlich war ich ebenfalls gewachsen. Die scharfe Trennungslinie, die ich zwischen dem Spirituellen und dem Weltlichen gezogen hatte, begann zu verblassen. Die Energie, die ich während meines Unterrichts am Santa Fe College verspürte, war dieselbe Energie, mit der ich es auch in meinen Yoga-Übungen und Meditationen zu tun hatte. In der Meditation floss diese Energie nach oben und hob mich aus meinem alltäglichen Ich heraus. Wenn ich vor meinen Studenten stand, explodierte dieselbe Energie in eine leidenschaftliche, von Herzen kommende Vorlesung. Ich begann das alles nicht nur als einen Fluss spiritueller Energie zu verstehen, sondern mir wurde auch klar, dass es keinen Unterschied gab zwischen dem Unterrichten und der Rückkehr zu meinen meditativen Praktiken. Ich fuhr zum Unterricht, weil ein erstaunlicher Fluss von Ereignissen mich dazu geführt hatte. Ich fuhr nach Hause zum Meditieren, weil ein erstaunlicher Fluss von Ereignissen mich dazu geführt hatte. Für keine dieser Richtungen hatte ich mich entschieden, sie hatten sich einfach ergeben, als ich mich selbst losließ. Ganz allmählich entstand das Gewebe meines Lebens als Resultat meiner Hingabe. Es bildete sich um mich herum ein Leben, das für mich und nicht durch mich entstanden war. In meinen wildesten Träumen hätte ich mir damals jedoch nicht vorstellen können, wohin mich das alles führen würde.

DIE WICHTIGSTE SACHE, UM DIE ICH JEMALS GEBETEN WURDE

Im Sommer 1973 kam es zu einigen sehr interessanten Veränderungen in meinem Umfeld. Ohne dass ich etwas dazu beitrug, wurden viele der fünf Morgen großen Grundstücke um mein Stück Land herum von Menschen erworben, die sich zu einem Lebensstil des Zurück-zur-Natur hingezogen fühlten. Es ist nicht verwunderlich, dass viele dieser Menschen sich für irgendeine Form der Meditation und des Yoga interessierten. Ich hielt immer noch an meinem Selbstverständnis als Meditierender, der die Einsamkeit der Wälder sucht, fest und hatte deshalb wenig Kontakt zu meinen neuen Nachbarn. Ich muss jedoch zugeben, dass meine Nachmittagsspaziergänge interessanter wurden, als um mich herum in den Wäldern alle möglichen roh gezimmerten Hütten entstanden.

Ein Mann namens Bob Tilchin kaufte das Stück Land direkt hinter meinem Haus. Ich war ihm zuvor noch nicht begegnet, aber er liebte Yoga und den Sufismus, und er erwies sich als eine überaus freundliche Seele. Er engagierte meinen Freund Bob Gould als Hilfe beim Bau seines Hauses, und so fühlte sich das alles sehr familiär an. Eines Tages besuchte mich Bob Tilchin und bat mich, ihm einen Gefallen zu tun. Er war der Brieffreund eines Strafgefangenen namens Jerry in der Union Correctional Institution (UCI), einem Hochsicherheitsgefängnis, das etwa 60 Kilometer nördlich von Gainesville lag. Bob hatte versprochen, diesen Häftling gelegentlich zu besuchen, aber jetzt musste er verreisen. Er fragte mich, ob ich Jerry nicht während seiner Abwesenheit besuchen könne. Das war für mich eine sehr seltsame Bitte. Ich hatte noch keinerlei Erfahrung mit diesem Bereich der

Gesellschaft und versuchte noch immer, mein einsames Leben so gut wie möglich zu bewahren. Während die Stimme meiner Vernunft «Nein» sagte, sagten meine Lippen «Ja». Ich hatte keine Ahnung, wie es sein würde, in ein Hochsicherheitsgefängnis zu gehen, um dort einen völlig fremden Menschen zu treffen, aber ich sollte es herausfinden.

Ich fuhr an einem Sonntagvormittag zu dem Gefängnis hinaus und traf Jerry, einen jungen Schwarzen, in dem dafür vorgesehenen Besucherraum. Wir verbrachten einige Stunden in einem Gespräch über ähnliche Themen wie die, über die ich in meinem Kurs gesprochen hatte. Er schien ein aufrichtiges Interesse daran zu haben und war ein sehr intelligenter junger Mann. Er hatte sich bereits seit einiger Zeit in Meditation geübt, und so meditierten wir für eine Weile gemeinsam. Jerry dankte mir für den Besuch und bat mich wiederzukommen. Ich hatte gesehen, dass außer Bob Tilchin und mir sonst niemand auf seiner Liste genehmigter Besucher stand. Unsere gemeinsame Meditation war erstaunlich tief gewesen, und als ich das Gefängnis wieder verließ, fühlte ich tiefen Frieden. Irgendwie hatte der Aufenthalt in dieser Umgebung etwas tief in meinem Inneren berührt. Schon bevor ich das Gefängnistor hinter mir gelassen hatte, war ich bereits auf meinen nächsten Besuch gespannt.

Als ich für meinen zweiten Besuch zu Jerry zurückkehrte, hatte er eine Überraschung für mich. Er hatte solche Freude an unserem ersten Treffen und unserer gemeinsamen Meditation gehabt, dass er eine Liste von fünf oder sechs anderen Häftlingen zusammengestellt hatte, die zu einer Gruppenmeditation zusammenkommen wollten. Ich fragte bei der Gefängnisverwaltung nach und erfuhr, dass ein solches Gruppentreffen nur als eine Art Gottesdienst möglich sei. Jerry betrachtete sich als Buddhist, und ich hatte Zen-buddhistische Meditation praktiziert; also riefen wir die wahrscheinlich erste buddhistische Gruppe in der Geschichte eines Gefängnisses in Nordflorida ins Leben. Wir trafen uns jeden zweiten Samstagvormittag in der Kapelle, und die ganze Szene erschien mir vor dem Hintergrund meiner Erfahrungen ziemlich surreal. Wenn ich an dem Gefängnis ankam, passierte ich zuerst das Haupttor, das mit Doppelspiralen von Stacheldraht gesäumt war. Dann musste ich zwei weitere Tore passieren, bevor ich durchsucht und abgetastet wurde. Kurz danach erklang in den verschiedenen Zellenblocks eine Lautsprecherstimme: «Buddhisten!». Von einem sehr stillen Standpunkt in meinem Inneren aus beobachtete ich die Stimme in meinem Kopf, die sagte: Wie in aller Welt bin ich hierher geraten?

Die Gruppe wuchs im Lauf der Jahre, und als Jerry in das Florida State Prison verlegt wurde, leitete ich auch dort eine Gruppe. Es war vielleicht ein Akt der Hingabe, der mich ursprünglich zu diesen Gefängnisgruppen geführt hatte, aber sobald sie einmal zustande gekommen waren, war ich mit Herz und Seele bei der Sache. Immer, wenn ich in eines der Gefängnisse kam, verspürte ich eine machtvolle Zunahme des Flusses spiritueller Energie in mir. Und meine Meditationen waren sehr viel tiefer, wenn ich mit den Häftlingen saß, als wenn ich stundenlang allein zu Hause saß. Ich verstand nicht, was da geschah, aber ich freute mich bereits auf jeden Besuch als eine Erfahrung spirituellen Auftriebs.

Ich leitete die Gruppen ganz ähnlich wie meine Seminare am Santa Fe College. Ich plante keine der Sitzungen, sondern ließ einfach die Energie zu Worte kommen. Die Männer konnten mit dem Konzept der geschwätzigen Stimme in ihrem Kopf sofort etwas anfangen. Sie waren empfänglich dafür zu lernen, diese Stimme zum Schweigen zu bringen und mit den inneren Mustern von Zorn, Angst und starken Trieben umzugehen. Die von Herzen kommende Aufrichtigkeit der Häftlinge in Hinsicht auf ihr spirituelles Wachstum machte diese Gefängnisgruppen zu einer der lohnendsten Erfahrungen meines Lebens. Eine einzige Bitte meines Nachbarn Bob Tilchin, gegen die ich mich anfangs gewehrt hatte, führte zu dreißig Jahren Arbeit mit Häftlingen. Die Männer in meiner Gruppe wurden zu einem Teil meiner erweiterten Familie, und sie leben noch immer an einem Ort tief in meinem Herzen.

Es war der Sommer des Jahres 1973 und mein Herzzentrum lernte an einem der ungewöhnlichsten Orte, sich zu öffnen. Ich wurde gelehrt zu dienen. Das ist etwas, auf das ich nicht von selbst gekommen wäre. Ich war zutiefst davon überzeugt, dass es auf meinem Pfad der Selbst-Verwirklichung um Meditation ging. Zum Glück wusste es das Leben besser. Das Leben begann, mich durch den Dienst an anderen von mir selbst abzulenken.

Teil 3

VON DER EINSAMKEIT ZUM DIENST AN ANDEREN

DER RUF EINES LEBENDEN MEISTERS

In Florida sind die Sommer selbst in den Wäldern ziemlich heftig. Mein Haus hatte keine Klimaanlage, und mit seiner festen Glaswand nach Westen war es für die Einstrahlung der Sonne durchaus empfänglich. Da ich noch einige Monate Zeit hatte, bevor meine Lehrtätigkeit am Santa Fe Mitte September wieder begann, fuhr ich zu Besuch nach Nordkalifornien. Bevor ich nach Hause zurückkehrte, bekam ich Wind davon, dass meine Ex-Ehefrau Shelly in einer Art Yoga-Zentrum in der Nähe von San Francisco lebte. Ich fand ihre Telefonnummer heraus und rief sie an. Wir hatten uns seit Jahren nicht mehr gesehen, und es faszinierte mich, dass sie offenbar ebenso wie ich großes Interesse am Yoga entwickelt hatte.

Ich fuhr hinab nach Piedmont und fand heraus, wo Shelly lebte. Es war wunderbar, sie wiederzusehen, und mein Herz fühlte sich sehr offen an. Sie zeigte mir das wunderschöne Haus, das einer kleinen Zahl von dort ständig lebenden Menschen als Meditationszentrum diente. Wir gingen nach oben, um uns den Meditationsraum anzusehen, und wieder einmal erwischte mich das Leben völlig überraschend. Über den Raum verteilt hingen mehrere Fotos eines Yoga-Meisters an den Wänden, den sie Baba nannten. Ich hatte noch nie von ihm gehört, aber es gab auch keinen Grund, warum ich ihn hätte kennen sollen. Schließlich hatte ich zu jener Zeit bereits einige Jahre in den Wäldern von Nordflorida gelebt, und dieser Lehrer lebte in Indien. Die Bilder dieses heiligen Mannes waren faszinierend. Ich konnte meinen Blick nicht von ihnen abwenden. Der Energiefluss in meinem Inneren stieg bis zu dem Punkt zwischen meinen Augenbrauen auf, und ein tiefer Frieden senkte sich über mein ganzes Sein. Ich bat darum, hier für eine Weile meditieren zu dürfen. Shelly nickte und ging ihren eigenen Geschäften nach.

Ich meditierte stundenlang in diesem Raum, wobei eine leuchtende Energie durch meinen Körper flutete. Der gesamte Raum schien von Energie erfüllt zu sein. Da geschah etwas, das ich nicht verstand. Ich wusste nur, dass ich ohne die üblichen Kämpfe in eine tiefe Meditation hineingezogen wurde. Ich blieb lange Zeit in diesem Raum, und als ich schließlich wieder hinaustrat, war es an der Zeit, Shelly auf Wiedersehen zu sagen. So hatte ich mir meinen Besuch bei ihr wirklich nicht vorgestellt. Was als privater Ausflug begonnen hatte, war vom Leben in eine machtvolle spirituelle Erfahrung verwandelt worden. Wenn bei dem Besuch nur das herausgekommen wäre, wäre es schon fantastisch gewesen. Aber das war erst der Anfang.

Als ich Anfang September nach Hause zurückkehrte, fand ich in Sandys Haus eine Person vor, die ich noch nicht kannte. Sandy hatte offenbar eine Reise angetreten und einer Freundin namens Rama Malone erlaubt, in ihrem Haus zu wohnen. Rama war sehr kontaktfreudig und lebhaft. Sie war voller Begeisterung, und ich wurde sofort in ihre Welt hineingezogen. Als ich sie das erste Mal besuchen ging, lud sie mich in die Hütte ein, um mir zu zeigen, was sie daraus gemacht hatte. Mit großem Enthusiasmus bat sie mich, ihr auf den Dachboden zu folgen. Ich kletterte die aus rohen Hölzern gezimmerte Leiter hinauf, und als ich meinen Kopf durch die Bodenöffnung steckte, fiel ich bei dem Anblick, der sich mir bot, fast wieder die Leiter hinab. In dem Dachboden hingen lauter Fotos eben jenes Yoga-Meisters, dem ich gerade im Yoga-Zentrum von Shelly begegnet war.

Ich glaube zwar an Zufälle, aber dies war nun zweimal hintereinander auf entgegengesetzten Seiten des Kontinents passiert. 1973 gab es in Amerika noch nicht allzu viele Menschen, die von diesem heiligen Mann in Indien wussten. Ich hatte das Gefühl, von ihm verfolgt zu werden. Rama erzählte mir sofort, Baba Muktananda plane, im Frühling des kommenden Jahres nach Amerika zu kommen, und sie forderte mich auf, ihn nach Gainesville einzuladen. Zuerst dachte ich, das sei nur so daher gesagt, bis mir klar wurde, dass sie es todernst meinte. Ich holte tief Atem und versuchte, mit ihr zu argumentieren. Ich erinnerte sie daran, dass ich allein in den Wäldern lebte und seit Jahren alles versucht hatte, keine Menschen hierherzulocken. Wie sollte es mir möglich sein, nach Indien zu schreiben und einen hoch angesehenen Yoga-Meister in eine kleine Stadt in Nordflorida einzuladen? Aber sie ließ sich nicht überzeugen. Sie insistierte, ich solle ein Schreiben mit dem Briefkopf des Santa Fe Community College nach Indien senden und Baba einladen, auf seinem Weg von Atlanta nach Miami Gainesville einen Besuch abzustatten.

Ich hielt das für eine verrückte Idee. Mein Verstand sagte mir immer wieder, Baba werde keineswegs hierherkommen. Tatsächlich genierte es mich, einen solchen Brief zu schreiben und ihn nach Indien zu schicken. Aber blieb mir denn eine Wahl? Ich konnte entweder auf meinen sich sträubenden Verstand hören, oder ich konnte anerkennen, dass das Leben mich in Kontakt mit diesem großen Yogi gebracht hatte, dass ich vor seinem Foto sitzend eine tiefe Erfahrung gemacht hatte und dann auf meinem eigenen Besitz einer begeisterten Anhängerin von ihm begegnet war, die mich zwingen wollte, ihn nach Gainesville einzuladen. Schließlich gab ich nach und schickte den Brief ab.

Einige Monate später erhielt ich eine Antwort. Man teilte mir mit, dass mich jemand an meinem Wohnort aufsuchen und die Möglichkeit eines Besuchs in Gainesville mit mir erörtern werde. Als diese Person bei mir ankam, war ich überrascht, einem sehr formell gekleideten Mann in einem Geschäftsanzug zu begegnen. Er war offensichtlich ebenso überrascht, einem Hippie-Typen zu begegnen, der allein in den Wäldern lebte. Es war nicht zu übersehen, dass er keineswegs beeindruckt war. Er begann mir zu erklären, was alles nötig sein würde, um einen einwöchigen Besuch von Baba und seiner Begleitung zu arrangieren. Man würde Räumlichkeiten für seinen Anhang von bis zu zwanzig Leuten brauchen sowie einen Raum, der groß genug war, um bis zu einhundert Menschen für die täglichen Sitzungen während der Woche aufzunehmen, und außerdem einen Ort für ein Wochenend-Retreat mit mehreren Hundert Menschen. Er war skeptisch, dass ich in der Lage sein könnte, das alles zu arrangieren – und wer wollte ihm das verübeln? Ich war ein Teilzeitlehrer an einem Community College mit einem Einkommen von 350 Dollar im Monat – nicht gerade die Referenzen, auf die er aus war.

Schließlich sagte mir der Abgesandte, man würde sehen, was sich machen ließe, und man würde sich wieder mit mir in Verbindung setzen. Das fühlte sich nicht gerade vielversprechend an, aber wenigstens erhielt ich kein definitives Nein. Bevor er abfuhr, stellte ich ihm eine wichtige Frage: Wenn diese Gruppe andere Menschen dazu bringen wollte, sich für Baba zu interessieren, wie wollten sie ihn dann auf seiner Welttournee bekannt machen? Ich konnte mir nicht vorstellen, dass ein indischer Heiliger, der kein Englisch sprach, sehr viele Menschen anziehen würde. Der Mann sagte mir, Baba sei ein sehr machtvoller Siddha-Meister, und die Leute würden ihm sicherlich begegnen wollen. Ich verstand nicht, was er meinte, aber ich dachte mir, ich werde es schon noch herausfinden.

Einige Monate vergingen, und wir erhielten ein vorläufiges Datum, zu dem Baba eventuell nach Gainesville kommen würde: am 18. Januar 1975. Die Vorfreude auf den möglichen Besuch eines weltbekannten Yoga-Meisters erhöhte nur noch die Energie in meinen Unterrichtsstunden und bei den Meditationssitzungen am Sonntag. Es kamen immer mehr Menschen hinzu, sodass ich schließlich gezwungen war, mein Haus für die Besucher mit einem kleinen Anbau zu versehen. Durch die Veröffentlichung meines

Buches *The Search for Truth* im Frühjahr 1974 wurde die Energie noch zusätzlich angehoben.

Rama und Sandy waren zu diesem Zeitpunkt beide wieder verschwunden, und Sandys Haus stand leer, bis eine junge Frau namens Donna Wagner dort einzog. Donna machte gerade ihren Abschluss an der Universität, als sie begann, meine Vorlesungen am Santa Fe zu besuchen. Obwohl sie nur wenige Jahre älter war als die anderen Studenten, war Donna reifer und zentrierter als sie. Sie hatte ein tiefes Verständnis für das, was ich lehrte, und sie kam zu den meisten meiner Vorlesungen und zu allen Meditationssitzungen am Sonntag. Schon ein Jahr, bevor sie in Sandys Haus einzog, schienen wir uns in der Stadt immer wieder über den Weg zu laufen. Es kam so oft zu diesen zufälligen Begegnungen, dass ich mich zu fragen begann, was das zu bedeuten hatte.

Nachdem Sandy uns verlassen hatte, begann Donna mir zu helfen, die Sonntagsgruppe zu organisieren. Sie blieb oft in der Nacht auf den Sonntag in Sandys Haus, um am Sonntagvormittag mitzuhelfen, alles für die Leute vorzubereiten und die Gäste zu empfangen. Schließlich fuhr sie einfach nicht mehr nach Hause zurück. Hätte ich damals gewusst, dass sie aus einer hübschen Eigentumswohnung, die ihre Eltern ihr gekauft hatten, in diese kleine Hütte in den Wäldern ohne fließendes Wasser oder Elektrizität umziehen wollte, dann hätte ich sie wahrscheinlich nicht so schnell einziehen lassen. Und hätte ich damals geahnt, dass es unser Schicksal sein würde, uns zu verlieben, zu heiraten und gemeinsam eine wunderschöne Tochter zu haben, dann hätte ich sie bei meiner damaligen Einstellung ganz sicher nicht einziehen lassen. Ich musste noch einige Jahre länger lernen, mich hinzugeben, bevor ich in der Lage war, mein spirituelles Selbstbild so weit fallen zu lassen, dass ich die besonderen Beziehungen, die das Leben für mich bereithielt, zu akzeptieren vermochte.

SHAKTIPAT

Wir mussten uns um so viele Dinge kümmern, wenn wir Baba bei uns empfangen wollten. Keiner von uns hatte jemals etwas Ähnliches getan, und so wir mussten im Laufe unserer Bemühungen dauernd dazulernen. Zuerst einmal fanden wir ein Sommerlager im Ocala National Forest, wo man außerhalb der Feriensaison mit Leichtigkeit eine große Wochenendklausur abhalten konnte. Als nächstes streuten wir die Nachricht, dass wir ein großes Haus für den zwanzigköpfigen Anhang von Baba und für die Meditationssitzungen während der Woche brauchten. Gainesville ist als Universitätsstadt nicht gerade für große Häuser bekannt, aber tatsächlich bot uns jemand das perfekte Haus für den gesamten Januar an. Die Dinge nahmen ganz offensichtlich Gestalt an.

Das Wochenend-Retreat war der entscheidende Punkt. Wenn es uns nicht gelang, genügend Anmeldungen zu erhalten, dann würde Baba niemals kommen. Donna und ich mussten Hunderte von Telefongesprächen führen und Ankündigungen im gesamten Bundesstaat versenden, um genügend Teilnehmer anzuwerben. Es verlangte einiges an Hingabe von mir, ein Telefon in meinem Haus installieren zu lassen und es auf allen Flyern und bei den Telefonaten als Kontaktnummer zu nennen. Wir gingen mit Leidenschaft daran, die Nachricht zu verbreiten, und wir erhielten aus ganz Florida großartiges Feedback.

Viele Jahre lang war ich der Überzeugung gewesen, ein spirituelles Leben zu führen bedeute, jeden Tag in Stille und Einsamkeit zu verbringen. Jetzt rannte ich ständig herum, um all diese Arbeiten zu verrichten. Trotzdem fühlte ich mich offener und mehr denn je mit dem Energiefluss verbunden. Ich behielt meine Meditation am Morgen und am

Abend bei, aber die Stunden dazwischen gehörten meinem Unterricht und den Bemühungen, Baba nach Gainesville zu holen. Ich hatte mich zumindest so weit ergeben, dass ich mich nicht mehr dazu entschließen musste, mich dem Fluss des Lebens zu überlassen – der Fluss hatte vielmehr mein Leben übernommen. Das, wodurch ich anfangs ganz behutsam geleitet wurde, hatte jetzt mein Dasein in die Hand genommen. Mein Verstand sagte mir immer noch, dass ich zu meinem einsamen Lebensstil zurückkehren würde, wenn dies alles vorbei sein würde, aber wie gewöhnlich war mein Verstand auf dem Holzweg.

Bevor Baba nach Gainesville kam, wurden wir eingeladen, an seinem Dezember-Retreat in der Nähe von Atlanta teilzunehmen. Ich konnte es kaum erwarten, ihm zu begegnen, und es schien uns eine gute Idee zu sein herauszufinden, was wir zu erwarten hatten, wenn er im nächsten Monat nach Gainesville kam. Etwa sechs von uns zwängten sich in meinen Camper und wir fuhren zusammen nach Norden. Als wir am Ort des Retreats angekommen waren, wurden wir in eine große Halle geführt, in der bereits fünfzig bis sechzig Menschen saßen. So begannen vier der intensivsten Tage meines Lebens.

Ich erinnere mich noch an die erste Meditationssitzung mit Baba. Man sagte uns, dass er zwischen uns auf und ab gehen würde, während wir meditierten. Es war so dunkel im Raum, dass ich nichts erkennen konnte, aber in einem bestimmten Moment fühlte ich eine starke Präsenz hinter mir. Das Gefühl wurde immer stärker, bis ich erkannte, dass Baba genau neben mir stand. Er berührte den Punkt zwischen meinen Augenbrauen genau dort, wo ich immer den Energiefluss spürte. Dann ging er weiter.

Wir hatten jeden Tag zwei dieser Meditationssitzungen. Jedes Mal fühlte ich deutlich eine starke Energie, wenn Baba hinter mir vorbeiging, aber das war auch alles. Es fiel mir schwer, den ganzen Tag in diesem Raum zu sitzen. Ich versuchte zu meditieren, um etwas Privatsphäre zu haben, aber es wollte mir einfach nicht gelingen, in mich zu gehen. Meine Meditationen wurden nicht etwa tiefer, sondern ich blieb ganz und gar ausgeschlossen. Genauso fühlte ich mich praktisch die ganze Zeit – verschlossen. Ich war zu weggetreten, um zu denken, mein Körper schmerzte und die Stimme in meinem Kopf trieb mich zum Wahnsinn. Ich war entschlossen, das durchzustehen, aber ich konnte das Ende kaum erwarten.

So ging es bis zum letzten Tag weiter, und ich war, gelinde gesagt, sehr verwirrt. Am letzten Vormittag sagte ich mir, dass ich in meiner Einstellung Baba gegenüber vielleicht nicht offen genug war. Ich war gekommen, um einem großen spirituellen Lehrer meine Verehrung zu erweisen, aber er war nicht mein Lehrer – mein Lehrer war Yogananda. Ich beschloss, dass ich für diesen letzten Tag auch noch dieses Konzept fallen lassen und mich einfach nur der vor mir liegenden Erfahrung gegenüber öffnen würde.

Während das Programm vorn in der Halle weiterging, saß ich auf meinem Platz und begann das Mantra von Baba zu rezitieren. Immer und immer wieder wiederholte ich Om Namah Shivaya. Und ehe ich mich versah, war ich tief in Meditation versunken. Alle äußeren Geräusche waren, ebenso wie mein mentales Geschwätz, verschwunden. Ich befand mich an einem Ort, den ich bisher noch nie besucht hatte, tief in meinem Herzen. Ich hatte das Gefühl, dass mein Herz eine riesige Höhle war, die mich beschützte und mich liebte. Ich war vollkommen verzückt und in Frieden.

Bald war die Zeit für die abendliche Meditationssitzung gekommen, während der Baba umherging und die Leute berührte. Ich fand mich wieder in diesen ungemein friedlichen Ort in meinem Herzen hineingezogen. Während ich meditierte, fühlte ich, wie Baba hinter mir ankam. Die von ihm ausstrahlende Kraft war ungemein stark. Obwohl meine Augen geschlossen waren und ich nach vorn ausgerichtet war, konnte ich die Energie seiner Hand spüren, die sich meinem Kopf näherte. In dem Moment, in dem seine Handfläche über meinem Scheitelpunkt ankam, hatte ich das Gefühl, dass ein elektrischer Strom von 10000 Volt vom unteren Ende meiner Wirbelsäule zu seiner Hand hochschoss. Das Ganze geschah mit der Geschwindigkeit eines Blitzschlags. Innerhalb eines Wimpernschlages befand ich mich nicht mehr in meinem Körper. Ich, derjenige, der hier drinnen wohnt, der durch die Augen nach außen schaut und der durch die Ohren hört, das Zentrum bewusster Wahrnehmung, das die Gedanken und Emotionen zur Kenntnis nimmt – ich saß nicht mehr im Inneren und tat diese Dinge. Ich befand mich in einem Zustand totaler Panik und versuchte mit aller Kraft, an meiner Verbindung mit dem Körper festzuhalten. Das Aufwallen einer solch enormen Energie hatte mich von dem Ort vertrieben, an dem ich normalerweise in mir selbst verweilte. Ich erfuhr einen Sturm von Orkanstärke, der mich aus meinem Körper hinauswehen wollte, und ich kämpfte dagegen an, als ginge es um mein Leben.

Wie sehr ich mich auch bemühte, ich konnte mich nicht wieder in den Körper zurückziehen. Es war einer jener Momente, in denen es um das Überleben geht und in denen die nackte Angst übermenschliche Kräfte in dir aktivieren kann. Mir war alles egal – ich vermochte mich auch nicht ansatzweise gegen diese Kraft zu wehren.

Ich weiß nicht, wie lange diese Erfahrung andauerte, aber als Baba das Gefühl hatte, es sei genug, fuhr er mir einfach mit der Hand über den Rücken. In dem Augenblick, in dem seine Hand meinen Rücken physisch berührte, hörte alles auf. Ich fiel augenblicklich in meinen Körper zurück und gewann etwas von meiner Orientierung wieder. Das Erste, was ich bemerkte, war mein Herz – es schlug nicht, es flatterte so schnell wie die Flügel eines Kolibris. Mein erster Gedanke war: Das ist nicht in Ordnung. Ein Herz hält so etwas nicht lange aus. Im selben Moment, in dem dieser Gedanke in meinem Geist auftauchte, streckte Baba seine Hand aus und rieb sie über meinem Herzen hin und her. Augenblicklich begann mein Herz normal zu schlagen.

Ich war überwältigt von dieser Erfahrung und von der Kraft dieses Mannes. Wer war er? Wie konnte er nur meine Energie und meine metabolischen Funktionen dermaßen kontrollieren? Ich fühlte mich in seiner Gegenwart ganz klein. Noch nie in meinem Leben hatte ich das Gefühl gehabt, dermaßen von jeder Last befreit zu sein. Was hatte ich nur getan, als ich viele Jahre lang gefastet, meditiert und mit mir gekämpft hatte? Mit einer einzigen Berührung konnte dieser Mann eine solche Transformation herbeiführen. In jenem Moment verstand ich, was mit dem Ausdruck Siddha-Meister gemeint war. Baba war nicht von dieser Welt, er kam von ganz woanders her.

EIN GURU ZU GAST IN GAINESVILLE

Wir wurden eingeladen, Babas Gruppe zurück zu ihrem Aufenthaltsort in Atlanta zu begleiten. Auf der Fahrt dachte ich über das nach, was am Vortag geschehen war. Jemand aus dem Anhang von Baba sagte mir, man nenne diese Erfahrung Shaktipat; das sei ein besonderer Segen von einem Siddha-Meister, durch den eine machtvolle spirituelle Energie im Inneren erweckt werde. Als wir in dem Haus in Atlanta ankamen, in dem Baba untergebracht war, gingen seine Begleiter davon aus, dass ich ihn nun als meinen Lehrer ansehen würde. Sie erzählten mir, es geschehe häufig, dass sich jemand zu einem lebenden Meister hingezogen fühle. Ich wusste nicht, was ich davon halten sollte. Das alles ging weit über meinen Horizont hinaus.

Ich ging nach draußen, um allein zu sein. Es bestand kein Zweifel an dem, was am Vortag geschehen war, sowie am Lauf der Ereignisse, die dazu geführt hatten. Ich erinnerte mich daran, dass ich mich verpflichtet hatte, mich dem Fluss des Lebens zu überlassen, auch wenn ich nicht verstand, was da vor sich ging. Ich ging den Hügel hinab zum Bereich der Garagen, wo ich allein war. Ich war ziemlich verwirrt, aber ich machte mich bereit, Yogananda für seine Führung zu danken. Ich schloss die Augen, um zu dem stillen Ort in mir zu gelangen, wo ich immer eine Verbindung zu ihm spürte. Ich schaute innerlich nach oben, so als wollte ich mich bedanken: Da öffnete sich urplötzlich der gesamte Raum über mir zu einer grenzenlosen Weite. Ich hatte das Gefühl, ein Schleier zwischen meinem Bewusstsein und dem, was jenseits davon lag, sei gelüftet worden. Ich fühlte mich augenblicklich eins mit allem, was ich gesucht hatte. Das war die machtvollste und aufschlussreichste Erfahrung, die ich jemals zuvor gemacht hatte. Sie hielt nur wenige Momente an, aber als ich zurückkehrte, hallte etwas in mir nach, das sagte: Was glaubst du, von wem du dich verabschieden willst? Ich spürte Yoganandas Gegenwart überall um mich herum und fühlte mich auch innerlich von ihr durchdrungen. Seit jenem Moment habe ich meine Verbundenheit mit ihm nie mehr in Frage gestellt.

Als ich mich wieder zu Donna und meinen Freunden im Haupthaus gesellte, bereiteten sie gerade die Heimreise vor. Auf dem Rückweg nach Gainesville fühlten wir uns alle inspiriert von der Aussicht, Baba in wenigen Tagen zu Gast zu haben. Als er endlich ankam, konnte ich kaum glauben, wie viel Aufmerksamkeit er erregte. Wohin wir auch mit ihm gingen, gab es nur noch Stehplätze. Und obwohl Baba bei seinem Besuch in Gainesville kein junger Mann mehr war, gab er Tag und Nacht Unterweisungen an jedem Ort, zu dem er eingeladen war. Ich machte zu jener Zeit wieder meine Arbeit im Gefängnis, und seine Begleiter sagten mir, er wolle mich unbedingt in das Gefängnis begleiten. Wir arrangierten alles und begleiteten Baba eines Nachmittags in das Hochsicherheitsgefängnis. Die Häftlinge liebten ihn, und als Baba wieder aufbrach, instruierte er seine Gefolgsleute, weiterhin Gefängnisse aufzusuchen. Bis auf den heutigen Tag führen die Leute dieser Organisation den Ursprung ihrer weltweiten Gefängnisarbeit auf Babas Besuch in der Union Correctional Institution außerhalb von Gainesville zurück.

Die Wochenendklausur erwies sich schließlich als das bisher größte Retreat auf Babas Welttournee. Ich fuhr einige Tage vor dem Retreat zum Camp hinaus, um nachzusehen, ob die Leute von Baba etwas brauchten. Während ich dort war, bemerkte ich ein Gebäude mit Schlafräumen, an dessen Eingangstür ein VIP-Zeichen angebracht war. Hier befanden sich offensichtlich Zimmer, die für besondere Gäste reserviert waren. Einer der neben der Tür angeschlagenen Namen zog meine Aufmerksamkeit auf sich: R.

Friedland. Shellys Mädchenname war Friedland, und der Name ihres Bruders war Ronnie. Das kann doch nicht sein, sagte mir mein Verstand, und ich ging weiter.

Ich war perplex, Ronnie in dem Retreat zu begegnen. Wir hatten uns seit Jahren nicht mehr gesehen, aber das spielte keine Rolle – wir waren wie Brüder. Wie war es nur möglich, dass wir getrennte Wege gegangen waren und nun hier am selben Ort aufeinandertrafen? Wir waren so grundverschieden. Ich führte ein einfaches Leben in Gainesville, er war als Rechtsanwalt ein großes Tier in Chicago. Ich war stolz darauf, kaum etwas zu besitzen, er besaß einen Ferrari, eine Harley-Davidson und ein Privatflugzeug. Ronnie lebte in einem Penthouse hoch oben in den berühmten Twin Towers von Marina City in Chicago, und er dekorierte die runden Wände seines Wohnzimmers mit Bildern von Napoleon. Was in aller Welt wollte er hier bei dieser spirituellen Klausur mit einem heiligen Mann aus Indien?

Shelly hatte Ronnie mit Baba in Kontakt gebracht, und es war offenbar Liebe auf den ersten Blick gewesen. Ich verbrachte während des Retreats viel Zeit mit Ronnie, und er lud mich sogar ein, ihn zu begleiten, als er mit Baba und einigen Leute aus seinem Anhang nach Orlando zur Disney World fuhr. Es war offensichtlich, dass Ronnie und Baba eine besondere Beziehung hatten. Wie besonders sie war, fand ich einige Monate später heraus, als ich den ersten Rundbrief der neuen Organisation erhielt, die Baba in Amerika gegründet hatte. Er war vom Präsidenten der Stiftung, Ron Friedland, unterzeichnet. Ich musste an das erste Erwachen denken, das ich vor Jahren erlebt hatte, als ich zusammen mit Ronnie auf jener Couch saß. Mein Leben hatte sich seither total verändert – sein Leben offenbar auch.

DER TEMPEL WIRD GEBAUT

Ich wünschte, ich könnte sagen, dass nach der Abreise von Baba alles wieder normal wurde – aber das wurde es nicht. Tatsächlich begann ich erst, als er wieder abgereist war, zu erkennen, was für Auswirkungen die Begegnung mit ihm wirklich auf mein Leben hatte. Baba war wie ein Sturm in die Stadt geweht, und er hatte die Richtung meines Lebens dauerhaft von der Existenz eines Einsiedlers hin zu einem Leben des Dienens verändert. Das war auch gut so, denn die spirituelle Gemeinschaft von Gainesville hatte Auftrieb erhalten. Zu den sonntäglichen Meditationssitzungen kamen jetzt vierzig bis fünfzig Menschen in mein Haus, die Hälfte hatte draußen auf der Terrasse Platz zu nehmen. Außerdem besuchten immer mehr Menschen meine Vorlesungen am Santa Fe, besonders nachdem mein zweites Buch, *Three Essays on Universal Law*, erschienen war. Auf meinem Anrufbeantworter fand ich Anrufe aus dem gesamten Bundesstaat, die voll des Lobes für das letzte Retreat waren und sich erkundigten, wann das nächste stattfinden würde. Dies war eine passende Frage, denn während des Muktananda-Retreats hatte mich ein Universitätsprofessor angesprochen, der ein Retreat für seine Lehrerin Ma Yogashakti, eine Mataji genannte indische Heilige, organisieren wollte.

Die Zahl der Aufgaben, die mir das Leben stellte, war außer Kontrolle geraten, aber ich gab mich dem hin. Die Meditationen am Morgen und am Abend waren meine Zuflucht. Im Laufe des Tages ergriff ich jede Gelegenheit, mich zu beruhigen und innerlich zu zentrieren. Jedes Mal, wenn ich in meinen Wagen einstieg oder aus ihm ausstieg, verlangsamte ich meine Atmung und visualisierte die durch den Weltraum kreiselnde Erde. Bevor ich eine Tür öffnete, irgendeine Tür, erinnerte ich mich daran, dass ich durch eine Tür auf diesem winzigen Planeten in der endlosen Weite des Raumes ging. Zum Glück half mir die Energie, die zu dem Punkt zwischen meinen Augenbrauen hinaufströmte, meine Aufmerksamkeit dort zu zentrieren.

Langsam begann ich zu realisieren, dass dieses Leben ständigen Dienens der «andere Weg» war, auf den sich mein Traum bezogen hatte. Auf meinem neuen Pfad zum Erwachen war das Leben kein Hindernis für mein Wachstum mehr. Das Leben war jetzt das Schlachtfeld, auf dem ich ausreichend bewusst bleiben musste, um willentlich die Demontage meines alten Ich zuzulassen. Allerdings war ich immer noch voller Widerstände, die überwunden werden mussten.

Ich wurde weiterhin gedrängt, ein Retreat für Mataji zu organisieren. Ich hatte noch nie von ihr gehört und hatte keinerlei Lust, das zu tun. Aber ich ergab mich dem Ansinnen, und wieder einmal hielt das Leben etwas Unerwartetes für mich bereit. Einige Tage vor dem Retreat machten Mataji und ich einen Spaziergang auf meinem Land, als sie unvermittelt stehen blieb und in den Wald schaute. Sie stand einige Momente bewegungslos da und sagte dann leise: «Mickey, dieses Stück Land ist sehr heilig. Eines Tages wird es hier einen großen Tempel geben, zu dem viele Menschen kommen werden.» Ich erinnere mich noch sehr gut an das, was die Stimme in meinem Kopf sagte: Nur über meine Leiche! Doch nach sechs Monaten stand genau an jener Stelle ein Tempel in den Wäldern.

Es war, als sei Mataji hierhergesandt worden, um den Prozess anzustoßen, in dem aus meinem Ort der Einsamkeit ein spirituelles Zentrum wurde. In jenem Retreat erwähnte sie mehrfach, auf Mickeys Land werde ein großer Tempel entstehen. Jedes Mal, wenn sie das sagte, erschauerte ich innerlich. Nach der Sitzung am folgenden Sonntag verkündete jemand, wir müssten beginnen, Geld aufzutreiben, wenn wir einen Tempel bauen wollten. Einige Menschen machten kleine Spenden, andere boten mir ihre Arbeitskraft, und wieder andere beabsichtigten, Materialien zu spenden. Ich wollte wirklich kein weiteres Gebäude auf meinem Land haben, aber alle anderen schienen das zu wollen. Zum Glück hatte ich mich inzwischen einigermaßen daran gewöhnt, das zu ignorieren, was «ich» wollte, und dem Fluss des Lebens zu folgen.

Noch an diesem Sonntag holte ich ein Blatt Papier hervor und begann, den neuen Tempel zu entwerfen. Innerhalb weniger Stunden hatte ich einen Grundriss erstellt sowie einen rohen Aufriss des Hauses. Ich wollte das Dach des Tempels zum hervorstechenden Merkmal des Tempels machen und traf mich deshalb mit meinem Freund Bob Gould. Wir beschlossen, dem Tempel ein Schmetterlingsdach zu verpassen. Ein Schmetterlingsdach weicht von der konventionellen Dachkonstruktion ab, weil es in der Mitte niedrig ist und zu den Seiten hin ansteigt. Von der Innenseite des Tempels gesehen, sollten die sichtbaren Tragebalken der Decke eine einzigartig dynamische Struktur ergeben, die so aussah wie riesige Flügel, die sich zum Himmel hin öffneten.

Ich entwarf den Tempel so, dass er etwa dreimal so vielen Menschen einen Sitzplatz bot wie mein Haus. Bereits am nächsten Tag fand ich den besten Platz für das Gebäude auf meinem Land und begann, die Stelle zu roden. Es war natürlich genau dort, wohin Mataji geblickt hatte, als sie verkündete, ein großer Tempel würde gebaut werden. Ich hatte geschätzt, dass die Materialien für den Tempel etwa 8000 Dollar kosten würden. Arbeitskräfte waren kein Problem, wir würden einfach alle Arbeit selbst leisten. Doch die Menschen, die am Sonntag in mein Haus kamen, hatten nicht gerade viel Geld in der Tasche. Ich hatte keine Ahnung, woher die nötigen finanziellen Mittel kommen sollten.

Das Geld tauchte immer wieder genau dann auf, wenn wir es brauchten. Manchmal hatte ich keinen blassen Schimmer, woher es kam. Nur einmal kam es beinahe zu einem Baustopp, an einem Tag, an dem nur noch zwei Bretter auf unserem Materialhaufen lagen. Meine Mitarbeiter neckten mich, dass es jetzt endlich so weit sei – wir hätten kein Material mehr und ich sei wohl gezwungen, sie nach Hause zu schicken. Ich sagte ihnen, unsere Arbeit sei nicht beendet, solange es noch ein einziges Brett gäbe. Wir machten eine Mittagspause und ich ging nachsehen, ob Post gekommen sei. In meinem Briefkasten fand ich einen Umschlag mit 2000 Dollar in bar. Der Umschlag trug keinen Namen, und bis zum heutigen Tag weiß ich nicht, wer das Geld dort eingeworfen hat. Doch solche Dinge geschahen immer wieder. Das Erstaunliche dabei war, dass das Geld nicht nur genau dann auftauchte, wenn wir es brauchten – es kamen auch genau die Beträge, die wir benötigten, um den nächsten Schritt tun zu können.

So wurde der Tempel gebaut. Wir brauchten etwa drei Monate, und dann war er plötzlich fertig. Im September 1975 hielten wir unsere erste Sonntagssitzung in dem neuen Tempel ab. Die Leute brachten spirituelle Gegenstände, die für sie von Bedeutung waren, als Geschenk mit. Ein Professor der Religionswissenschaft schenkte uns eine wunderschöne Buddha-Statue aus Holz. Jemand anders brachte ein Bildnis Jesu für den Altar, und ich ging in mein Haus und holte mein Lieblingsbild von Yogananda, das an meinem Meditationsplatz gestanden hatte, seit ich eingezogen war.

Ganz allmählich begannen die Gegenstände im Tempel alle Religionen, alle Heiligen und alle Meister zu repräsentieren. Da das Dach sich zum Himmel hinauf streckte, gehörte der Tempel auch jenen, deren Religion die Realität des Unendlichen war. Dieser Tempel stand auf dem Planeten Erde, einer winzigen Kugel, die durch die unendliche Dunkelheit des leeren Raumes kreiselt. Dieser Planet zieht seine Bahn um einen Stern, wie es ihn allein in unserer Milchstraße zu Milliarden gibt. Dieser Tempel war insofern universell, als er alle Religionen umfasste, und er war in seiner

Umarmung des Universums selbst universell. So wurde er dann auch genannt – Tempel des Universums.

DIE ÖFFNUNG DES HERZ-CHAKRAS

Der Geist ließ sich nicht in die Flasche zurückbeordern. Durch die Retreats, meine Bücher, meine Vorlesungen und durch den Tempel wurden wir zu einer Anlaufstelle für Menschen, die sich für Yoga und die New-Age-Bewegung interessierten. Klausuren für zu Besuch kommende spirituelle Lehrer zu organisieren, muss das gewesen sein, was wir tun sollten, denn ich erhielt eine entsprechende Anfrage nach der anderen. Noch bevor der Tempel fertiggestellt war, hatte ich bereits die Verantwortung für die Veranstaltung eines Retreats mit einem spirituellen Lehrer übernommen, von dem ich noch nie gehört hatte. Und wie das Schicksal es wollte, sollte dieser Lehrer in den kommenden Jahren eine wichtige Rolle in meinem Leben spielen.

Amrit Desai war anders als unsere anderen indischen Besucher. Er lebte bereits seit vielen Jahren in Amerika, und oben im Norden war eine große spirituelle Gemeinschaft um ihn herum entstanden. Als er in unseren Tempel kam, war ich überrascht zu sehen, wie viele Menschen er anzog. Bereits bei der Versammlung am ersten Abend war der Tempel randvoll. Nach dem sehr kraftvollen Programm fragte ich mich, woher Amrit wohl eine solche Energie bezog. Ich wollte verstehen, wie dermaßen viel Energie von einer Person ausstrahlen kann, zumal Amrit niemals einen Teilnehmer berührte. So wurde ich ziemlich unverfroren. Ich sagte mir, er sei zu Gast in unserem Haus und ein guter Gastgeber müsse sicherstellen, dass für seinen Gast gut gesorgt war. Also holte ich tief Atem und betrat das Gästezimmer, in das Amrit sich zurückgezogen hatte. Er schien zu meditieren, und so ging ich still zu ihm hinüber und setzte mich neben ihn.

In dem Moment, in dem ich mich neben ihn setzte, hatte ich das Gefühl, das Gleiche fühlen zu können wie er. Der Energiefluss in meinem Inneren nahm beträchtlich zu, und ich fühlte mich, als sei ich in einen Ozean der Liebe geworfen worden. Es war eine zutiefst spirituelle Erfahrung. Wir saßen eine Weile still da, und dann sagte er: «Ich tue das eigentlich nicht mehr.» Er legte mir seine rechte Hand auf die Stirn, und ich fühlte sofort, einen sanften Fluss warmer Energie in meinen Körper einströmen. Der Fluss war überwältigend machtvoll, und ich war wie gelähmt von der Schönheit der Erfahrung. Ich konnte spüren, wie die Energie in meinem Inneren zunahm und zu meinem Herzen aufstieg. Sie füllte mein Herz immer weiter aus, bis es aufbrach. Ich hatte in meinem ganzen Leben noch nie so viel Liebe gefühlt. Ich war total überwältigt von diesem Energiefluss, der von seiner Hand ausging, meinen Körper durchströmte und sich dann aus meiner aufgebrochenen Herzgegend nach außen ergoss. Als Amrit schließlich die Hand von meiner Stirn nahm, war ich so erfüllt von Energie, dass ich mich nicht zu bewegen vermochte. Als ich schließlich aufzustehen versuchte, hatte ich das Gefühl, dass mein Körper von einem machtvollen Magnetfeld umgeben sei. Ich war nicht imstande zu reden, und so verließ ich den Raum, ohne ein Wort zu Amrit zu sagen.

Während der folgenden Stunden zog sich das Energiefeld, das meinen Körper umgab, langsam in mein Herz zurück. Ich vermied es, irgendjemanden zu berühren, denn mir fiel auf, dass ein Körperkontakt die Energie zu erden schien. Schließlich war das äußere Feld verblasst, aber nicht der innere Fluss. In meinem Herzen hatte sich ein Kanal geöffnet, und es war weiterhin von einem warmen Energiefluss durchströmt. So wie die machtvolle Meditation im Wald einen Energiefluss hinterlassen hatte, der ständig zu dem Punkt zwischen meinen Augenbrauen hinaufströmte, so hatte die Berührung von Amrits Hand einen wundervollen Energiefluss hinterlassen, der stets mein Herz durchströmte. Es ist jetzt mehr als fünfunddreißig Jahre her, und keiner dieser beiden Energieflüsse hat jemals aufgehört, nicht für einen Moment. Zu manchen Zeiten sind sie stärker als zu anderen Zeiten, aber sie sind immer da. Die bloße Berührung von Amrits Hand hatte mein Herz-Chakra dauerhaft geöffnet.

Wie das Universum es wollte, hatte Amrits Besuch einen weiteren bleibenden Einfluss auf unser Leben. So wie Mataji das Thema eines Tempels auf meinem Besitz aufgebracht hatte, so ermutigte Amrit die Leute dazu, für ihre täglichen Meditationen regelmäßig in den Tempel zu kommen. Er hatte das nie mit mir besprochen, und ich wäre vor Schreck beinahe gestorben, als er die Leute drängte, ihre tägliche Praxis bei mir zu vollziehen. Dieses Experiment in Hingabe stahl mir mein Leben. Meine Meditationszeiten am Morgen und am Abend waren mir sakrosankt. Ich war nicht im Geringsten daran interessiert, sie mit anderen zu teilen. Amrit lud nicht nur andere zu mir ein, er sagte mir auch ganz deutlich, ich solle diese Menschen in ihrer täglichen Praxis unterstützen, indem ich mich jeden Morgen und Abend mit ihnen traf. Wieder einmal fragte das Leben gar nicht erst nach meiner Meinung – es befahl mir.

Ich erinnerte mich selbst daran, dass ich nun seit Jahren mit aller Kraft versucht hatte, mich von mir selbst zu lösen. Ich hatte mich entschlossen, einen anderen Weg zu finden, der sich nicht auf meinen Verstand als spirituellen Berater verließ. Meine Meditationszeiten mit anderen zu teilen, war nur der nächste Schritt in dem sich entfaltenden Tanz mit dem Leben. Inzwischen vermochte ich ein Muster zu erkennen. Ich wurde ständig kopfüber in ein Leben hineingeschubst, das um den Dienst am spirituellen Wachstum anderer Menschen und nicht um mein eigenes kreiste. Ich hätte mich niemals von mir aus bewusst dafür entschieden. Ich war nicht weise oder egolos genug, um eine solche Entscheidung zu treffen. Das geschah einfach aufgrund meines Entschlusses, mich dem Leben hinzugeben, und es war dies, wohin das Leben mich führte.

Als ich den Tempel baute, sagte mein Verstand mir immer wieder, es sei Blödsinn das zu tun. Dass die Leute am Sonntag in mein Haus kamen, hielt ich für eine kurzlebige Marotte, die sich bald überlebt haben würde. Ich würde schon bald wieder allein mit einem leeren Gebäude auf meinem Grund dasitzen. Doch ich ignorierte das ganze negative Geschwätz und baute einfach weiter.

Diese Gedanken fielen mir wieder ein, als ich sah, wie der Tempel jeden Tag morgens und abends genutzt wurde. Und heute denke ich mit dem Geschenk später Einsicht erst recht daran zurück. Seit mehr als fünfunddreißig Jahren haben jetzt an jedem einzelnen Sonntag siebzig bis achtzig Menschen ihren Weg zu diesem Tempel weitab in den Wäldern gefunden. Wir haben nie Werbung gemacht, und es gibt nicht einmal Schilder, die den Besuchern den Weg weisen. Dennoch kommen die Menschen immer noch jede Woche. Sie kamen auch immer zu meinen Vorträgen am Montag- und Donnerstagabend sowie zu den anderen Programmen am Morgen und am Abend. Es sieht so aus, als habe das Leben genau gewusst, was es tat, und als habe mein Verstand wie immer gar nichts gewusst.

EIN ASHRAM ENTSTEHT

Im März des Jahres 1976 wurde der Tempel des Universums vom Staat offiziell als gemeinnützige Einrichtung anerkannt. Ich übertrug dieser Organisation die Besitzrechte an meinen zehn Morgen Land zusammen mit dem Tempelgebäude, Donnas Hütte und meinem Haus. Jetzt besaß ich wieder nicht mehr als meinen Camper, und das war genau das, was ich wollte. Ich war beinahe dreißig Jahre alt und mein finanzielles Leben war sehr schlicht. Ich verdiente weniger als 5000 Dollar im Jahr, ich hatte kein Vermögen und keine Schulden, und es verlangte mich nach nichts, was Geld kaufen kann. Es gefiel mir, mich nicht um irgendwelche finanziellen Angelegenheiten kümmern zu müssen. Ich wollte meinen Geist ruhigstellen, und es war sicher eine Hilfe dabei, mein einfaches Leben beizubehalten. Amrits Gruppe bot dem Tempel fünfzehn Prozent der Einkünfte aus einem Retreat an, aber ich lehnte das ab. Wir hatten auch an den anderen Klausuren nichts verdient, und dabei zu bleiben, hatte etwas sehr Schönes.

Amrit war keineswegs der letzte spirituelle Lehrer, der ein Retreat bei uns abhielt oder uns besuchte. Unsere Adresse und Telefonnummer war jetzt in New-Age-Kreisen wohlbekannt, und wer immer durch Florida reiste, schaute gern zumindest für einen Abendvortrag vorbei.[2] Wir organisierten viele Jahre lang jedes Jahr eine Klausur mit Mataji und Amrit sowie zwei sehr große Retreats mit Ram Dass, einem überaus populären spirituellen Lehrer aus Amerika. Inzwischen war Donna zu einem integralen Bestandteil

[2] Einer unserer Besucher in den 1980er-Jahren war Philip Kapleau.

meines Lebens geworden. Es gab viel zu viel Arbeit für eine Person allein, und sie verstand es, die Lücken perfekt zu füllen. Sie bereitete nicht nur die sonntäglichen Sitzungen vor, sondern war während der Klausuren auch für alle Aktivitäten in der Küche verantwortlich. Sie gestattete mir sogar, mein Telefon in ihr Haus zu verlegen, sodass sie die den Tempel betreffenden Anrufe entgegennehmen konnte. So geschah es, dass Donna und ich immer mehr Zeit miteinander verbrachten und sich eine wunderbare Liebe zwischen uns entwickelte. Ich war nicht allein mit dem, was ich in den vorangegangenen Jahren erlebt hatte; Donna hatte ähnliche Erfahrungen gemacht. Dadurch war ein starkes Band zwischen uns entstanden und im Sommer 1976 entschlossen wir uns, unsere Verbindung offiziell zu machen und zu heiraten.

Mir war nicht ganz wohl bei dem Gedanken, wieder zu heiraten. Ich hielt immer noch an der Vorstellung fest, dass all diese äußere Aktivität in meinem Leben vorübergehend sein würde. Ich hoffte, bald wieder Gelegenheit zu haben, meine Tage allein mit der Übung von Meditation und Yoga zu verbringen. Die Beziehung zu Donna zwang mich dazu, meine Vorstellung davon, wie die Dinge laufen sollten, aufzugeben. Ich hatte nicht nach Liebe oder einer Ehe gesucht, aber der machtvolle Fluss des Lebens hat mich mit beidem gesegnet. Zu meinem Glück war Donna selbst sehr spirituell orientiert. Wir beide liebten unsere eigenen Zeiten der Stille, und wir hatten nicht die Absicht, unsere getrennten Wohnungen nach der Eheschließung aufzugeben.

Als würden sich die Dinge nicht bereits schnell genug entwickeln, mussten wir feststellen, dass eine neue Phase unseres Lebens bereits begonnen hatte, als wir im Juni von unserer Hochzeitsreise zurückkehrten. Als wir begonnen hatten, die morgendlichen und abendlichen Sitzungen im Tempel abzuhalten, hatte gelegentlich jemand im Gästezimmer des Tempels übernachtet. Nach unserer Rückkehr stellten wir nun nicht nur fest, dass jemand während unserer gesamten Abwesenheit dort gewohnt hatte, sondern dass Radha Kautz, eine Suchende von großer Aufrichtigkeit, sich in meinem Haus eingerichtet hatten. Wie es schon einige Jahre zuvor bei Sandy gewesen war, hatte die beiden vorher nicht gefragt, ob sie hier einziehen dürften. Sie lebten eines Tages einfach bei uns. Donna und ich waren gerade von dem Besuch in einer spirituellen Gemeinschaft zurückgekehrt – nun sah es so aus, als sollten wir in einer Gemeinschaft leben.

Tatsächlich war es mir niemals auch nur im Traum eingefallen, ein spirituelles Zentrum zu gründen. All das geschah einfach durch meine Hingabe an den Fluss des Lebens. Und obwohl es bei jedem Schritt auf diesem Weg einen gewissen inneren Widerstand gab, übte ich mich weiterhin im Loslassen. Ich wünschte mir ganz gewiss nicht, meinen Ort der Einsamkeit mit anderen zu teilen, weil ich damals einfach noch nicht verstand, dass der Dienst an anderen etwas viel Erhabeneres ist als der Dienst an einem selbst. Heute, fast vierzig Jahre später, fragen die Leute mich manchmal, wie die Tempelgemeinschaft entstanden ist. Was soll ich ihnen erzählen? Ich weiß sehr wohl, dass ich nichts dazu beigetragen habe. Das Beste, was ich sagen kann, ist, dass ich von mir selbst losließ und dem, was offenbar sein sollte, gestattete zu geschehen.

Teil 4

DAS GESCHÄFT DER HINGABE

EIN UNTERNEHMEN ENTSTEHT

Im Dezember des Jahres 1976 kam es zum nächsten der Ereignisse, die die Essenz meines Experiments Hingabe verkörperten. So, wie die Richtung meines Lebens sich dadurch verändert hatte, dass ich der Bitte von Alan Robertson nachgab, am Santa Fe Community College zu lehren, und dass ich Baba nach Gainesville eingeladen hatte, so sollte ich jetzt wiederum um etwas gebeten werden, das von dem von mir eingeschlagenen Pfad abwich, das sich schließlich aber als vollkommen vereinbar mit der Bestimmung meines Lebens erwies.

Ich war gerade von meinem Unterricht am Santa Fe nach Hause zurückgekehrt und machte einen stillen Spaziergang durch die Wälder. Als ich auf den schmalen Pfad einbog, der zur Vorderseite des Tempels führte, blieb ich bei dem Anblick, der sich mir bot, wie angewurzelt stehen. Der Streifenwagen eines Sheriffs stand genau vor dem Tempelgebäude. Das sah ebenso bedrohlich aus wie der Polizist in voller Uniform, der neben dem Wagen stand. In all den Jahren hatte ich niemals einen Polizisten hier draußen gesehen. Der Polizist rief mir zu: «Sind Sie hier zuständig?» Die Stimme in meinem Kopf versuchte verzweifelt, sich darüber klar zu werden, was hier vor sich ging. Was will der Polizist hier? Ist etwas nicht in Ordnung? Hat er in den Tempel geschaut und all die seltsamen religiösen Symbole gesehen? Wir befinden uns hier schließlich im Norden von Florida – sollte ich etwa in Schwierigkeiten sein?

Trotz all dieses inneren Aufruhrs gelang es mir, mit einigermaßen normaler Stimme zu antworten: «Yes, Sir, ich bin hier zuständig. Wie kann ich Ihnen helfen?» Deputy Knowles fragte mich, ob ich es sei, der das Gebäude gebaut habe. Als ich ihm sagte, dass es mein Werk sei, fragte er mich, ob ich nicht einen Anbau zu seinem Haus erstellen könnte. Ihm gefiel offenbar der rustikale Stil des Tempels und er war beeindruckt von der Qualität der Zimmermannsarbeit. Er hatte bereits nach einem Baumeister gesucht, der seine Garage verschalen und zu einem Wohnraum umbauen konnte.

Ich war sprachlos. Ich hatte nie an so etwas gedacht. Es stimmte schon, ich hatte einige Häuser auf meinem eigenen Land gebaut, aber ich hatte nie daran gedacht, für jemand anderen zu bauen – und schon gar nicht für eine Amtsperson wie einen Deputy Sheriff. Ich stand für einen Moment einfach nur da, während mir zwei widersprüchliche Antworten durch den Kopf gingen. Die erste Stimme sagte: Nein, auf keinen Fall. Das passt mir gar nicht. Ich habe zu tun. Ich habe meinen Job am Santa Fe und außerdem bin ich kein Bauunternehmer. Doch dann war da noch die stille, friedvolle Empfindung eines Bewusstseins, das kein Wort zu sagen brauchte. Ich wusste einfach, dass mein Gelübde, mich dem Leben hinzugeben, von mir verlangte herauszufinden, wohin dies führen würde. Ich nahm einen tiefen Atemzug, sah den Polizisten an und sagte: «Ja, ich würde Ihnen gern bei Ihrem Projekt helfen.» Da – es war heraus, wie in früheren ähnlichen Situationen. Jetzt würde ich die Gelegenheit erhalten zu erfahren, in welchen magischen Kaninchenbau dieser neue Akt der Hingabe mich hinabführen würde.

Deputy Knowles war die perfekte Person für meinen ersten Auftrag als Baumeister. Er wusste genau, was er wollte, und er ließ mich den Job auf der Basis von «Material und Arbeitskosten» erledigen. Das war wichtig, da ich ihm keinen festen Kostenvoranschlag machen und das Material nicht selbst bezahlen konnte. Ich bin sicher, dass ich die Arbeit angesichts dessen, was ich damals gewohnt war, sehr viel günstiger erledigt habe, als jeder andere es getan hätte. Ich würde Hilfe brauchen, und Radha, die seit kurzer Zeit im Tempel wohnte, erklärte sich bereit dazu. Sie befand sich gerade in den Weihnachtsferien von der Universität, und sie versicherte mir, dass sie mit einem Hammer umzugehen wisse und schwere Lasten tragen könne. Also banden wir uns Zimmermannsschürzen um und fuhren in die Stadt, um einen Bauauftrag zu erledigen.

Dieser Job, um den ich nicht gebeten und den ich nicht erwartet hatte, wurde zum Startschuss für meine Baufirma «Built with Love». Officer Knowles war mit unserer Arbeit so zufrieden, dass er Mundpropaganda für uns machte. Und im Nu hatte ich mehrere Aufträge zum Ausbau von Häusern von Polizeibeamten und anderen Bediensteten der Dienststelle des Alachua County Sheriff. Ich trug immer noch meinen Pferdeschwanz und arbeitete in Sandalen, aber das schien niemanden zu stören. Radha konnte nur gelegentlich helfen, und so erledigte ich einige der Aufträge allein. Ich baute offene Kamine ein, verschalte einige Garagen und stattete mehrere Häuser mit Veranden aus. Ich behandelte jeden Auftrag so, als hätte ich ihn vom Universum selbst erhalten – denn genauso war es.

So wie die Klausuren mich gelehrt hatten, anderen zu dienen, so wurden auch die Bauarbeiten für all diese wunderbaren Menschen zu einem Teil meiner spirituellen Praxis. Ich erhielt die Gelegenheit, Freude in das Leben von Menschen zu bringen, die ich nicht einmal kannte. Mir gefiel dieser Aspekt der Arbeit sehr und ich hätte sie sogar unentgeltlich erledigt. Aber so liefen die Dinge nicht. Ich musste lernen, Geld anzunehmen und ein Unternehmen zu führen. Das Leben brachte mich dazu, mein spirituelles Selbstbild loszulassen, und ich achtete sehr darauf, es nicht durch irgendein weiteres Selbstbild zu ersetzen. Ich ging alles, was ich tat, einfach aus ganzem Herzen an. Es gab für mich keinen Unterschied zwischen dem Unterricht am Santa Fe, den Begegnungen mit den Menschen bei den Morgen- und Abendsitzungen im Tempel, der Organisation von spirituellen Klausuren und den Bauarbeiten. Allen diesen Aufgaben war etwas gemeinsam: Ich hatte sie alle aufgrund meiner Hingabe an den unbegreiflichen Fluss des Lebens erhalten.

DER BAUMEISTER

Es ist faszinierend zu beobachten, wie die Dinge sich Schritt für Schritt entfalten, wenn etwas geschehen soll. Zuerst einmal musste ich lernen, mit dem Geld umzugehen, das hereinkam. Die Jobs, die wir erledigten, waren alle einfache Ausbauarbeiten, aber wir verdienten damit viel mehr Geld, als ich zu verwalten gewohnt war. Es stellte sich heraus, dass Radha Erfahrung mit Buchhaltung hatte. In den Sommerferien half sie gewöhnlich in der Buchhaltung des Florida Farm Bureau aus, dessen Präsident ihr Vater war. Ich hatte noch nie zuvor jemanden gesehen, dessen Finger so schnell wie die ihren über die Tasten einer Rechenmaschine huschten. Auf dem College hatte ich als Nebenfach Buchhaltung belegt, und so führten wir jetzt zusammen die Bücher der Firma. Ich schätze, mein Schwager Harvey, seines Zeichens ein lizensierter Wirtschaftsprüfer, war ziemlich überrascht, als ich ihn anrief und um Rat bat, wie man ein Unternehmen gründet. Er erledigte den Papierkram zur Gründung von Built with Love und bot mir an, die Revision unserer Buchhaltung zu übernehmen und sich um die jährliche Steuererklärung zu kümmern. Unsere Firma war wahrscheinlich das kleinste Unternehmen der Welt, das einen lizensierten Buchprüfer hatte. Wie gewöhnlich schien mir das alles des Guten zu viel zu sein, bis es zu dem nächsten unwahrscheinlichen Ereignis kam.

Nicht lange nach der Gründung von Built with Love trafen wir nach der sonntäglichen Sitzung auf freiem Feld zusammen. Wir pflegten die Tradition, uns dort zu einem großen Kreis aufzustellen, um Dinge anzukündigen, welche die Gemeinschaft betrafen, bevor wir gemeinsam Tee tranken und Kekse aßen. Nach den Ankündigungen kam ein Mann auf mich zu und sagte, er habe gehört, dass ich

Bauarbeiten erledige. Ich bestätigte das, und er fragte mich, ob ich eine Lizenz als Bauunternehmers gebrauchen könne. Bisher hatten unsere Klienten selber die nötigen Genehmigungen eingeholt, aber für den Fall, dass einmal ein größerer Auftrag hereinkommen würde, wäre es sicherlich von Vorteil, eine Lizenz als Bauunternehmer zu besitzen. Ich sagte ihm, ich sei interessiert, und er ließ mich wissen, er verfüge über eine solche Lizenz, die ich benutzen könne. Er sah aus wie ein astreiner Hippie, und ich hätte ihn mir nicht als Bauunternehmer vorstellen können.

Ich fragte ihn, wie er zu der Lizenz gekommen sei. Er erzählte mir, es habe vor einigen Jahren eine Zeit lang Streit zwischen dem Landkreis und den staatlichen Lizensierungsagenturen gegeben. Während dieser Zeit konnte jeder, der wollte, die entsprechenden Papiere einreichen und eine Lizenz als Bauunternehmer erhalten. Er hatte genau das getan, und so besaß er jetzt eine gültige Lizenz. Das schien zu schön, um wahr zu sein. Also rief ich am nächsten Tag bei der Bezirksverwaltung an und erkundigte mich nach der Lizenznummer, die mir der Mann genannt hatte. Ich erhielt die Auskunft, die Lizenz sei gültig und der Besitzer unbescholten. Ich könne also mit ihm eine Vereinbarung treffen, die es Built with Love ermögliche, mit dieser Lizenz zu arbeiten.

Nur für den Fall, dass sich der Fluss des Lebens nicht bereits als eindrucksvoll genug erwiesen hatte, war ich jetzt auch noch ein lizenzierter Bauunternehmer. Und das war gut so, denn ich sollte schon bald ein ganz spezielles Bauprojekt auf dem nun dem Tempel gehörenden Besitz angehen: Es sah so aus, als würde Donnas knapp vier × fünf Quadratmeter große Hütte nicht groß genug sein für sie und das Kind, das wir erwarteten. Noch wenige Monate zuvor hätte ich nicht die Mittel gehabt, um ihr Haus mit einem Anbau zu versehen. Doch die Vollkommenheit des Universellen Flusses, dem ich mich hingab, hatte sich bereits um das Problem gekümmert, bevor mir auch nur bewusst geworden war, dass es existierte. Wir hatten unseren Lebensstil nicht verändert, und so gingen die Einnahmen aus Built with Love alle in den Besitz des Tempels über. So konnte ich jetzt eine ganze Seite von Donnas Hütte herausreißen und einen Anbau mit einem Kinderzimmer und einem richtigen Badezimmer bauen.

Unsere Tochter Durga Devi wurde im August 1977 geboren. Amrit, Mataji und viele andere sandten ihr die traditionellen Segnungsgaben für Gesundheit, Reichtum und Spiritualität. Durga wurde in die spirituelle Gemeinschaft hineingeboren, die inzwischen entstanden war. Es würde sehr interessant sein zu sehen, wie sie hier aufwachsen würde.

Man sollte denken, dass nun eine Zeit gekommen war, all die Veränderungen, die in unserem Leben eingetreten waren, zu verdauen und sich an die neuen Umstände zu gewöhnen. Ich hatte immer meinen Einkünften entsprechend gelebt, auch als mein Einkommen als Teilzeitlehrkraft am Santa Fe Community College nur 350 Dollar im Monat betrug. Durch Built with Love verdiente ich nun zuzüglich zu dem Gehalt vom Santa Fe einige Tausend Dollar im Monat. Es bestand also ganz gewiss keine Notwendigkeit für ein noch größeres Einkommen – zumindest dachte ich das. Es war zu einem für mich typischen Muster geworden, zu denken oder mir zu wünschen, dass ein Energiefluss bereits vollendet sei, wenn er tatsächlich gerade erst in Schwung kam. Es war eine gute Sache, dass ich der Energie folgte und sie nicht etwa lenken wollte, denn der Universelle Plan war immer sehr viel weitreichender, als mein Verstand es sich vorstellen konnte.

Kurz bevor Durga geboren wurde, erhielt ich einen Anruf von einer Firma, die einen ABC-Spirituosenladen in Gainesville in ein Bekleidungsgeschäft umwandeln wollte. Ich hatte noch nie einen rein kommerziellen Auftrag erledigt, doch mit der neuen Lizenz von Built with Love war mir das möglich. Ich hatte inzwischen eine Mannschaft, die den größten Teil der Arbeit erledigte, während ich selbst in einem Kleinlaster durch die Gegend fuhr und den Bauunternehmer spielte. Ich erhielt den Auftrag, aber bevor wir überhaupt anfangen konnten, ging es schon los mit dem Vergnügen. Die Frau, die für die Neueröffnung des Ladens verantwortlich war, rief mich an und bestand darauf, dass ich sofort vorbeikomme, um sie zu treffen. Als ich bei ihr ankam, erklärte sie mir, sie hätten ihre Pläne geändert und es müssten einige zusätzliche Arbeiten erledigt werden. Ich bot ihr an, einen neuen Kostenvoranschlag auszuarbeiten, aber sie wurde ziemlich wütend und sagte, die Kosten seien ihr egal, sie wolle, dass die Arbeit sofort erledigt werde. Während ihre Energie sich aufschaukelte, begann ich meine Atmung zu beruhigen und mich auf mein Mantra zu konzentrieren. Schon damals benutzte ich meine Arbeit in der Welt als eine Gelegenheit dazu, von mir selbst loszulassen und ruhig und zentriert zu bleiben. Ich fragte höflich, allerdings eher scherzhaft gemeint, ob sie von mir verlange, sofort dorthin zu fahren, wo meine Crew arbeitete, sie von jenem Projekt abzuziehen und sie die zusätzliche Arbeit auf der Stelle erledigen zu lassen. Als sie sagte: «Ja, genau das will ich», wusste ich, dass ich in Schwierigkeiten war. Ich sagte ihr, dies sei ein sehr teures Ansinnen, und sie antwortete ohne Umschweife, sie habe nur einen sehr engen Zeitrahmen und der Auftrag würde sicherlich viel von mir verlangen, aber ihr Unternehmen sei bereit, das Nötige zu zahlen, damit die Arbeit schnell erledigt werde. Ich versicherte ihr, ich würde mein Bestes tun, um ihr aus der Klemme zu helfen.

Im gesamten Verlauf des Projekts änderte sie ihre Pläne immer wieder, und es sollte alles möglichst schon gestern erledigt sein. Aber sie bezahlte uns die ganze Zeit sehr großzügig, um sicherzustellen, dass ich genügend motiviert blieb. Wir schafften es, diesen Auftrag trotz aller Abänderungen in beinahe der Hälfte der ursprünglich veranschlagten Zeit zu erledigen. Mit all den Bonuszahlungen, den Planungsänderungen und den Aufschlägen für Überstunden beendete ich den Einsatz in gerade einmal vier Wochen mit einem Verdienst von etwa 35000 Dollar. Ich erinnere mich noch so genau an den Betrag, weil er weit über die wenigen Tausend Dollar hinausging, die ich bisher im Monat verdient hatte, und auch wegen der darauf folgenden Ereignisse. Ich erhielt nämlich einen Anruf von einer Nachbarin, die eines der an unser Land angrenzenden fünf Morgen großen Grundstücke besaß. Sie hatte zwei sehr rustikale Hütten auf ihrem Besitz gebaut, hatte jetzt aber beschlossen, umzuziehen. Sie sagte mir, sie wäre mit 37000 Dollar für ihr Grundstück einverstanden, wenn ich die von ihr geforderte Vorauszahlung in bar leisten könne.

Es wäre eine ziemliche Untertreibung, würde ich sagen, ich sei von der Tatsache beeindruckt gewesen, dass ich gerade durch den ungewöhnlichen Auftrag fast genau die Summe eingenommen hatte, die sie verlangte. Ich erkannte darin eine Synchronizität, die ich für den Rest meines Lebens nicht vergessen sollte. War es etwa Teil irgendeines Universellen Plans, dass der Tempel sich nun über die ursprünglichen zehn Morgen hin ausweitete? Ich selbst war nicht an einer solchen Erweiterung interessiert und hätte niemals auch nur an so etwas gedacht. Aber das Geld war da, und es war offensichtlich, wofür es gedacht war. Nichts von alledem hatte irgendetwas mit mir zu tun – ich war nur der Mittelsmann, der Verwalter. Ich hatte nicht das Gefühl, dass das Geld mir gehörte. Ich hatte nie darum gebeten oder mich darum bemüht, auch nur einen einzigen Auftrag für Built with Love zu erhalten. Die Aufträge kamen einfach einer nach dem anderen durch Mundpropaganda herein, und ich diente den Auftraggebern so gut es mir möglich war. Alles, was ich nun zu tun hatte, war, den Weg dafür frei zu machen, dass das Geld aus dem sehr seltsamen Auftrag, der damit verbunden war, verwendet wurde, um den Besitz unserer Nachbarin im Namen des Tempels zu kaufen.

LOKALBANK-GESCHÄFTE

Es war noch nicht einmal ein Jahr vergangen, seit Radha und ich die Verschalung der Garage von Deputy Knowles beendet hatten. Built with Love war inzwischen so gewachsen, dass wir jetzt zwei Bautrupps im Einsatz hatten und Radha eine Vollzeit-Bürokraft und Buchhalterin war. Wir bekamen nicht nur immer mehr Arbeit, sondern die Aufträge wurden auch immer größer. Im September 1977, gleich nach dem Auftrag für das Bekleidungsgeschäft, geschah das Unvermeidliche: Ein junges Paar bat uns, ein ganzes Haus für es zu bauen.

Bis zu diesem Punkt hatte Built with Love nur Ausbau- und Umbauarbeiten geleistet und die Finanzierung der Aufträge war stets von den Hausbesitzern erledigt worden. Der Bau eines ganzen Hauses jedoch würde jetzt den Abschluss eines Baukredits zwischen der Firma und einer Bank erforderlich machen. Ich besaß keine Vermögenswerte auf meinen Namen, sondern hatte alles dem Tempel überschrieben. Sämtliche Gewinne, die wir mit Built with Love erzielten, wurden ebenfalls dem Tempel gespendet. Darum hatte weder ich noch unser Unternehmen eine Bilanz vorzuzuweisen, wie sie nötig gewesen wäre, um einen ersten Baukredit zu erhalten. Also stellte ich mich auf den Standpunkt, dass sich schon irgendetwas ergeben werde, wenn wir dazu bestimmt waren, Häuser zu bauen.

Ich stellte ein Portfolio für Built with Love zusammen, das einige Empfehlungen von den Leuten enthielt, für die wir bisher gearbeitet hatten, und dazu einen Überblick über die Entwicklung unserer Finanzen während der letzten neun Monate. Wir hatten damit noch nicht einmal 100 000 Dollar verdient, und um zu zeigen, dass ich Erfahrung mit dem Bau von Häusern hatte, führte ich die Gebäude an, die ich auf meinem Land errichtet hatte. Ich reichte das Portfolio bei einer Reihe von Banken zusammen mit einem Kreditantrag ein. Als die Wiedervorstellungstermine gekommen waren, suchte ich eine Bank nach der anderen auf, nur um Ablehnung nach Ablehnung zu erhalten. Built with Love entsprach einfach nicht dem Profil, das für die Genehmigung eines ersten Baukredits nötig war.

Bevor ich aufgab, spielte ich ein Spiel mit dem Leben. Ich beschloss, es noch mit einer einzigen weiteren Bank zu versuchen, bevor ich die Ablehnungen als ein Zeichen dafür akzeptierte, dass wir nicht dazu bestimmt waren, Häuser zu bauen. Ich weiß noch, wie ich in der Eingangshalle einer der hübscheren Banken im Zentrum von Gainesville saß. Ich hatte bereits ziemlich lange auf einen Kreditberater gewartet, aber andere Leute waren ständig vor mir in die Büros eingelassen worden. Das war ziemlich entmutigend, aber ich benutzte die Zeit, um mich innerlich darauf zu sammeln, alles, was die Stimme in mir über die Situation sagte, loszulassen. Eine Sache war mir inzwischen aufgefallen: Die Leitung der Firma brachte mich in völlig andere Situationen , als ich sie während meines einsamen Lebens in den Wäldern erlebt hatte. Ich fand dies sehr hilfreich für mein spirituelles Wachstum. Indem ich beobachtete, wie unterschiedliche Teile meiner Psyche stimuliert wurden, konnte ich lernen, diese loszulassen. Ohne mir wirklich darüber klar zu werden, war ich bewusst genug geworden, um die Wartezeit in dieser Bank und die innere Vorbereitung auf die unvermeidliche Ablehnung eines Kredits als eine Gelegenheit dazu zu nutzen, von all dem, was die Stimme zu mir sagte, abzusehen. Wenn der Sinn meiner Hingabe an das Leben darin bestand, mich selbst loszuwerden, dann funktionierte dies ziemlich gut.

Endlich bat mich die Empfangsdame, die bisher alle anderen Kunden vorrangig behandelt hatte, ihr zu folgen. Aber sie führte mich nicht zu den Kabinen der Kreditberater in der offenen Empfangshalle der Bank, sondern in eines der Büros über der Empfangshalle. Als sie an die Tür klopfte, bemerkte ich das Namensschild: Jim Owens – Branch President (Leiter der Zweigstelle). Ich war ein wenig schockiert – aber nicht so schockiert wie über das, was als Nächstes passierte. Ich wurde in das Büro hereingebeten, und der Zweigstellenleiter nahm hinter seinem Schreibtisch Platz. Er eröffnete mir, mein Antrag entspreche zwar nicht den normalen, vom Kreditausschuss festgelegten Kriterien, aber er persönlich sei der Meinung, eine Lokalbank wie die ihre sollte versuchen, lokale Unternehmen zu unterstützen. Offenbar hatte Jim Owens sich so für meinen Antrag interessiert, dass er zu meinem Besitz hinausgefahren war und durch die Fenster meines Hauses und des Tempels gelugt hatte. Er hatte dann persönlich bei dem Kreditausschuss seiner Bank vorgesprochen und meinen Antrag durchgebracht. Er könne mir heute mitteilen, dass mein Kreditantrag von 20000 Dollar für den Bau genehmigt worden sei. Allerdings müsse er selbst den Kopf dafür hinhalten, ich sollte ihn also besser nicht enttäuschen.

Was sollte ich ihm sagen? Und wer waren überhaupt all diese Leute – Alan Robertson, Rama Malone, Deputy Knowles? Sie waren so etwas wie Sendboten Gottes, die mir sagten, was ich mit meinem Leben anfangen solle: am Santa Fe lehren, Baba nach Gainesville einladen, Built with Love gründen und jetzt als Nächstes Häuser bauen. Alles, was ich tun konnte, war, Mr. Owens zu danken und ihm zu versichern, ich würde lieber sterben als ihn enttäuschen.

Das junge Paar war überglücklich, und wir bauten ihm ein wunderschönes kleines Haus. Außerdem war Built with Love nun in der Position, dass es größere, maßgefertigte Häuser bauen konnte. Ich fühlte mich so geehrt, einem Mann wie Jim Owens begegnet zu sein. Ich hätte nie gedacht, dass der Leiter einer Bank sich solche Mühe für einen völlig Fremden geben würde – auch noch für einen, der in einer spirituellen Gemeinschaft lebte. Ich hatte offensichtlich noch einiges dazuzulernen.

Wenn ich geglaubt hatte, dies sei alles, was ich mit Jim Owens zu tun hatte, so lag ich total daneben. Ein Jahrzehnt später, nachdem ich beträchtlichen beruflichen Erfolg gehabt hatte, führte die Hand des Lebens Jim und mich unter äußerst unwahrscheinlichen Umständen wieder zusammen. Ich arbeitete eines Abends noch spät im Haus von Donna und beschloss, eine Pause zu machen. Es gab nichts Interessantes im Fernsehen, also fuhr ich zu einem Videoverleih, der mir am nördlichen Stadtrand von Gainesville aufgefallen war. Bis auf eine Person hinter der Ladentheke bei der Kasse war der Laden leer. Während ich die Filme im hinteren Teil des Ladens durchsah, konnte ich nicht vermeiden, ein Telefongespräch mitzuhören, das der Angestellte führte. Er erzählte jemandem, er habe eine Bank aufgesucht, um einen Betriebs-Kredit aufzunehmen, aber offensichtlich wollten die Banken einem kleinen Videoverleih keinen Kredit geben. Der Mann kam mir irgendwie bekannt vor, aber ich wusste nicht woher. Als ich an die Ladentheke trat, ging mir ein Licht auf: Der Mann hinter der Theke war Jim Owens.

Jim erkannte mich, und wir rekapitulierten beide, was in den zehn Jahren, seit wir uns zuletzt gesehen hatten, passiert war. Ich sagte ihm, es tue mir leid, aber ich hätte nun einmal sein Telefongespräch über den von ihm benötigten Kredit mitbekommen. In Anbetracht dessen, was er vor Jahren für mich getan hatte, fragte ich, ob ich ihm helfen könne. Er reagierte überrascht auf dieses Angebot, offenbarte mir aber schließlich, er versuche einen Kredit von etwa 20000 Dollar zu bekommen, um für den Ausbau des Ladens flüssig zu sein. Das war genau der Betrag, den er für mich beschafft hatte, als unsere Rollen vor zehn Jahren umgekehrt gewesen waren. Ich konnte nicht glauben, was hier geschah. Wie hoch war wohl die Wahrscheinlichkeit, dass es zu diesem Ereignis kam: dass ich seinen Laden betrat, gerade nachdem die Bank seinen Antrag abgelehnt hatte, und zwar genau zum Zeitpunkt seines Telefongesprächs?

Es war, als sei ich nach zehn Jahren hierhergeschickt worden, um mich für Jims freundliche Geste revanchieren zu können. Unnötig zu erwähnen, dass ich mich geehrt fühlte, ihm diesen Kredit zu geben.

DER STÄNDIG WACHSENDE TEMPEL DES UNIVERSUMS

Als das Frühjahr des Jahres 1978 gekommen war, errichtete Built with Love schöne, für ihre Besitzer maßgeschneiderte Häuser, sogenannte Custom Homes, und erledigte größere Umbauten in Wohnhäusern. Etwa zu jener Zeit beendigte ich meine Lehrtätigkeit am Santa Fe. Das College hatte mich zwar eingeladen, dort weiterzuarbeiten, aber nur auf einer Vollzeitbasis, und außerdem hätte ich ein Standardlehrbuch für alle meine Vorlesungen verwenden müssen. Es war nicht so, dass ich eine Entscheidung zu treffen hatte – das Leben hatte mir bereits einen Vollzeitjob beschert. Der Übergang zu Built with Love hatte sich schon vorher vollzogen. Diesmal wehrte sich mein Verstand nicht, wie er das in vorangegangenen Zeiten der Veränderung getan hatte. Dieser Übergang in meinem Leben vollzog sich so natürlich wie die Häutung einer Schlange.

Nicht lange nachdem ich das Santa Fe College verlassen hatte, wurde ich angeheuert, ein besonders schönes Haus für Tom Jenkins, einen Golfprofi, der zur Vereinigung der professionellen Golfer (PGA) gehörte, zu bauen. Wie sich herausstellte, hatte das Ehepaar Jenkins ein Stück Land ganz in der Nähe des Tempels gekauft. Nur ein Grundstück lag zwischen unserem inneren Feld und ihrem Land. Für mich war es wie ein weiteres Wunder, dass ich mein schönstes Custom Home jetzt in Fußdistanz meines eigenen Hauses bauen sollte. Und wenn ich dies damals für etwas Besonderes hielt, frage ich mich, was ich wohl gedacht hätte, wenn ich gewusst hätte, dass ich dieses Haus eines Tages selbst besitzen sollte und dass es das perfekte Heim für einige zum Tempel gehörende Menschen werden sollte.

Dies führt zu einem sehr interessanten Thema, der Expansion des Tempels des Universums. Ende 1978 lebten sechs oder sieben Menschen permanent auf dem Land des Tempels. Wir verlangten Miete von allen, die hier wohnten, und auch wenn es nicht viel war, kam doch niemand, um hier für lau zu wohnen. Built with Love hatte uns gelehrt, ein kleines Unternehmen sachgerecht zu führen, und Radha kümmerte sich auf dieselbe professionelle Weise um die Geschäfte des Tempels.

Wie das Schicksal es wollte, liebte es die Person, die in unsere einzige Hütte mit einer Küche eingezogen war, vegetarische Mahlzeiten zum Abendessen zuzubereiten. Es dauerte nicht lange, bis wir alle regelmäßig als Gäste zum Abendessen in ihrem Haus auftauchten. Wir trafen uns dort auch an Festtagen und zu Geburtstagsfeiern. Noch gemeinschaftlicher wurden wir nicht. Von den Menschen, die auf dem Grund des Tempels lebten, wurde erwartet, dass sie sich an den Treffen am Morgen und am Abend beteiligten und ihre Miete bezahlten – das war nicht allzu schwer. Von ihnen wurde auch erwartet, dass sie ihr Bestes taten, sich nicht in das unablässige Geschwätz des persönlichen Geistes zu verstricken – was sehr viel schwieriger war.

Es sah so aus, als sollte Built with Love weiterhin gerade genug Geld verdienen, um es uns zu erlauben, die angrenzenden Grundstücke zu erwerben, sobald diese zum Verkauf standen. Ich machte dies zu einem Spiel mit dem Leben: Wenn ein benachbartes Grundstück zum Verkauf stand und wir die Mittel hatten, es zu kaufen, dann kaufte es der Tempel. Danach war es faszinierend, sich zurückzulehnen und zu beobachten, wie jeweils genau die richtigen Menschen auftauchten, um dort zu wohnen.

Es gibt eine Reihe erstaunlicher Geschichten darüber, wie Menschen schließlich zu unserem Tempel fanden, und diese Geschichten hatten eine tiefgreifende Auswirkung auf meine Bereitschaft, mich dem Fluss des Lebens hinzugeben. Es war so, als seien die Leute handverlesen dafür, genau zur rechten Zeit in ihrem eigenen spirituellen Wachstum – und dem unseren – bei uns aufzutauchen. Keine dieser Geschichten ist vielleicht erstaunlicher als die einer Studentin, die schließlich viele Jahre mit uns im Tempel leben sollte. Ich erinnere mich noch, wie ich ihr das erste Mal begegnete, als ich in einem Winter gegen Ende meiner Lehrtätigkeit am College eine Vorlesung hielt. Als ich in den Hörsaal kam, beschwerten sich die Studenten darüber, der Raum sei überheizt und das mache sie schläfrig. Ich ging zu einem Fenster, öffnete es und begann, frische Luft hereinzuwedeln. Kurz danach betrat eine neue Studentin den Raum und fand einen Sitzplatz. Es nahmen oft Studenten an meinen Vorlesungen teil, die sich nicht dafür eingeschrieben hatten, und so dachte ich mir nichts dabei. Ich dachte mir auch nichts dabei, als eben diese Studentin begann, zu den Meditationssitzungen im Tempel zu kommen. Sie ging ihre spirituelle Praxis mit großer Ernsthaftigkeit an und zog schließlich in eines der Häuser auf dem Land des Tempels ein. Erst Jahre später berichtete sie mir, dass sie sich bereits seit Langem gewünscht hatte, an meinem Unterricht teilzunehmen, dass sie aber zu schüchtern gewesen sei, um dazuzukommen. Ihr traten die Tränen in die Augen, als sie mir erzählte, wie dankbar sie gewesen sei, dass ich gesehen hätte, wie sie an jenem kalten Wintertag vor dem Gebäude herumlungerte, und dass ich das Fenster geöffnet hatte, um sie hereinzuwinken. Ich war verblüfft zu hören, was an jenem Tag aus ihrer Sicht geschehen war. Und als ich ihr meine Seite der Geschichte erzählte, wurde ihr klar, dass es in Wirklichkeit die Hand des Lebens gewesen war, die sie dazu eingeladen hatte, über ihren Schatten zu springen und zu dem Unterricht zu kommen.

Ähnliches geschah immer wieder. Ich fühlte mich zunehmend dazu verpflichtet, der Entfaltung dieser Kraft zu dienen. Hätten Sie mich gegen Ende des Jahres 1978 gefragt, dann hätte ich Ihnen geantwortet, dass ich mein gesamtes Leben dem Universellen Fluss überlassen und dass dieser jeden Moment dieses Lebens übernommen hatte. Der Fluss hatte mich gelehrt, eine regelmäßige spirituelle Praxis aufrechtzuerhalten, während ich in der Welt arbeitete und andere Menschen dabei unterstützte, dasselbe zu tun. Er hatte mich gelehrt, ein erfolgreiches Unternehmen aufzubauen und zu leiten, das eine sich ständig ausweitende spirituelle Arbeit unterstützte. Er hatte mich gelehrt, anderen Menschen zu dienen, indem ich überregionale Retreats für führende spirituelle Persönlichkeiten organisierte und einer auf etwa ein Dutzend angewachsenen Gruppe von ganz besonderen und ernsthaft suchenden Menschen ein Heim bereitstellte.

Ich betrachtete diese Aufgabe als etwas, das voraussichtlich auf lineare Weise weiter wachsen würde. Ich hatte keine Ahnung, dass dies längst noch nicht alles sein sollte. Es hätte mein Vorstellungsvermögen überschritten, dass alles, was ich bisher gelernt hatte, bloß die Grundlage war, für das, was noch anstand. Niemand hätte ahnen können, dass alles, was in jenen frühen Stadien meines Experiments Hingabe geschehen war, bloß die Startphase einer vielstufigen Rakete auf dem Weg zu den Sternen war.

DIE METAMORPHOSE EINES WESENS

Bevor ich von dem enormen Wachstum der 1980er-Jahre erzähle, sollte ich Ihnen von einem anderen Aspekt meines Lebens berichten, der mich sehr viel über Hingabe gelehrt hat – meiner Arbeit im Gefängnis. Ganz gleich, wie viel ich allmählich zu tun hatte, ich verbrachte jeden zweiten Samstagmorgen im Gefängnis. Sobald Radha ihr Studium abgeschlossen hatte, begann sie sich an diesen Besuchen zu beteiligen. Radha kümmerte sich auch um die zunehmende Korrespondenz mit den Strafgefangenen, und sie besorgte die spirituell ausgerichteten Bücher, nach denen sie verlangten. Wenn es nötig gewesen wäre, hätte ich mein Leben umgestellt, nur um keinen dieser Besuche auslassen zu müssen.

Es ist nicht leicht zu erklären, wie aufrichtig diese in einem Hochsicherheitsgefängnis eingeschlossenen Männer sich um ihre innere Freiheit bemühten. Die Mauern konnten ihren Körper einsperren, aber nichts vermochte ihre Seelen gefangen zu halten – außer ihr eigener Geist. Sie begriffen dies auf einer sehr tiefen Ebene. Ich lehrte sie Meditation und auch einige Yoga-Übungen. Aber am intensivsten diskutierten wir die Frage, wie man sich selbst loslassen könne. Sie lernten, die Stimme in ihrem Kopf zu beobachten und nicht auf all den Müll zu hören, den die Stimme von sich gibt. Nach meinem Vortrag gab es eine Zeit für Gespräche innerhalb der Gruppe. Manchmal erzählte einer der Männer von einem Ereignis im Verlauf der Woche, bei dem die Stimme ihn aufgefordert hatte, etwas Dummes zu tun. Er erzählte von jenem kurzen Moment der Bewusstheit, in dem er die Wahl hatte, ob er auf die Stimme hören oder sie einfach loslassen wollte. Wenn einer der Gefangenen eine solche Geschichte erzählte, dann begann er fast immer bei dem Gedanken zu lachen, dass er in der Vergangenheit augenblicklich zu dem destruktiven Verhalten übergegangen wäre. Doch diesmal vermochte er es einfach loszulassen. Mir wurde warm ums Herz, wenn ich zu hören bekam, wie die Männer einander erklärten, wie man das tun könne – sich selbst loslassen. Worte vermögen nicht zum Ausdruck zu bringen, wie geehrt ich mich fühlte und wie dankbar ich dafür war, dass das Leben mich in die glückliche Lage gebracht hatte, an diesen Sitzungen teilzunehmen.

Die meisten Mitglieder meiner Gefängnisgruppe saßen lebenslänglich, aber gelegentlich wurde einer von ihnen auch in ein anderes Gefängnis verlegt. Zwischen denjenigen, die lange Zeit in der Union Correctional Institution blieben, entwickelten sich tiefe Bande, und die Männer ermutigten sich gegenseitig, ihr spirituelles Leben weiterzuentwickeln. Oft begriff eine Person in der Gruppe die Lehren so tief, dass sie zu einem Führer für die anderen wurde. Ich werde die Geschichte eines solchen unwahrscheinlichen Falles erzählen, weil sie zeigt, zu was für Einsichten in puncto Hingabe es gelegentlich gekommen ist.

Ich traf David zum ersten Mal im Jahr 1975. Als meine Gruppe in der Kapelle im Obergeschoss der Union Correctional Institution zusammentraf, kam ein sehr stattlicher Mann nach vorn und setzte sich in meiner Nähe hin. Er hatte die Statur eines Spielers der National Football League (NFL); er war nicht fett, einfach nur groß. Nach meinem Vortrag kam er zu mir und sagte: «Hey, mein Name ist Creature und ich bin ein Outlaw.» Ich hatte von den Outlaws gehört; sie waren eine Motorradgang wie die Hells Angels. Ich stand auf, streckte ihm die Hand entgegen und sagte: «Hi, ich bin Mickey.» Das war meine erste Begegnung mit einem Typen namens Creature («Kreatur» oder «Biest»).

Auf Creatures Hemd stand sein bürgerlicher Name: David Clark. Von jenem Tag an kam er zu jeder einzelnen meiner Sitzungen. Die meisten Mitglieder meiner Gruppe waren entweder Schwarze oder Latinos, und David hob sich als weißer Südstaatler von ihnen ab. Ich fragte mich, was eine Person mit seiner Geschichte wohl in dieser Gruppe hielt. Allmählich erkannte ich jedoch, dass er sehr aufrichtig darum bemüht war, ein besserer Mensch zu werden und spirituell zu wachsen. Er begann nach einigen Büchern zu fragen. Zuerst las er Yoganandas *Autobiographie eines Yogi*. Einige Besuche später fiel mir auf, dass Creature ein Bild von Yogananda mit sich herumtrug. Ich wusste nicht, was ich von diesem sehr aufrichtigen und intelligenten Mann zu halten hatte, der für das, was er als Anführer einer der gewalttätigsten Motorradgangs im Lande angerichtet hatte, zu mehrfach lebenslänglich verurteilt worden war. Ich kann nur sagen, dass ich eine tiefe Liebe für ihn empfand und mich zutiefst dafür geehrt fühlte, dass das Leben uns in diesem wichtigen Stadium seines Wachstums zusammengeführt hatte.

David sprach mich gewöhnlich nach dem Unterricht an und stellte mir sehr tiefgründige Fragen, die offensichtlich von jemandem kamen, der viel meditierte. Tatsächlich konnte ich aus seinem Umgang mit den anderen in der Gruppe schließen, dass er für die Männer in seinem Zellenblock Meditationssitzungen organisiert hatte. Dies ging jahrelang so weiter. David wurde zu einem Führer, der offenbar mit den restlichen Mitgliedern der Gruppe befreundet war und von den Männern auch respektiert wurde.

Eines Tages wandte David sich an mich und sagte, es sei etwas geschehen, das sich auf seine Erlaubnis, zu der Gruppe zu kommen, auswirken werde. Die Polizei hatte offenbar die Leichen einiger Mitglieder einer rivalisierenden Bande aufgefunden, die schon vor etlichen Jahren verscharrt worden waren. David und einige andere Outlaws sollten nun für diese Morde angeklagt werden. Dieser Lauf der Ereignisse schien ihn nicht zu beunruhigen. Tatsächlich sagte er mir, er verstehe dies als eine Möglichkeit, einiges von dem Karma seiner Vergangenheit abzutragen. Er hatte in der

Vergangenheit üble Dinge getan und wollte die Gelegenheit erhalten, sie durchzuarbeiten. Mich stimmte es demütig, wie vollkommen sich David dieser Situation hingab und wie sehr er damit in Frieden war.

Während er auf seinen Prozess wartete, wurde David in einer Zelle des Gebäudes, das sie The Rock, «Der Felsen», nannten, in Isolationshaft gesetzt. Der Felsen umfasste die ursprünglichen Zellenblocks des Gefängnisses, die bereits 1925 errichtet worden waren. Die Haftbedingungen im Felsen waren so grauenhaft, dass das Gebäude im Jahr 1999 auf Anordnung eines Gerichts schließlich abgerissen wurde. Es war mir nicht gestattet, David zu treffen, während er in Isolationshaft war, aber er schrieb mir und erzählte mir, dass er jeden Tag viele Stunden mit Meditation und Rezitation verbrachte.

Eines Tages, als ein weiterer Besuch von Amrit Desai zu dessen jährlicher Klausur im Tempel anstand, schrieb David uns, wie viel es ihm bedeuten würde, einem großen Yogi wie Amrit zu begegnen. David wusste wohl, dass dies in seiner Situation niemals möglich sein würde. Doch man spürte die hingebungsvolle Aufrichtigkeit der Worte in seinem Brief. Ich sandte den Brief an Amrit weiter und fragte ihn, ob er bereit sei, David zu besuchen, falls ich das arrangieren könnte. Amrit war nie zuvor in einem Gefängnis gewesen, aber er war zutiefst von Davids Brief und seiner ganzen Geschichte berührt. Amrits schlichte Antwort war: «Wie könnte ich nicht einverstanden sein?»

Ich ließ meine Beziehungen spielen, die ich im Gefängnis hatte. Im Lauf der Jahre hatte ich mich sehr mit dem Gefängniskaplan angefreundet, und der Gefängnisdirektor kannte mich wegen der Spenden, die wir dem Gefängnis hatten zukommen lassen. Seit der Gründung von Built with Love hatten wir jährlich Tausende von Dollars gespendet, die zur Verschönerung der Kapelle eingesetzt wurden und dem Kaplan helfen sollten, sich um die Bedürfnisse der Insassen zu kümmern.

Zu guter Letzt bekam ich die Erlaubnis für einen Besuch von Amrit bei David. Die Auflagen für den Besuch waren sehr streng. David durfte den Felsen nicht verlassen und Amrit und ich mussten in den Hochsicherheitstrakt gehen, um ihn dort zu treffen. Ich werde diesen Tag nie vergessen. Amrit trug das gelbweiße Gewand eines Heiligen, das beim Gehen um ihn herum wallte. Als wir durch das Haupttor in das Gefängnis eintraten, sprachen wir nicht miteinander, weil Amrit spüren wollte, wie es sei, hier drin zu leben. Es ist mir einfach nicht möglich zu beschreiben, wie es war, in den Felsen einzutreten. Jeder Block, durch den wir kamen, bestand aus einer geraden Reihe von Zellen, die auf der einen Seite vergittert waren und auf der Rückseite eine nackte Steinwand hatten. Nirgends war auch nur ein Tropfen Farbe zu sehen. Doch wir gingen nicht in eine dieser Zellen. Wir wurden vielmehr über diese Flügel des Gebäudes hinaus in einen dunklen Bereich ohne jedes Fenster geführt. Dies war der Bereich mit den Zellen für die verschärfte Haft. Wir wurden in eine nur spärlich beleuchtete Zelle geführt, die offenbar für Begegnungen benutzt wurde. Es war eine Einzelzelle mit einer schmutzigen Toilette ohne Klobrille mitten im Raum. Außerdem gab es einen kleinen wackligen Tisch, drei Stühle und sonst nichts. Amrit und ich setzen uns auf unsere Stühle an dem Tisch, umringt von einigen Wächtern.

Kurz darauf wurde David in die Zelle geführt. Er trug Handfesseln und Fußketten, aber für mich sah er tatsächlich schön aus. Ich war so froh, ihn wiederzusehen. Wir umarmten uns, und ich stellte ihn Amrit vor. Dann setzten wir uns wieder an den Tisch, David Amrit gegenüber. Lange Zeit saßen wir einfach nur da, David mit gesenktem Kopf. Die Energie im Raum fühlte sich an wie im Tempel, nachdem Amrit seine Mantra-Rezitation beendet hatte. Sie war so stark, dass man kaum zu denken vermochte. Niemand sprach ein Wort, bis Amrit David fragte, was er fühle. David hob den Kopf, um zu sprechen, und dies war das erste Mal, dass ich an diesem Tag sein Gesicht sehen konnte. Tränen liefen ihm über die

Wangen und sein Gesicht leuchtete in einem sanften Licht. Mit leiser, beinahe flüsternder Stimme sagte er: «Ich denke, ich spüre, wie viel Liebe Sie für mich haben, denn ich fühle mich total von Liebe überwältigt.» Das waren die einzigen Worte, die an diesem Tag gewechselt wurden. Wir saßen noch für eine Weile weiter in Stille da, und dann brachten die Wärter David zurück in seine Zelle. Amrit und ich wurden aus jenem dunklen Loch hinausgeführt, wieder durch die Zellenblocks und aus dem Felsen hinaus. Dann überließ man es uns, den Weg zurück zum Eingangstor zu finden.

Während meine Augen sich wieder an das Sonnenlicht gewöhnten, überwältigte mich ein einziger Gedanke: Auf dieser Erde gibt es so viele unterschiedliche Orte, an denen Menschen leben. Manche sind erhabene und andere wieder sehr niedrige Orte. Dieses Loch, in dem David in verschärfter Haft lebte, ein regelrechtes Gefängnis im Gefängnis, musste einer der niedrigsten Orte auf dieser Erde sein, an dem ein Mensch landen konnte. Viel tiefer konnte man nicht sinken. Und doch hatte die Aufrichtigkeit von Davids spiritueller Praxis eines der erhabeneren Menschenwesen auf dem Planeten in dieses dunkle Loch geführt.

Ich bekam nie Gelegenheit, David zu fragen, was er an jenem Tag erfahren habe, aber als wir ihn verließen, leuchtete er geradezu. Ich musste an das denken, was ich an jenem Abend erfahren hatte, als Amrit mir die Hand auf die Stirn legte. Tiefer Frieden überkam mich, als mir klar wurde, dass mein teurer Freund David sich für den Rest seines Lebens an diese überwältigende Erfahrung von Liebe erinnern würde.

Teil 5

ETWAS UNSCHÄTZBAR WERTVOLLES WIRD GEBOREN

VOM PERSÖNLICHEN ICH ZUM PERSONAL COMPUTER

Im Herbst des Jahres 1978 ereignete sich ohne jede Vorwarnung wiederum etwas, das alles veränderte. Es ist wirklich inspirierend, zurückzuschauen und zu erkennen, wie einige wenige Momente in deinem Leben dein Schicksal bestimmen. Was wäre gewesen, wenn das Leben mir diese Momente nicht präsentiert hätte oder wenn ich anders darauf eingegangen wäre? Mit der Zeit wäre alles ganz anders gekommen.

Ich glaubte zu wissen, was zu jener Zeit von mir verlangt war: Built with Love so gut zu leiten, wie es mir möglich war, und die Einkünfte dazu zu nutzen, die wunderbare im Tempel geleistete Arbeit zu unterstützen. Wie gewöhnlich lag ich daneben, total daneben. Was das Leben für mich auf Lager hatte, war in Größe und Tragweite sehr viel umfangreicher. Wie hätte ich ahnen können, dass ich eines Tages ein Softwareunternehmen mit 300 Millionen Jahresumsatz und 2300 Angestellten führen würde, und das alles, ohne die Wälder von Alachua zu verlassen oder darüber meine spirituellen Bestrebungen zu vernachlässigen? Wie konnte der Fluss des Lebens so etwas inszenieren, zumal ich noch nie in meinem Leben einen Computer angefasst hatte und völlig zufrieden mit meiner finanziellen Lage war?

Würde man mich heute drängen, diese Frage zu beantworten, würde ich nur ein Wort aussprechen: Hingabe. Mein Experiment mit der Hingabe hatte mich gelehrt, stets im gegenwärtigen Augenblick präsent zu sein und mein Bestes dafür zu tun, dass meine persönlichen Vorlieben nicht die Entscheidungen für mich trafen. Stattdessen erlaubte ich es der Wirklichkeit des Lebens zu bestimmen, wohin ich ging. Das Leben hatte mich bis zu diesem Punkt fraglos auf eine fantastische Reise geführt, und es sollte in den nächsten dreißig Jahren etwas wirklich Phänomenales mit mir vorhaben. Wenn Sie wissen möchten, wie sich diese phänomenalen Ereignisse in perfekt choreografierter Abfolge entfaltet haben, wäre es mir eine Ehre, Ihnen die Geschichte weiter zu erzählen.

Es begann an einem ganz gewöhnlichen Tag, als ich in die örtliche Filiale des Elektronikhändlers Radio Shack ging, um dort etwas für Built with Love abzuholen. Auf dem Weg zum Ausgang fiel mir etwas auf, das aussah wie die Plastiktastatur einer Schreibmaschine, deren Tastatur mit einem 12-Zoll-Bildschirm verbunden war. Über beiden Geräten hing ein Schild, auf dem stand «TRS-80 Computer». Wie das Schicksal es wollte, hatte ich einen der ersten Personal Computer im Handel vor mir. Da ich ein neugieriger Mensch bin, ging ich zu dem ausgestellten Gerät hin und tippte auf einige Tasten. Wie durch Magie erschienen die auf der Tastatur angetippten Buchstaben auf dem Monitor darüber. Ich hatte so etwas noch nie in meinem Leben gesehen. Auf dem College hatte ich zwar einen einführenden Computerkurs belegt, aber alles, was wir damals taten, war Lochkarten zu stanzen. Es war uns nie gestattet gewesen, uns den Workstations, die tatsächlich mit dem Computer selbst verbunden waren, auch nur zu nähern.

Ich war von diesem Gerät beim Elektronikhändler total fasziniert. Es öffnete etwas in meinem Inneren, das ich nur als Liebe auf den ersten Blick beschreiben kann . Ich stand lange Zeit dort und spielte mit dem Gerät. Ich fand es faszinierend, einfache und komplexe mathematische Gleichungen einzugeben und zu beobachten, wie das Resultat auf dem Bildschirm erschien. Ich riss mich schließlich von dem ausgestellten Computer los, doch ich wusste, dass ich zurückkommen würde. Vom ersten Moment an, in dem ich den Apparat berührt hatte, verspürte ich einen Ruf aus meinem tiefsten Inneren. Es blieb mir keine andere Wahl, als mich diesem Ruf zu ergeben. Als ich einige Tage später in den Laden zurückkehrte, um 600 Dollar für den damals besten Computer auf den Tisch zu legen, hatte ich nicht die geringste Vorstellung davon, was ich, zu mir zurückgekehrt, damit anfangen sollte. Ich wusste nur, dass ich dafür bestimmt war, ihn zu besitzen.

Mein erster Computer war ein Radio Shack TRS-80-Modell mit bloßen 16 Kilobyte Arbeitsspeicher, einem 12-Zoll-Monitor und einem handelsüblichen Kassettenrecorder als Speicher. Das war alles, was zu jener Zeit verfügbar war. Das Gerät wurde mit einer einfachen Einführung in die BASIC-Programmiersprache geliefert; sonst nichts, man war praktisch auf sich selbst angewiesen.

Mit dem Computer zu Hause angekommen, begann ich die Programmierbefehle zu erlernen, um zu sehen, was man damit anfangen konnte. Aus irgendeinem Grund war das alles ganz natürlich für mich. Es war nicht so, als lernte ich etwas Neues; es war vielmehr so, als erinnerte ich mich an etwas, das ich schon immer gewusst hatte. In dem Moment, in dem ich mich an den Apparat setzte, wurde mein Geist ganz ruhig. Die Energie stieg auf und fokussierte sich wunderbar in dem Punkt zwischen meinen Augenbrauen, und tiefer Friede überkam mich. Es war anscheinend mein Schicksal, mit diesem Gerät zu arbeiten. Ich stellte das nicht infrage – ich ergab mich einfach weiterhin dem, was geschah.

Bevor der Computer aufgetaucht war, hatte ich bereits zwei Vollzeitjobs: den Temple of the Universe und Built with Love. Um Zeit für meinen neuen Computer zu finden, begann ich, nach den abendlichen Sitzungen zu meiner Arbeit zurückzukehren. Ich arbeitete oft bis in die frühen Morgenstunden, sodass ich nur drei bis vier Stunden Schlaf bekam, bevor ich zur Morgensitzung aufstand. Während ich mit dem Computer arbeitete, war ich so leidenschaftlich inspiriert, dass ich nicht müde wurde. Schon damals wurde mir klar, dass hier etwas ganz Besonderes vor sich ging.

Ich spielte damit herum, einige Programme zu schreiben, nur um ein Gefühl dafür zu bekommen, was das Gerät zu leisten vermochte. Nach einigen Wochen sagte ich mir, dass ich bereit sei, ein echtes Programm zu schreiben. Die erste Aufgabe, die ich mir stellte, war, ein computergestütztes Buchhaltungssystem für Built with Love. Ich musste mir alles selbst erarbeiten. Die Verkäufer bei Radio Shack hatten keine Ahnung vom Programmieren, und es gab sonst niemanden, mit dem ich mich darüber austauschen konnte. Also machte ich die Trial-and-Error-Methode zu meinem Lehrmeister.

Nachdem das Buchhaltungssystem für Built with Love fertig war, entwickelte sich meine Programmiertätigkeit sehr schnell weiter. Ich hatte mich mit dem Geschäftsführer des Ladens angefreundet, und immer wenn ich dorthin ging, zeigte ich ihm Ausdrucke von der Arbeit, die ich geleistet hatte. Er war beeindruckt von dem, was ich aus dem Apparat herausholte, und fragte mich, ob er einige Kunden an mich weiterempfehlen könne. Zu meiner Überraschung schickte er mir schließlich Leute, die tatsächlich Programme geschrieben haben wollten. Plötzlich hatte ich einen neuen Job. Und so unglaublich es erscheinen mag, so waren diese bescheidenen Anfänge doch die Geburt dessen, was zu Personalized Programming werden sollte, einem landesweit agierenden, mehrere Millionen Dollar schweren Softwareunternehmen.

Wie alles andere in meinem Leben, seit ich mich entschlossen hatte, dem Fluss zu folgen, setzte Personalized Programming sich selbst in Gang. Es gab keine Versammlungen, Unternehmenskonzepte oder Risikokapitalanleger. Wie im Fall des Tempel of the Universe nahm ich einfach die Herausforderung an, der Energie, die sich mir zeigte, zu dienen. Ich verließ nie die Wälder, und dies alles geschah mir, ohne dass ich es gewollt und darum gebeten hatte. Zum Glück liebte ich es wirklich, anderen Menschen zu helfen. Es war mir egal, ob sie zu mir kamen, um zu lernen, die

Stimme in ihrem Kopf zum Schweigen zu bringen, damit ich ein Haus für sie baute oder damit ich ein Programm für sie schrieb – für mich war das alles das Gleiche. Ich liebte es leidenschaftlich, Programme zu schreiben, und ich liebte es, diese Begabung dazu zu nutzen, anderen zu helfen.

Zuerst ging es nur um kleine Aufträge, und ich hatte keine Ahnung, was ich dafür verlangen sollte. Für einen Professor der University of Florida schrieb ich für 300 Dollar ein Benotungsprogramm. Ich war ein solcher Perfektionist, dass ich das Programm einfach immer weiter verbesserte, bevor ich bereit war, es ihm zu liefern. Von den ersten Anfängen meiner Karriere als Programmierer an, verlangte mein Herz von mir, dass jede Zeile des Programmiercodes das absolut Beste darstellte, zu dem ich fähig war. Es spielte keine Rolle, was ich damit verdiente – es musste einfach alles perfekt sein. 1979 begann ich, immer längere Zeit in meinem Zimmer zu sitzen und allein zu programmieren. Als der Geschäftsführer des Radio-Shack-Ladens mich fragte, ob er seine Kunden an mich weiterempfehlen könne, wusste ich nicht, was auf mich zukam. Allmählich erhielt ich Anrufe von Radio-Shack-Läden in ganz Gainesville und von Läden so weit entfernt wie Jacksonville. Bald erhielt ich mehr Anfragen, als ich bewältigen konnte. Aufgrund meiner Ausbildung in Wirtschaftswissenschaft und da ich das Gesetz von Angebot und Nachfrage verstand, begann ich meine Preise zu erhöhen. Doch das half wenig, es kamen immer mehr Aufträge. Etwa zu jener Zeit begann ich zu bemerken, dass die einzelnen Aufträge so aufeinanderfolgten, dass sie mich auf neue Ebenen meiner Fertigkeiten als Programmierer vorantrieben. Obwohl ich hier allein in den Wäldern saß und arbeitete, bestand kein Zweifel daran, dass das Leben einen professionellen Programmierer aus mir machte.

Bald wurde mir klar, dass das Schreiben einer auf einen speziellen Kunden zugeschnittenen Software sehr viel Zeit in Anspruch nahm und dass es praktischer war, bereits zugängliche Software zu verkaufen, die den Bedürfnissen meiner Klienten entsprach. Ich wurde zum Händler eines der beliebtesten Softwarepakete, das von einem Unternehmen namens Systems Plus in Kalifornien angeboten wurde. Ich erinnere mich nicht mehr, warum ich gerade diese bestimmte Software auswählte, aber wenn ich heute zurückblicke, erkenne ich, dass es eine inspirierte Entscheidung gewesen sein muss, denn ich sollte später noch viel mit Systems Plus zu tun haben.

Gegen Ende des Jahres 1979 verkaufte ich immer mehr von der Buchhaltungssoftware und der damit verbundenen Hardware mitsamt Support. Ich kümmerte mich so gut um meine Klienten, dass sogar Systems Plus begann, Kunden an mich zu empfehlen. So, wie ich all meine Fertigkeiten als Programmierer aufgrund der Aufträge erlernte, die ich erhielt, so lehrten mich diese neuen Aufträge, wie man die Computerisierung unterschiedlich großer Unternehmen analysiert, durchführt und betreut.

Die Kunde verbreitete sich wie ein Lauffeuer, und die Nachfrage nach meinen Produkten und Diensten nahm zu. Neben den Empfehlungen von Systems Plus, Radio Shack und den Aufträgen der bereits vorhandenen Kunden bekam ich jetzt auch Anfragen von Unternehmen im ganzen Bundesstaat. Ich war jedoch nur eine Person und wollte auf keinen Fall die morgendlichen und abendlichen Sitzungen im Tempel verpassen. Um Dienstreisen von einem Tag auf den anderen zu vermeiden, nahm ich diese Angebote einfach nicht wahr und übte weiterhin zuerst Hingabe an meine spirituelle Praxis. Ich hätte auf diese Weise weitergemacht, aber dann tauchte James auf.

James Pierson war ein Suchender von großer Aufrichtigkeit, der gerade in eines der Häuser auf dem Gelände des Tempels eingezogen war. Und wie die Perfektion es wollte, besaß James einen Pilotenschein. Eines Tages hörte er mit an, wie ich zu jemandem sagte, ich könne keine auswärtigen Kunden annehmen, und er bot mir an, mich mit dem Flugzeug zu ihnen zu bringen. Wenn wir ein kleines einmotoriges Flugzeug für die Reisen mieteten, waren die Tagessätze von James mehr als günstig. So begannen wir Tagesausflüge zu auswärtigen Kunden zu machen, die bereit waren, einen Aufpreis für meine Dienste zu zahlen. Das waren tendenziell größere Unternehmen, wie etwa ein Klient in West Palm Beach, der als Zwischenhändler für Düsenflugzeuge fungierte. Mit dem Leben als Programmierer lernte dieser keine Anzüge tragende Hippie aus den Wäldern von Alachua, wie man professionell mit erfolgreichen Geschäftsleuten umgeht. Mein Erfolgsrezept war ganz einfach: Erledige alles, was dir präsentiert wird, aus ganzem Herzen und ganzer Seele, ohne Rücksicht auf persönlichen Gewinn. Mach deine Arbeit so, als hättest du sie vom Universum selbst erhalten – denn genau das war ja auch der Fall.

Personalized Programming war ein aufregendes Unternehmen. Jetzt konnte ich in einem winzigen zweisitzigen Flugzeug über den Wolken herumfliegen. Ich schaute dabei oft hinaus in das weite Firmament und fragte mich: Wie bin ich nur hierher gekommen? Ich war in die Wälder gezogen, um aus der Gesellschaft auszusteigen und mein Leben ganz meinen spirituellen Übungen zu widmen. Ich hatte die Wälder nie wieder verlassen und nicht für einen Moment daran gedacht, in mein altes Leben zurückzukehren. Jetzt hatte eine Boutiquen-Kette in West Palm Beach, einer der reichsten Städte in den Vereinigten Staaten, mich angeheuert, mit dem Flugzeug zu kommen und ihr Unternehmen auf Computer umzustellen. Ich wusste einfach nicht, was ich davon halten sollte. Auf keinem dieser Gebiete war ich jemals ausgebildet worden. Ich lebte einfach in einer Art Märchen.

Personalized Programming war zu einem erfolgreichen Ein-Mann-Unternehmen geworden. Im Jahr 1980 empfahl mein Schwager Harvey mir, aus Haftungsgründen eine Gesellschaft eintragen zu lassen. Ich weiß noch, wie unnötig es mir erschien, noch ein weiteres Unternehmen zu gründen. Doch ich akzeptierte Harveys Rat und ließ Personalized Programming beim Bundesstaat Florida als Gesellschaft registrieren. Die Behörde sandte mir ein Aktienzertifikat für das Unternehmen, das ich in meinem Bankschließfach hinterlegte. Das Dokument trug ein hübsch aussehendes offizielles Siegel, aber es hatte für niemanden außer für mich irgendeinen Wert. Nichtsdestoweniger war Personalized Programming jetzt ein im Staat Florida legal registriertes Unternehmen.

Ich liebte meine Arbeit für Personalized Programming sehr, und mein leidenschaftliches Interesse an Computern war seit jenem ersten Tag bei Radio Shack immer weiter gewachsen. Jeder Computer, den ich programmierte und installierte, war wie ein lieber Freund, den ich vor Ort zurückließ, damit er meinen Klienten dienen konnte. Es sah vielleicht so aus wie ein Ein-Mann-Unternehmen, aber in Wirklichkeit hinterließ ich bei jedem meiner Klienten eine meiner «Arbeitskräfte». Sie arbeiteten Tag und Nacht ganz ohne Bezahlung, und sie beschwerten sich niemals.

Nachdem ich begonnen hatte, meinen Klienten Vollsystemlösungen und den entsprechenden Support zu verkaufen, begann Personalized Programming mehr als einhunderttausend Dollar im Jahr zu generieren. Das ging weit über das hinaus, was ich einige Jahre zuvor am Santa Fe College verdient hatte. Zusätzlich dazu brachte mir Built with Love noch einen respektablen Lebensunterhalt ein. Doch bei all dem hatte ich meinen Lebensstil kaum verändert. Das Geld, das die Geschäfte einbrachten, wurde dem Tempel gespendet, damit zusätzliches Land gekauft und die Ausgaben des Dienstes an der Gemeinschaft getragen werden konnten. Die Perfektion der Entfaltung all dieser Dinge reichte aus, um meinen persönlichen Verstand zum Schweigen zu bringen. Etwa zu jener Zeit fiel mir auf, dass meine mentalen Konzepte zur Unterscheidung zwischen dem Weltlichen und dem Spirituellen sich endlich aufgelöst hatten. Alles begann sich mir als die wunderbare Vollkommenheit des Flusses des Lebens zu präsentieren.

Wäre es nach mir gegangen, dann hätte sich mein Leben in diese Richtung weiterentwickeln können. Doch ganz offensichtlich ging es in meinem Experiment Hingabe nie nach mir. So erhielt ich denn Anfang 1980 an einem Tag zwei Telefonanrufe, die die nächste Phase meiner phänomenalen Reise einleiteten. Die Anrufe schienen durchaus harmlos zu sein; sie kamen von Leuten, die nach einem computerbasierten Abrechnungssystem für Ärzte suchten. Sie wollten mit einem Personal Computer Rechnungen für Patienten und Krankenversicherungen erstellen. Ich hatte kein System, das dies zu leisten vermochte, aber ich versprach ihnen, mich nach etwas Geeignetem umzusehen und sie dann zurückzurufen.

Nach einigem Suchen fand ich durch einen Kontakt in Miami ein solches System. Es war ein landesweit vertriebenes Softwarepaket, das angeblich bereits erfolgreich eingesetzt wurde. Ich hätte die Empfehlung wohl besser überprüfen sollen, doch ich besorgte mir nur eine Dokumentation und die Preise für das System und rief meine potenziellen Kunden mit einem Angebot an. Ich hatte keine Ahnung, worauf ich mich da einließ. Als ich nämlich begann, die Software zu testen, stellte ich bald fest, dass das Paket totaler Schrott war. Diese Software konnte ich auf keinen Fall verkaufen.

Als ich meine Klienten anrief, um ihnen die schlechte Nachricht zu übermitteln, kam von beiden dieselbe Antwort. Sie hätten gehört, ich sei ein sehr zuverlässiger Programmierer, der bereits für mehrere Unternehmen auf deren Bedürfnisse zugeschnittene Software geschrieben habe. Könnte ich also nicht ein Programm für ihre medizinische Praxis schreiben?

Ich weiß noch, wie ich da auf dem Boden meines kleinen Büros saß. Die kleine Stimme in meinem Kopf erzählte mir ständig, es würde unendlich viel länger dauern, Software zu schreiben als Software eines anderen zu verkaufen. Ein Abrechnungssystem für Patienten und Krankenversicherungen zu schreiben, würde ein sehr viel größeres Projekt sein als alles, was ich bisher geschafft hatte. Also sagte ich meinen Klienten, es könne bis zu zwei Jahre dauern, ein solches System fertigzustellen. Unglücklicherweise meinten sie beide, sie seien bereit zu warten, wenn sie mir im Lauf der Arbeit Input geben könnten. Ich wollte mich auf keinen Fall auf ein Programmierungsprojekt dieser Größenordnung einlassen. Doch obwohl ich noch keine definitive Absprache mit diesen Klienten hatte, war da mein Einverständnis, mich dem Fluss des Lebens zu überlassen. Mein Geist wurde ruhig, als mir klar wurde, dass ich wirklich keine andere Wahl hatte, als mich der Situation hinzugeben, in die das Leben mich gebracht hatte. Es war genau wie bei den anderen Gelegenheiten, bei denen ich losgelassen hatte, obwohl ich keine Lust dazu hatte. Ich nahm einen tiefen Atemzug und sagte beiden Klienten, ich würde mein Bestes tun, ein Abrechnungssystem für ihre Arztpraxen zu schreiben.

Gleich nach dem Ende dieser Telefongespräche griff ich neben mich und hob das Standardformular für das Anmelden von Versicherungsansprüchen auf, das neben mir auf dem Boden lag. Ich hatte es mir besorgt, um zu sehen, wie eine Versicherungsrechnung aussah. Ich begann darüber nachzudenken, wie man ein Programm strukturieren müsse, das die unterschiedlichen Daten sammeln und speichern könnte, die nötig wären, um ein solches Formular auszufüllen. Ich hatte keine Ahnung, dass diese ersten Gedanken den Beginn einer Reise in den Gebrauch von Computern im Gesundheitswesen darstellen würde, die sich über fast drei Jahrzehnte erstrecken sollte. Ich werde oft gefragt, wie es sein konnte, dass ich bereits 1980 die Voraussicht besaß, Personalized Programming auf das Gesundheitswesen zu spezialisieren. Wie Sie sehen, ist die Antwort ganz einfach: Ich habe überhaupt nichts getan, außer mit Herz und Seele dem zu dienen, was das Leben mir präsentiert hat. Doch die Tragweite der Aufgabe, die mir diesmal gestellt wurde, ging weit über alles hinaus, womit ich es bisher zu tun bekommen hatte.

Es gab keine Konferenzen, keine Etats und keine Projektpläne. Ich war ganz allein. Ich begann sofort, die Software zu kodieren, die später The Medical Manager genannt wurde – ein Produkt, das schließlich das Management der US-amerikanischen Gesundheitsbranche revolutionieren sollte. Ich weiß, dass es vielen Menschen schwerfällt, das zu verstehen, aber das Schreiben eines Programms ist für mich so, als führte ich ein Gespräch mit einem anderen Menschen. Ich musste nicht darüber nachdenken, was ich sagen wollte oder wie ich es sagen sollte. Es kam einfach zu einem natürlichen Fluss direkt aus dem Strom meiner Gedanken in das Gerät. Wenn ich ein Programm schrieb, dann sprach die Stimme in meinem Kopf die Computersprache, die ich benutzte. Ich dachte also nicht in Englisch und übersetzte dies dann in die Computersprache; meine Gedanken tauchten von Anfang an in der Computersprache auf. Weil dem so war, konnte ich mich an den Computer setzen und perfekt strukturierten Code schreiben.

Das bringt uns zurück zu unserer früheren Erörterung der Inspiration und wo sie herkommt. Beethoven hörte Musik und schrieb sie nieder. Künstler haben kreative Visionen und manifestieren sie. Ich habe den Medical Manager nie in einer großen Vision als fertiges Produkt vor mir gesehen. Dennoch führte mich der ständige Fluss der Inspiration jeden Tag dazu, genau zu wissen, wohin sich das Programm entwickeln musste. Ich setzte mich einfach an den Computer und schrieb den spontanen Fluss inspirierter Gedanken in der Form eines Computercodes auf. Ich schrieb und schrieb mit einer Inbrunst und Leidenschaft, die fast beängstigend waren, zuerst den Code für die Krankenakte des Patienten, dann für die medizinischen Prozeduren, die berechnet werden mussten. Alles, was ich tat, tat ich so gut es mir nur irgend möglich war. Ich schrieb nicht nur ein Programm für diese beiden Klienten, ich schrieb das beste Programm, das ich als mein Geschenk an das Universum anzubieten hatte. Die Inspiration floss derart klar, dass ich nicht eine einzige kleine Abkürzung nehmen konnte. Diese Sorgfalt auf jedes kleine Detail unterschied den Medical Manager schließlich von so gut wie allen konkurrierenden Systemen für die medizinische Abrechnung, die es auf dem Markt gab. Kurz gesagt: Diese Angelegenheit wollte so nah wie nur irgend möglich an der Perfektion erledigt werden, ganz gleich, wie lange es brauchte oder wie unvernünftig das aus einer rein geschäftlichen Perspektive erscheinen mochte.

Tatsächlich hat es dabei nie eine geschäftliche Perspektive gegeben. Ich dachte zwar, dass ich das Programm wahrscheinlich einigen anderen Ärzten in der Stadt verkaufen könnte, aber ich hatte nie an eine breitere Vermarktung gedacht. Aufgrund der Perfektion der Entfaltung der Ereignisse war ich in der Lage, die Kosten für die Entwicklung des Programms aus meiner eigenen Tasche zu bezahlen. Und ich verwende das Wort Perfektion nicht leichtfertig. Während der Zeit, in der ich das medizinische Abrechnungssystem schrieb, wurde ein neuer Siedlungsbereich in den Wäldern nur eine Meile entfernt vom Land des Tempels eröffnet. Built with Love erhielt eine Reihe von Verträgen für Custom Homes in dieser Siedlung, was bedeutete, dass ich nicht weit wegzufahren brauchte, um diese Aufträge zu erledigen. Darüber hinaus hatte Personalized Programming bereits einen festen Kundenstamm. Ich stellte einen jungen Mann als Teilzeitkraft ein, der mir half, einige der kleineren

Programmierarbeiten für diese Klienten zu erledigen. Ich bildete ihn anhand der Programme aus, die ich früher geschrieben hatte, und überprüfte und testete seine Programme. Während ich ihn auf diese Weise schulte, wurde ich selbst, ohne es zu wissen, darin geschult, Programmierer anzuleiten. Das war eine Fertigkeit, die ich in der nahen Zukunft unbedingt brauchen sollte. Wie es sich ergab, war ich dazu bestimmt, Hunderte von hoch qualifizierten Softwareentwicklern zu führen.

DIE FRÜHEN PROGRAMMIERER

Niemand, der ganz bei Trost ist, würde auf den Gedanken kommen, sich völlig allein hinzusetzen, um ein ganzes medizinisches Abrechnungssystem zu programmieren. Ich war allerdings nicht ganz bei Trost. Ich hatte das Projekt als die nächste Aufgabe angenommen, die mir vom Fluss des Lebens gestellt wurde. Das war etwas sehr Heiliges für mich. Auf meinem spirituellen Pfad ging es schließlich hauptsächlich um mein Experiment Hingabe. Um Abstand von dem inneren Geschwätz zu halten, hielt ich meine regelmäßigen Meditationssitzungen aufrecht und fuhr auch mit der Praxis fort, mich von Moment zu Moment zu zentrieren. Jedes Mal, wenn ich mich an den Computer setzte, um an dem Programm zu arbeiten, nahm ich einen tiefen Atemzug und erinnerte mich daran, dass ich das Programm als ein Geschenk an das Universum schrieb. Ich saß auf einem winzigen Planeten, der durch den Weltraum kreiselt, und dies war die Aufgabe, die mir gestellt worden war. Ich kam nie auch nur auf die Idee, andere um Unterstützung zu bitten.

Das Programm war etwa zur Hälfte fertig, als mir mein Schutzengel, ohne dass ich darum gebeten hatte, eine dringend nötige Assistenz sandte. Manche Momente in unserem Leben sind vom Schicksal vorbestimmt. So war es auch mit dem kurzen Moment, zu dem es an einem Tag im Herbst des Jahres 1980 kam. Ich schlängelte mich an einem Sonntagvormittag gerade durch die Menschenmenge auf der Veranda des Tempels, als mich eine junge Dame ansprach. Ich kannte sie noch nicht, und sie sprach so leise, dass ich sie in dem Stimmengewirr kaum verstehen konnte. Um sich vorzustellen, sagte sie mir, sie habe gerade ihren Abschluss an der University of Florida gemacht, wo sie auch einen Programmierkurs belegt hatte. Sie habe gehört, ich sei ein Programmierer, und sie wolle mit mir arbeiten, selbst wenn ich ihr anfangs nichts zahlen könne. Ihr Name war Barbara Duncan.

Ich brauchte zweifellos Hilfe, aber ich konnte mir nicht vorstellen, wie das gehen sollte. Ich hatte das Programm direkt aus meiner Eingebung in den Computer geschrieben. Wo sollte da jemand einhaken und sich in die Aufgabe einarbeiten können? Außerdem kannte ich diese Person nicht, und sie machte einen sehr schüchternen Eindruck. Zum Glück war ich gut darin geübt, zu beobachten, wie diese Gedanken durch meinen Geist zogen, statt blindlings auf sie zu hören. Ich hielt einfach für einen Augenblick inne, nahm einen Atemzug und erkannte all diese Negativität als den aufkeimenden Widerstand meines Geistes gegen Veränderung. Also ließ ich augenblicklich los und ergab mich der Realität der Situation: Diese Person hatte mir aufrichtig ihre Hilfe angeboten, und Hilfe brauchte ich fraglos. Ich sagte ihr, ich sei es gewohnt, allein zu arbeiten, und könne ihr keine Versprechungen machen. Ich sei jedoch bereit, es mit ihr zu versuchen. Wir vereinbarten ein Treffen in einigen Tagen, und ich forderte sie auf, mir dann ein ihr angemessen erscheinendes Anfangsgehalt zu nennen, weil ich sie entlohnen wolle.

Das Ausmaß an Talent und Kompetenz, das in dieser Person, die hier im Tempel aufgetaucht war, verborgen lag, war einfach unglaublich. Barbara war anfangs ohne Frage sehr ängstlich und schüchtern. Doch während der kommenden zwanzig Jahre stellte sie sich immer wieder jeder Aufgabe, die sie erhielt, und löste diese mit Bravour. Sie begann auch, zu allen täglichen Meditationssitzungen im Tempel zu kommen, und zog bald, nachdem sie für mich zu arbeiten begonnen hatte, hier ein. Barbara war tatsächlich die erste Vollzeitangestellte von Personalized Programming, und sie wurde zu einem Grundstein sowohl dieses Unternehmens als auch der Tempelgemeinschaft. Es zeigte sich, dass diese schüchterne junge Dame, der ich auf der Veranda des Tempels begegnet war, einen brillanten Verstand und das Herz eines Kriegers besaß.

Als Barbara für mich zu arbeiten begann, hatte ich das Programm zur Hälfte fertiggestellt. Ich hatte meine Gedanken nie einem anderen Menschen gegenüber formuliert, und es wurde eine enorme Hilfe für mich, meine Vision für das Gesamtsystem mit jemandem zu teilen. Wir waren ein wunderbares Team, und es war offensichtlich, dass Barbara durchaus in der Lage war, meine Vision aufzugreifen und sich in sie hineinzudenken. Dies wurde ein ganz wesentlicher Faktor, als die Zahl der Programmierer zu wachsen begann. Kurz gesagt: Barbara war ein Geschenk Gottes. Sie hatte mich gerade zu einem Zeitpunkt angesprochen, an dem ich sie brauchte und an dem ich selbst noch nicht klug genug war, zu erkennen, dass ich sie brauchte. Ich hatte nicht nach ihr gesucht – sie tauchte einfach auf.

Tatsächlich war es bei Radha genauso gewesen. Vom ersten Tag an übernahm sie die Verantwortung für die gesamte Buchhaltung und die Leitung sämtlicher Angelegenheiten des Tempels. Nach dreißig Jahren lebt sie noch immer im Tempel und führt dessen Geschäfte. Es war, als hätte jemand diese Menschen für den disziplinierten spirituellen Lebensstil des Tempels handverlesen, und sie waren zudem perfekt geeignet für die anspruchsvollen Jobs, die hier entstanden. Während unser Unternehmen wuchs, geschah dies immer und immer wieder. Ich hatte das Gefühl, mit der Perfektion des Universums zu tanzen. Ich war mir dessen zu diesem Zeitpunkt noch nicht vollständig bewusst, aber Zeuge der Resultate meines Experiments Hingabe zu werden, half mir mehr als viele Stunden meiner spirituellen Praxis, mich der erdrückenden Last meiner Ichempfindung zu entledigen. Mir war durchaus klar, dass ich die perfekte Entfaltung der Ereignisse nicht herbeiführte, aber ich fühlte mich zutiefst geehrt, beobachten zu dürfen, wie sich die Perfektion vor meinen Augen entfaltete.

Wir stellten im Lauf des kommenden Jahres noch einige zusätzliche Programmierer ein. Als wir die erste Version der Software fertiggestellt hatten, arbeiteten wir zu viert ganztägig daran. Wir brauchten vor allem deshalb zusätzliche Hilfe beim Kodieren, weil die Entwürfe, die ich mir zusammen mit Barbara ausdachte, nie bloß die einfachste Lösung darstellten – sie waren einfach die besten Lösungen. So war zum Beispiel eines der interessantesten und wichtigsten Module, die wir schrieben, jenes, das die Formulare für die Versicherungsansprüche ausfüllte. Ich weiß noch, dass ich viele Tage mit meinen Klienten daran arbeitete, ihre Bedürfnisse in puncto Versicherungsrechnungen zu analysieren. Es verlangte im Grunde eine geradezu geniale Begabung, um all die winzigen Unterschiede in der Art und Weise zu verstehen, wie in diesen Praxen die vermutlich standardisierten Formulare ausgefüllt werden sollten. Und jeder Auftraggeber behauptete steif und fest, dass jeder dieser Unterschiede ganz wesentlich war, um von den unterschiedlichen Versicherungen angemessen bezahlt zu werden.

Barbara und mir gelang es, ein auf Vorlagen basierendes hoch entwickeltes System zu kreieren, das es den Praxen erlaubte, selbst zu spezifizieren, wie sie die Formulare für jede einzelne Versicherung ausfüllen wollten. Wir waren fest entschlossen, ein System zu entwickeln, das den Bedürfnissen der Rechnungsstellung einer jeden Praxis perfekt entsprach, und dies wurde einer der Hauptgründe dafür, dass die Software so schnell angenommen wurde. In einem sehr kurzen Zeitraum definierten die Praxen, die mit dem Medical Manager arbeiteten, Hunderte von unterschiedlichen Dokumentvorlagen, die für die Arbeit mit den nationalen Krankenversicherungen notwendig waren.

Dies lässt erahnen, auf welches Niveau wir den Medical Manager schon in seiner ersten Version brachten. Wir machten uns mit größter Sorgfalt an alle diese Aufgaben und erledigten sie, so gut es uns nur möglich war. Ich hatte es in meinem bisherigen Leben noch nie mit etwas zu tun gehabt, das den gleichen Grad an Perfektion wie dieses Programms von mir verlangte. Als es endlich fertig war, war es wie ein geschliffener Diamant. Für mich war es wie ein lebendes Wesen, und ich behandelte es jedes Mal, wenn ich damit zu tun hatte, mit größter Hochachtung. Sehen Sie nur, welch erstaunlicher Fluss der Ereignisse des Lebens dieses Programm hervorbrachte. Ich hatte das Gefühl, dass es ein Eigenleben besaß und wir nur dazu da waren, ihm zu dienen.

Nach zwei Jahren intensiver Entwicklungsarbeit installierten wir das Programm Anfang 1982 bei den ursprünglichen beiden Klienten. Angesichts der Tatsache, dass keiner von uns jemals zuvor ein so umfassendes Programm geschrieben hatte, funktionierten die Programme sehr reibungslos. Ich hatte nie einen Gedanken darauf verschwendet, was geschehen würde, nachdem das Programm in diesen beiden Praxen installiert war. Wir hatten uns völlig darauf konzentriert, das absolut beste System zu schreiben und zu liefern, zu dem wir in der Lage waren, denn das war die Aufgabe, die das Leben uns gestellt hatte. Welche Bestimmung das Programm nach diesen ersten Installationen haben sollte, musste sich ganz von selbst zeigen, genauso wie es bisher bei jedem Schritt gewesen war.

STARTVORBEREITUNGEN

Während das Programm zügig Fortschritte machte, beobachtete ich mit Freude die Entwicklung von Ereignissen, die den Menschen in meiner Umgebung zugutekamen, besonders Barbara, die wirklich hart arbeitete. Etwa zu dieser Zeit beschloss mein Nachbar Bob Tilchin umzuziehen, und der Tempel kaufte seinen Besitz. Barbara konnte in Bobs Haus einziehen, und als Personalized Programming seine fünf Angestellten in ein neues Gebäude auf dem Gelände des Tempels verlegte, erhielt Barbara zudem ein wohlverdientes neues Büro. Auch ich bekam ein schöneres Büro, und in dem Raum sollten sich einige sehr wichtige Dinge ereignen. Das wichtigste davon war wohl ein schicksalsträchtiger Telefonanruf, als ich eines Tages an meinem Computer saß.

Wir hatten vor Kurzem die ersten Installationen des Medical Manager abgeschlossen, und ich stellte gerade das Handbuch für das Programm fertig, als das Telefon klingelte. Der Anruf kam von Systems Plus, der Firma, die das Buchhaltungsprogramm vertrieb, das wir verkauften. Ich war nur einer ihrer kleineren Händler, und sie riefen mich gewöhnlich nicht direkt an. Ich hatte wenige Tage zuvor eine Nachricht bei ihnen hinterlassen, um sie über ein Problem zu informieren, das es mit einer neuen Software gab, die sie auf den Markt gebracht hatten.

Die Kundenberaterin bei Systems Plus stellte sich als Lorelei vor. Sie entschuldigte sich sehr für die Probleme, die wir hatten. Nach vielen Entschuldigungen und Beteuerungen sagte sie mir, ich möge doch bitte weiterhin ihre neu veröffentlichten Softwares im Auge behalten, denn sie beabsichtigten, zum führenden Entwickler auf dem Gebiet von Software für kleine Unternehmen zu werden. Ihre Firma wolle über den Bereich der allgemeinen Buchhaltung hinaus expandieren, und sie seien auf der Suche nach einem Programmpaket für die Vermögensverwaltung, einem Paket für Anwälte und einem Paket für medizinische Abrechnung.

Es war eine ziemliche Überraschung für mich, sie von dem Paket für medizinische Abrechnung sprechen zu hören. Zuerst war ich zu verlegen, etwas dazu zu sagen. Systems Plus war diese große Computerfirma aus dem Silicon Valley, und ich war ein Typ in den Wäldern, der sich selbst beigebracht hatte zu programmieren. Ja sicher, ich hatte die letzten beiden Jahre damit verbracht, ein solches Programm zu schreiben, aber es war erst seit einigen Wochen in einer kleinen Arztpraxis installiert. Auch wenn die Stimme in meinem Kopf mir versicherte, dass Systems Plus sicherlich kein Interesse an meinem kleinen Softwarepaket haben würde, nahm ich einen tiefen Atemzug, ergab mich dem Moment und informierte Lorelei, ich hätte gerade ein Programmpaket für die medizinische Abrechnung fertiggestellt. Sie hob an, etwas zu antworten, hielt dann aber inne. Nach einer kurzen Pause sagte sie: «Warten Sie bitte einen Moment, mein Boss kommt gerade vorbei. Ich will ihn mal fragen, ob er interessiert ist.» Ich hatte keine Ahnung, was ich davon halten sollte.

Als Lorelei an den Apparat zurückkehrte, sagte sie mir, ihr Boss sei sehr interessiert daran, jede mögliche Software für die medizinische Abrechnung zu testen. Sie forderte mich auf, ihr die Software zusammen mit dem Handbuch, das ich gerade fertigstellte, zuzusenden. Als wir auflegten, war ich total perplex. Was war da gerade passiert? Ich hatte nicht im Traum daran gedacht, einen Vertragshändler für die Software zu finden. Und dann ruft mich einer der führenden Softwareanbieter der Branche hier mitten in den Wäldern von Alachua in Florida an und will schließlich mein System begutachten. Wenn Lorelei von ihrem Boss sprach, so fand ich später heraus, dann meinte sie Rick

Mehrlich, den Präsidenten des Unternehmens, der genau in diesem Moment zufällig an ihrem Schreibtisch vorbeigegangen war. Jetzt verstehen Sie vielleicht, warum ich gelernt habe, solch große Hochachtung vor dem Fluss des Lebens zu haben.

Ich brauchte etwa eine Woche, um alles auf die Beine zu stellen und das Paket an das Hauptquartier von Systems Plus abzuschicken. Es hatte etwas Unwirkliches, wie ich dort stand und das fertige Paket dem Universum darbot. Ich war einfach nur dem Fluss gefolgt. Ich hatte keinerlei Erwartungen, Hoffnungen oder Träume in Hinsicht auf irgendetwas. Seit vielen Jahren hatte ich einfach nur einen Fuß vor den anderen gesetzt und dem, was mir präsentiert wurde, nach besten Kräften gedient. Ich sah mich nicht als Computerprogrammierer, sondern als einen Yogi, der in den Wäldern lebt. Ich hatte vor wenigen Jahren für 600 Dollar einen kleinen Spielzeugcomputer gekauft und damit herumgespielt. Ich hatte mich widerwillig darauf eingelassen, zwei Jahre meines Lebens damit zu verbringen, ein Paket zur medizinischen Abrechnung zu schreiben, nachdem mein Verstand bereits beschlossen hatte, dass das Schreiben von Software zu viel Zeit in Anspruch nehme. Und jetzt war ich, ohne dass ich selbst auch nur einen Anruf getätigt hatte, dabei, etwas, das ich programmiert hatte, an den Präsidenten eines erfolgreichen Softwareunternehmens in Kalifornien zu senden. Wie kann so etwas geschehen – selbst in einem Märchen?

Einige Wochen danach erhielt ich einen Anruf von Systems Plus, der mich informierte, der Präsident des Unternehmens wolle nach Alachua fliegen, um mich persönlich zu treffen. Ich stimmte zu, und schon sehr bald saß Rick Mehrlich auf der Couch in meinem Büro und berichtete mir, er wolle meine Software vertreiben. Er sagte, sie sei wohl das Beste auf diesem Gebiet, das er je gesehen habe, und er könne sie sicherlich sehr gut auf dem Markt platzieren. Mir gefielen seine Offenheit und sein Lob, und ich hatte sofort ein gutes Gefühl in Hinsicht auf die Zusammenarbeit mit ihm. Es ist wichtig zu verstehen, dass dieser Mann, der da vor mir saß, nach meinem Verständnis von der Universellen Kraft selbst dazu auserwählt worden war, mein Kind in die Welt hinaus zu tragen. So, wie Barbara aus dem Nichts aufgetaucht war und sich als die absolut perfekte Hilfe für mich erwiesen hatte, so hätte sich auch dieser Mann aus heiterem Himmel manifestieren können, um mir zu eröffnen, er sei dazu ausersehen, mein Softwarepaket zu vertreiben.

Also nahm ich weder Kontakt mit einem anderen Vertrieb auf, noch überlegte ich mir andere Optionen. Ich gab mich der Perfektion des Flusses hin. Als Rick und ich unsere Absicht, ein Abkommen über den Vertrieb zu schließen, mit Handschlag besiegelten, konnten wir unmöglich wissen, dass wir uns damit für die nächsten Jahrzehnte unseres Lebens auf eine fantastische gemeinsame Reise begaben. Es ist für Sie sicherlich keine Überraschung zu hören, dass Rick und Systems Plus sich als der perfekte Vertrieb für den Medical Manager erwiesen. Die Magie des Lebens hatte sich wieder einmal manifestiert.

Im September 1982 informierte Systems Plus mich darüber, dass die Firma den Medical Manager auf der im November stattfindenden Messe der Computerhändler, der Computer Dealers' Exhibition (COMDEX), vorstellen wolle. Die COMDEX, die jedes Jahr in Las Vegas stattfindet, war die größte Computermesse im Land und die zweitgrößte weltweit. Systems Plus plante, das Produkt auf seinem großen Stand zu präsentieren, und so stand ich jetzt unter Druck, das Abkommen über den Vertrieb zu unterschreiben und die endgültige Version der Software nach Kalifornien zu senden.

Für den ersten Oktober war ein großes Retreat im Tempel mit Ram Dass geplant, und dieses Datum war genau die Deadline, die Systems Plus mir für die Einsendung der fertigen Version gestellt hatte. Da ich keine Gelegenheit gehabt hatte, die Software abzusenden, bevor ich mich auf den Weg zum Retreat machte, hatte Ram Dass sie auf dem ganzen Weg dorthin auf dem Schoß. Irgendwann fragte er mich in seiner nüchternen Art: «Ist sie etwas wert?» Ich antwortete ihm, ich hätte keine Ahnung; sie könne nichts wert sein oder auch eine Million Dollar. Wie sich herausstellen sollte, lag ich damit um einige Nullen daneben. Ich besaß immer große Hochachtung für Ram Dass, wie alle von uns, die in seiner Aura der absoluten Ehrlichkeit sich selbst gegenüber aufgewachsen sind. Ich fand die Perfektion der Umstände, die dazu geführt hatten, dass er dieses Softwarepaket in Händen hielt, gerade bevor es in die Welt hinausgesandt wurde, höchst erstaunlich. Wer weiß schon, wie diese Dinge funktionieren? Ich behaupte gewiss nicht, irgendetwas zu wissen. Ich beobachtete, wie diese Software konzipiert wurde, und ich sah jetzt, wie sie genau die Aufmerksamkeit anzog, die sie brauchte – nicht nur um geschrieben zu werden, sondern um vom Start weg eine Führungsposition zu erhalten. Auf magische Weise zog sie den ihr angemessenen erstklassigen Vertrieb an und lag nun auf dem Schoß eines der weltweit am meisten respektierten spirituellen Lehrer des New Age. Dieses Programm hatte sein eigenes Schicksal, und es war dabei, uns alle auf eine Reise mitzunehmen, wie wir sie uns niemals hätten vorstellen können.

Teil 6

DIE KRÄFTE NATÜRLICHEN WACHSTUMS

DAS FUNDAMENT EINES ERFOLGREICHEN UNTERNEHMENS

Die Markteinführung von The Medical Manager auf der Messe in Las Vegas bot einen unvergesslichen Anblick. Ich flog nach Vegas, um Systems Plus bei der Arbeit zu sehen und die Vertreter der Firma zu treffen. So etwas wie diese Messe hatte ich nie zuvor erlebt. Bedenken Sie, dass ich seit Jahren in den Wäldern lebte. Auf dem Stand von Systems Plus war The Medcial Manager überall plakatiert. Es ist eine Sache, das eigene Kind über 18 Jahre aufwachsen zu sehen und dann mitzuerleben, wie es den Highschool-Abschluss erhält. Es ist etwas ganz anderes, wenn dein Kind erst vor wenigen Monaten geboren wurde und nun im Mittelpunkt einer höchst professionellen Präsentation auf einer Messe von der Größe der COMDEX steht. Systems Plus hatte einen der größten Stände auf der Messe, und alle Mitarbeiter leisteten eine wundervolle Arbeit bei der Vorstellung des Produkts. Der Markt war reif für eine Software zur medizinischen Abrechnung, und das Angebot stieß auf dem Stand auf großes Interesse. Ich sah mit Bewunderung, wie die Leute von Systems Plus das Produkt vorführten. Es gab keine Aufwärmperiode für den Medical Manager. Er machte ohne Zwischenschritte seinen Weg direkt aus den stillen Wäldern von Alachua in das Scheinwerferlicht von Las Vegas.

Wir hatten keine Zeit, uns auf unseren Lorbeeren auszuruhen. Systems Plus begann sofort, Händler zu registrieren und das Produkt zu verkaufen. Was folgte, war eine Lawine von Anfragen nach neuen Ausstattungen und Anwenderanpassungen. Jede spezialisierte Praxis verlangte etwas ganz Spezielles, und die Angestellten fast jeder Praxis verlangten, dass das Programm alles genauso ausführte, wie sie es zuvor auf Papier gemacht hatten. Zu allem Überfluss informierte mich Systems Plus ein bis zwei Monate nach dem Start des wundervollen Abrechnungssystems, das wir programmiert hatten, dass die Händler nach einer zusätzlichen Terminplanung für die Arzttermine und andere Ausstattungen für die Praxisverwaltung verlangten und diese hinzugefügt werden müssten, wenn sie das Produkt weiterhin erfolgreich verkaufen wollten.

Wie sollten wir all das nur leisten können? Keiner von uns hatte eine formelle Ausbildung oder Erfahrung mit dem Design von medizinischer Software. Wir mussten alles selbst herausfinden – und genau das taten wir. Würden Sie mich heute fragen, wie wir das taten, dann würde ich Ihnen antworten, dass meine Erfahrung mit der Meditation mir gezeigt hatte, dass es zwei sehr unterschiedliche Aspekte dessen gibt, was wir den Geist nennen. Es gibt den logischen, von Gedanken angetriebenen Geist, der das, was wir bereits wissen, zu komplexen Gedankenmustern zusammengesetzt, um zu einer logischen Lösung zu gelangen. Und dann gibt es da noch den intuitiven, von Inspiration angetriebenen Geist, der ein Problem zu betrachten und augenblicklich eine kreative Lösung zu erkennen vermag. Wie sich zeigte, hatten die Jahre der spirituellen Arbeit, die ich geleistet hatte, um die Stimme in meinem Kopf zum Schweigen zu bringen, das Tor zu einer nahezu augenblicklichen Inspiration geöffnet. Es sah so aus, als würden Lösungen umso offensichtlicher, je stiller der Geist wurde. Dies traf auch auf Barbara zu. Irgendwie besaß sie die Fähigkeit, sich ansatzlos auf dieselben kreativen Lösungen, die ich gesehen hatte, einzustimmen und mir dabei zu helfen, deren Logik auszuarbeiten. Auf diese Weise war der Medical Manager entworfen worden, und es ist diesem Prozess zu verdanken, dass wir in dem Geschäft für viele Jahre die Führungsposition einnahmen. Unser Vermögen, Software sehr schnell zu entwerfen, wurde legendär.

Das Interesse an dem Produkt war inzwischen so phänomenal angewachsen, dass wir kaum Schritt halten konnten. Es sah so aus, als würden wir in jeder Hinsicht an unsere Grenzen getrieben. Nehmen Sie unsere Seminare für die Schulung von Händlern als Beispiel. Wir hielten unser erstes jährliches Seminar für die Händler des Medical Managers im Frühjahr 1983 in einer kleinen Gästesuite des Gainesville Hilton ab. Dieser eine Raum war groß genug, um die fünfzehn bis zwanzig Teilnehmer aufzunehmen. Nur wenige Jahre später mieteten wir das gesamte Hilton-Hotel von Gainesville mit all seinen 200 Zimmern, Konferenzräumen und Restaurants. Anfang der 1990er-Jahre waren wir zu groß für das Gainesville Hilton und die Gästezimmer aller umliegenden Hotels geworden. Um ein Hotel zu finden, in dem wir alle unterkommen konnten, mussten wir das Händlerseminar nach Orlando verlegen.

Das spirituelle Wachstum, welches das Schritthalten mit dem Personalized Programming mit sich brachte, war sehr tiefgreifend. Die unterschiedlichen Aufgaben, aus denen mein tägliches Leben bestand, reichten nun von der Leitung des Tempels und dem Erteilen von spirituellen Unterweisungen dreimal in der Woche bis hin zu Vorträgen über das medizinische Management vor Hunderten von Händlern. Trotz all dieser äußeren Veränderungen wurde ich nicht zu einem traditionellen Unternehmer. Ich blieb eine Person, deren spiritueller Pfad darin bestand, sich dem Fluss des Lebens hinzugeben und mit Herz und Seele an dem zu arbeiten, was das Leben mir auftrug. Die beiden täglichen Meditationssitzungen halfen mir ganz gewiss, meine Perspektive nicht zu verlieren.

Das Jahr 1985 erwies sich als ein Meilenstein. Systems Plus hatte innerhalb von nur zwei Jahren über hundert Händler unter Vertrag, und wir installierten im Durchschnitt 150 neue Medical Manager pro Monat. Die Gestaltung des Programms mit den Vorlagen wurde ein großer Erfolg, und wir konnten für praktisch alle Versicherungsgesellschaften im ganzen Land Rechnungen schreiben. Doch bevor ich auch nur wieder Atem schöpfen konnte, kam es zu einer tiefgreifenden Transformation im Gesundheitswesen. Da immer mehr Arztpraxen mit Computern ausgestattet waren, wurde es plötzlich möglich, Rechnungen elektronisch statt auf Papier zu versenden. Die Vorteile dieses Verfahrens verliehen der gesamten Gesundheitsbranche neuen Schwung. So erfolgreich wir auch in Hinsicht auf die Ausstellung von Rechnungen auf Papier gewesen waren, hatten wir doch keine andere Wahl, als uns mit der Tatsache abzufinden, dass das gesamte Gesundheitswesen weiter voranschritt in das Zeitalter der Kommunikation von Computer zu Computer. Leider war das ein Bereich, in dem wir uns nicht auskannten. Wie es dazu kam, dass wir schließlich auch hier wieder eine Führungsposition erlangten, ist ein weiteres Beispiel für die Perfektion des Flusses des Lebens.

Ich erinnere mich noch an die erste Sitzung, auf der wir die Möglichkeiten elektronischer Rechnungsstellung diskutierten. Uns war sofort klar, dass die beste Lösung – wie bei der Rechnungsstellung auf Papier – im Gebrauch von Vorlagen bestehen würde. Dies jedoch auf die elektronische Rechnungsstellung anzuwenden, ging weit über die Möglichkeiten unseres bestehenden Vorlagen-Designs hinaus. Soweit wir wussten, hatte es bisher noch niemand mit einer solchen Lösung probiert. Meine Programmierer neigten zu der Ansicht, dass so etwas wahrscheinlich nicht möglich sei und sie einfach nicht wüssten, wo sie anfangen sollten, da all die unterschiedlichen Versicherungsgesellschaften ganz unterschiedliche Arten von elektronischer Rechnungsstellung erwarten würden.

Trotzdem wollte ich nicht aufgeben. Noch in derselben Woche manifestierte sich ein weiteres Wunder des Lebens. Nach unseren Meditationssitzungen am Sonntag stellte sich mir ein Mann als ein ehemaliges Mitglied der Yoga-Gemeinschaft von Amrit Desai vor. Er erkundigte sich, ob ich vielleicht Arbeit für ihn hätte, wenn er sich in unserer Nähe niederlassen würde. Sein Name war Larry Horwitz, und ich erinnerte mich dunkel daran, dass einige von Amrits Leuten ihn als einen brillanten Geist gepriesen hatten. Als ich ihn nach seinem Hintergrund und seinen Begabungen fragte, wurde mir klar, dass das Leben uns wieder einmal die perfekte Person geschickt hatte, die das vorliegende Problem angehen konnte. Obwohl Larry keinerlei Erfahrung mit der Rechnungsstellung für Krankenversicherungen hatte, zeigte er sich doch an unserem innovativen Ansatz der elektronischen Datenverarbeitung interessiert. Ich beschloss, dass wir es ruhig einmal mit ihm versuchen sollten. Nachdem ich ihm eine allgemeine Einführung in das Projekt gegeben hatte, überließ ich es ihm weit gehend allein, eine Lösung zu finden.

Larry studierte ganz allein jedes einzelne der 250 Bücher mit Leistungsbeschreibungen der verschiedenen Versicherungsgesellschaften des Landes, und er erstellte einen exakten Plan dessen, was wir brauchen würden, um landesweit Rechnungen mit Vorlagen ausstellen zu können. Wir bestückten den Medical Manager mit diesen Änderungen und hatten jetzt ein Programm zur elektronischen Rechnungsstellung, das alle anderen Programme in der Gesundheitsbranche bei Weitem übertraf. Die Rückmeldungen waren überwältigend. Larry bekam so viel damit zu tun, die Vorlagen zu erstellen, dass wir eine ganze Abteilung um ihn herum aufbauen mussten. Wie sich zeigte, veränderten die Versicherungsgesellschaften ihre Vorgaben regelmäßig, und nach fünfundzwanzig Jahren sollte Larry Horwitz noch immer für die Programme zur elektronischen Rechnungsstellung unseres Unternehmens verantwortlich sein. Wie kann es sein, dass eine solche Person genau dann auftaucht, wenn sie gerade gebraucht wird?

Der Medical Manager war weiterhin das führende Programm zur elektronischen Rechnungsstellung im Gesundheitswesen. Das Programm verdankte seinen Erfolg der Fähigkeit, Rechnungen direkt an die landesweit im System der «Blue Cross Blue Shield»-Krankenversicherungen kooperierenden Gesellschaften zu übermitteln. Ab dem Jahr 1987 lieferten wir das erste System zum Praxismanagement, das in allen fünfzig Bundesstaaten Rechnungen elektronisch übermitteln konnte. Im Jahr 2000 wurde der Medical Manager durch die Aufnahme in die Archive der Smithsonian Institution[3] für seine Leistung auf dem Gebiet der Datenverarbeitung im Gesundheitswesen ausgezeichnet. Die großartige Arbeit, die wir geleistet hatten, um Zehntausenden von Arztpraxen die elektronische Datenverarbeitung zu ermöglichen, bleibt so für künftige Generationen erhalten. Ich betrachte dies als ein weiteres Wunder des Lebens.

---

[3] Die Smithsonian Institution ist eine US-amerikanische Bildungs- und Forschungseinrichtung, die zahlreiche Museen umfasst. (Anm. d. Übers.)

DIE GESUNDHEITSBRANCHE KLOPFT BEI UNS AN

Unsere Firma Personalized Programming war wirklich eine Ausnahmeerscheinung. Wir waren mitten in den Wäldern in einem kleinen Gebäude auf dem Besitz des Tempels untergebracht. Wir waren keine gewieften Geschäftsleute und keine erfahrenen professionellen Programmierer. Wir waren einfach nur Menschen, die durch die Energie einer bestimmten Aufgabenstellung zusammengeführt worden waren. Normalerweise müssen erfolgreiche Unternehmen ihr Wachstum planen, indem sie Geschäfts- und Finanzpläne aufstellen. In unserem Fall bestand der Geschäftsplan darin, dass wir versuchten, auf der machtvollen Welle zu reiten, die uns vorantrug. Unser einziger Finanzplan bestand darin, jene Leute anzustellen, die aufgetaucht waren, um uns zu helfen. Doch ganz gleich, wie sehr wir uns bemühten, das Leben schien die Dinge für uns immer noch auf eine weitere Ebene anheben zu wollen.

Eine Reihe unerwarteter Telefonanrufe, die ich Mitte der 1980er-Jahre erhielt, ist das perfekte Beispiel dafür, wie sich unser wunderbares Wachstum auf organische Weise entwickelte. Der erste Anruf kam im Frühjahr 1985 von einer Frau, die sich als Vizepräsidentin der «Empire Blue Cross Blue Shield»-Krankenversicherungen vorstellte. Empire war für New York City zuständig und gehörte zu den landesweit größten Anbietern von Krankenversicherungen. Ein Teil der Bemühungen von Empire, die Arztpraxen in ihrem Gebiet auf elektronische Rechnungsstellung umzustellen, bestand darin, den Ärzten ein System zum Praxismanagement zu verkaufen. Das Unternehmen hatte zwar seine eigene Software entwickelt, war aber der Ansicht, dass ihr eigenes Produkt nicht mit dem Medical Manager konkurrieren konnte. Ich fühlte mich geehrt, als sie mir berichtete, Empire wolle sein eigenes System ausrangieren und stattdessen den Medical Manager unter einer eigenen Handelsmarke anbieten. Es gab einfach nichts Besseres, als Blue Cross Blue Shield die Vermarktung unseres Produkts an seine Ärzte zu überlassen. Ehe ich mich versah, wandte sich Blue Cross Blue Shield von New Jersey mit derselben Anfrage an mich. Später kamen South Carolina, Georgia, Arizona, Hawaii, Mississippi, Colorado und einige weitere Bundesstaaten hinzu. All diese Blue-Cross-Blue-Shield-Versicherungsgesellschaften verkauften schließlich den Medical Manager an die Ärzte in ihrem jeweiligen Bundesstaat. Ich betrachtete dies als eine Lektion zur Verdeutlichung der Macht der Hingabe. Seit vielen Jahren war ich nun bereit gewesen, meine persönlichen Vorlieben zurückzustellen und bei allen Aufgaben, die das Leben mir stellte, mein Allerbestes zu leisten. Ich hatte keine Gegenleistung dafür erwartet und sah nun mit großer Demut, was sich daraus entwickelte.

In dem Zeitraum von 1986 bis 1988 hatte Personalized Programming etwa ein Dutzend Angestellte, von denen die meisten Programmierer waren. Wir waren ein winziges Unternehmen, und doch verdienten wir Millionen von Dollar allein an Lizenzgebühren. Systems Plus erkannte sehr schnell das enorme Potenzial der Gesundheitsbranche und gab alle anderen Produkte auf, um sich allein auf die Vermarktung des Medical Manager zu konzentrieren. Als Boss von Personalized Programming musste ich jetzt Abschlüsse mit all diesen großen Unternehmen verhandeln. Ich hatte noch nie zuvor auf diesem Niveau gearbeitet. Aber so, wie das Leben mir eine praktische Ausbildung als Bauunternehmer und Programmierer geliefert hatte, so schulte es mich jetzt zum Manager eines Unternehmens. Ich beabsichtigte, auch in der Geschäftswelt weiterhin auf den Fluss des Lebens als meinen höchsten Berater zu vertrauen.

Auf diesem Ritt mit dem Leben erfuhr ich ständig, dass die richtige Person genau zum richtigen Zeitpunkt auftauchte. Ich vertraute geradezu auf diese Perfektion, und es ist wirklich erstaunlich, wie sie sich immer wieder manifestierte. Selbst Rick Karl, unser Prokurist, praktizierte Yoga und Meditation. Es sah so aus, als umgäbe mich das Leben mit spirituell ausgerichteten Menschen, nicht nur im Tempel, sondern auch in meinem Unternehmen.

Wie das Leben das bewerkstelligte, wird vielleicht am besten durch den folgenden perfekt orchestrierten Ablauf von Ereignissen illustriert. Es begann damit, dass Systems Plus uns bat, den Vertreter einer Firma für Laborausrüstungen zu empfangen, der das Entwicklungsteam des Medical Managers kennenlernen wollte. Systems Plus sandte uns nur selten Interessenten in die Wälder von Alachua, doch in diesem Fall hatten wir keine Wahl. Die Mitarbeiter von Systems Plus flehten mich geradezu an, ein Jackett und Schnürschuhe zu tragen und dafür zu sorgen, dass alle unsere Mitarbeiter sich möglichst professionell verhielten. Der Name unseres Besuchers war Paul Dobbins, und er verfügte über viel Erfahrung als Technologieanalytiker und Produktmanager.

Ich bat Rick Karl, unseren sehr vorzeigbaren Prokuristen, den Besucher vom Flughafen von Gainesville abzuholen. Als Rick zurückkehrte, steckte er seinen Kopf in mein Büro – und dabei grinste er wie die Grinsekatze aus Alice im Wunderland. Dann betrat unser Gast mein Büro. Als Erstes fiel mir an ihm auf, dass er ein ganz bestimmtes Schmuckstück um seinen Oberarm trug. Es ähnelte erstaunlich dem Armreif, den Yogananda zu tragen pflegte. Wie sich herausstellte, war Paul Dobbins ein Anhänger von Yogananda; er hatte die einführenden Unterweisungen absolviert und praktizierte bereits seit vielen Jahren Kriya-Yoga. Sie dürfen sicher sein, dass ich wie vom Donner gerührt war, aber stellen Sie sich erst mal vor, wie mein Besucher sich fühlte. Er flog zu einer wichtigen Geschäftsreise von St. Louis ein, um den Präsidenten jenes Unternehmens zu treffen, das den nationalen Spitzenreiter unter den Systemen zum Praxismanagement entwickelt hatte. Er betritt das Büro des Präsidenten und sieht überall an den Wänden Bilder von Yogananda.

Zuerst waren wir beide einfach mal sprachlos. Paul setzte sich auf die Couch und öffnete sich der Schönheit des Augenblicks. Die Energie in diesem Raum schien der Anwesenheit eines Meisters zu geziemen. Ich konnte die Augen nicht offen halten, und auch Paul war sichtlich überwältigt. Nachdem wir eine Weile schweigend dagesessen hatten, fragte ich ihn, ob er den Tempel sehen wolle. Wir gingen die von Bäumen gesäumte Straße zu dem Feldweg hinab, der zum heiligen Ort führte, der mit Bildern großer Meister geschmückt war. Man braucht wohl kaum zu erwähnen, dass dies für Paul keine gewöhnliche Geschäftsreise wurde.

Paul verlängerte seinen Aufenthalt über das Wochenende und wohnte in einem kleinen, neun Quadratmeter großen Gästezimmer auf dem Anwesen des Tempels. Als der Sonntag gekommen war, wollte er gar nicht mehr wegfahren. Paul hatte bis dahin offenbar für sich allein Meditation praktiziert, und es gab in seiner Umgebung nicht viele Menschen, die sich für Yoga interessierten. Er war überwältigt von dem, was im Tempel vor sich ging, und von der Kraft der spirituellen Gemeinschaft von Gainesville. Nach den Sonntagssitzungen kam er mit der unvermeidlichen Frage zu mir: «Kann ich hierbleiben und für dich arbeiten?» Ich spürte tief in meinem Herzen, dass Paul hierher gehörte und dass er wirklich ein Teil des Tempels und unseres Unternehmens sein wollte. Aber es schien mir nicht richtig zu sein, dass er einfach die Firma verlassen wollte, die ihn hierher geschickt hatte, und so sagte ich ihm, wir sollten etwas abwarten und sehen, wie die Dinge sich entwickelten.

Einige Monate später rief mich Paul in ziemlicher Panik an. Er berichtete mir, sein Unternehmen sei plötzlich verkauft worden, und sein Boss und viele andere Angestellte seien dabei zu kündigen. Auch Paul hatte seine Kündigung eingereicht, aber er wollte weiterhin auf irgendeine Weise mit dem Medical Manager arbeiten. Die Botschaft des Lebens war glasklar: Es war an der Zeit, Paul einen Job anzubieten.

Kaum eine Woche später traf Paul mit seinen Habseligkeiten bei uns ein. Wir quartierten ihn in demselben neun Quadratmeter großen Gästezimmer ein, indem er bei seinem Besuch gewohnt hatte, bis er eine Wohnung für sich gefunden hätte. Fünf Jahre später lebte Paul noch immer in dem winzigen Raum. Ich habe keinen blassen Schimmer, was er mit seinen Habseligkeiten angefangen hat, aber ich weiß, dass er mit der Verlässlichkeit eines Uhrwerks zu den Morgen- und Abendsitzungen im Tempel kam.

Paul war ein enormer Gewinn für unser Unternehmen, und er tauchte gerade zu einem Zeitpunkt auf, zu dem wir ihn am meisten brauchten. Kurz nachdem er unserem Team beigetreten war, begannen die wichtigsten medizinischen Laboratorien des Landes uns zu kontaktieren. Sie wollten alle, dass wir für den Medical Manager eine Schnittstelle zu ihren Laboratorien schufen. Paul war ein Experte in diesem Bereich, und unser System zum Praxismanagement war eines der ersten, das eine elektronische Verknüpfung mit den führenden medizinischen Laboratorien herstellte. Wir hätten das niemals so erfolgreich hinbekommen, hätten wir nicht Paul in unserem Team gehabt. Wenn ich daran denke, wie er zu uns gelangte, dann erscheint das wie ein Geschenk des Universums. Zwanzig Jahre danach arbeitete Paul immer noch für unser Unternehmen, und bis zum heutigen Tag lebt er mit seiner Frau und seiner Familie auf einem an das Land des Tempels angrenzenden Grundstück. Es sieht ganz so aus, als sollten bestimmte Dinge ganz einfach sein.

DER TEMPEL WÄCHST WEITER

Als das Softwareunternehmen immer weiter wuchs, erhielten die morgendlichen Meditationen eine ganz neue Bedeutung. Meditation und Yoga waren nicht nur wesentlich für die Fortsetzung meiner inneren Reise, sondern sie waren auch unerlässlich dafür, mein Gemüt gesund zu erhalten. Es verlangt sehr viel von einem Menschen, eine Organisation zu leiten, von der der Lebensunterhalt vieler Menschen abhängt. Der Geist braucht Zeit, um sich zu beruhigen und alles in der rechten Perspektive zu behalten.

Tritt man an einem Wintermorgen nach der Morgenmeditation bei Sonnenaufgang aus dem Tempel ins Freie, so ist das offene Feld häufig von einem aus dem Tau aufsteigenden Dunst bedeckt. Auf drei Seiten ist die Lichtung von riesigen Eichen, Kiefern und Hickory-Bäumen gesäumt, und sie öffnet sich nach Norden hin zu der wunderbar geschwungenen Wiese, die zum baumbestandenen Flussufer hin abfällt. Einfach nur mit stillem Geist dort draußen zu stehen, ist der Himmel auf Erden.

An einem dunstigen Morgen im frühen Dezember 1988 war es allerdings nicht so paradiesisch. Als wir aus der Stille des Tempels auf das innere Feld hinaustraten, hörten wir von Norden her das Dröhnen schwerer Maschinen. Zu unserer totalen Überraschung sahen wir riesige Bulldozer und andere Geräte zur Rodung auf dem hügeligen Feld unseres Nachbarn. Wir wussten nicht, was wir davon halten sollten, und gingen deshalb den Hügel zu meinem ursprünglichen Haus hinauf, das an die Wiese angrenzte. Wir stießen auf einige der Arbeiter und fragten sie, was hier vor sich gehe. Sie sagten uns, sie hätten die Rechte gekauft, sämtliche Bäume auf dem Grundstück des Nachbarn zu fällen und als Bauholz zu nutzen. Unsere Nachbarn nach Norden hin waren ein Ehepaar namens Wilbur und Juliet mit einer über 1000 Morgen großen Farm. Sie waren wunderbare Menschen, und ihr Haus stand, vom Tempel aus gesehen, im äußersten Norden ihres Besitzes. Das Land war schon seit Langem im Besitz ihrer Familie, und sie schätzten ihr Grundstück sehr. Wir verstanden nicht, was da ablief, und riefen deshalb bei ihnen an.

Als ich Wilbur endlich erreichte, erklärte er mir, sie wollten die Reste ihres ursprünglichen Waldes roden und dann Elliot-Kiefern pflanzen. Die würden sie dann in fünfzehn bis zwanzig Jahren als Nutzholz verkaufen können. Ich sagte Wilbur, dass ich gern mit ihm darüber sprechen würde, und bat ihn, die Rodung des an unseren Besitz angrenzenden Landes bis zu unserem Treffen einzustellen. Er reagierte zögerlich, sagte mir aber, ich solle dem Vorarbeiter ausrichten, er möge ihn anrufen. Ich hatte keine Ahnung, was ich zu Wilbur sagen sollte, wenn wir uns trafen, aber ich fühlte mich zutiefst dazu verpflichtet, alles mir Mögliche zu tun, um die wunderschönen Wälder auf diesem Land zu retten.

Als ich zu Wilburs Farm hinüberfuhr, fokussierte ich mich darauf, für die vor mir liegende Erfahrung offen und empfänglich zu bleiben und zu sehen, wohin das Leben uns führen würde. Im Rückblick bin ich überaus dankbar dafür, dass die Hingabe mich gelehrt hatte, mich mit ruhigem Geist und offenem Herzen bereitwillig am Tanz des Lebens zu beteiligen.

Bei Wilbur angelangt, zeigte sich, dass er nicht bereit war, uns die fünfunddreißig Morgen Land, die zwischen unserem Besitz und dem Fluss lagen, zu verkaufen. Ich erklärte ihm, die Bäume auf diesem Land seien wunderschön und sollten verschont bleiben. Er stimmte zu, was die Schönheit anging, sagte aber, er betriebe eine Farm und habe beschlossen, auf seinem gesamten Besitz Elliot-Kiefern anzubauen. Ich schien nichts bei ihm ausrichten zu können, bis ich ihm anbot, das betreffende Stück Land zu einem Preis zu pachten, der über dem Betrag liegen würde, den die Kiefern ihm einbringen würden. Wilbur war ein gewiefter Geschäftsmann, und da horchte er mit einem Mal auf. Bei allem, was er auf dem Land anbaute, gab es ein gewisses Risiko, aber in einer abgesicherten langfristigen Pacht gab es kein Risiko. Wilbur nannte einen Preis, der bedeutend höher lag als alles, was jeder andere Farmer gezahlt hätte, um dieses unerschlossene Stück Land von ihm zu pachten. Doch für uns war dieser Preis die Rettung der Bäume und Wiesen auf diesem wunderschönen Stück Land wert. Schließlich unterzeichneten wir einen langfristigen Pachtvertrag mit Wilbur, der es uns erlaubte, das Stück Land im Norden unseres Besitzes zu schützen und zu nutzen – jenen Grund und Boden, den ich einst als elysische Gefilde bezeichnet hatte.

Diese Erfahrung bestätigte nur das, was ich aus meinem Experiment Hingabe lernte: Etwas, das zu Anfang total katastrophal aussah, nahm schließlich eine positive Wendung. Immer wieder wurde mir deutlich, dass für mich schließlich ein großes Geschenk herbeigeweht wurde, wenn ich die Winde eines tobenden Sturms überstand. Ich begann Stürme als Vorboten von Transformation zu verstehen. Vielleicht kommt es nur dann zu einem Wandel, wenn ausreichend Gründe dafür vorliegen, die Trägheit des Alltagslebens zu überwinden. Herausfordernde Situationen erzeugen die Kraft, die nötig ist, um Wandel herbeizuführen. Das Problem ist, dass wir gewöhnlich all die aufgestaute Energie, die eigentlich den Wandel herbeiführen soll, dazu nutzen, uns dem Wandel entgegenzustellen. Ich lernte, mitten im Heulen des Sturms still zu sitzen und abzuwarten, bis ich sehen konnte, welche Art von konstruktivem Handeln von mir verlangt war.

Wäre dies das Ende der Geschichte gewesen, hätte ich das Ganze immer noch als ein Geschenk des Universums bezeichnet. Aber es war längst noch nicht das Ende. Nur eine Woche, nachdem wir den Pachtvertrag unterzeichnet hatten, wurde ein weiteres Stück Land zum Verkauf angeboten, das an den Kernbereich des Besitzes unserer Gemeinschaft angrenzte. Nachdem wir dieses Land erworben hatten, erstreckte es sich zusammen mit dem Land, dass wir gerade gepachtet hatten, entlang der gesamten Nordgrenze unseres Besitzes, und so verband sich alles mit allem.

Es verschlug mir den Atem, zu sehen, wie sich alles auf diese Weise entfaltete. Ich spielte ein Spiel mit dem Leben, und jedes Mal, wenn das Leben einen Zug machte, fiel ein Teil meines lärmenden Geistes von mir ab. Wozu brauchte es mich denn noch? Die Dinge entfalteten sich ganz von allein viel besser, als ich es mir jemals hätte vorstellen, geschweige denn herbeiführen können. Ich hatte mir vorgenommen, die angrenzenden Ländereien zu kaufen, wann immer sie mir angeboten wurden und wir über die nötigen finanziellen Mittel verfügten. Der Grund und Boden des Tempels belief sich nun, einschließlich des gepachteten Landes, auf fünfundachtzig Morgen. Wie wir bald sehen werden, sollte das gepachtete Land in dem, was das Leben mit uns vorhatte, noch eine wesentlich bedeutendere Rolle spielen.

Nicht nur was den Grundbesitz des Tempels und den kometenhaften Aufstieg unseres Unternehmens anging, kam es zu wunderbaren Ereignissen. Mit schöner Regelmäßigkeit ereigneten sich kleine Dinge, die so unwahrscheinlich waren, dass sie meinen rationalen Verstand immer weiter abschmirgelten. Während einer Geschäftsreise nach Boston Ende der 1980er-Jahre ereignete sich eines dieser erstaunlichen Dinge. Da so viele der Blue-Cross-Blue-Shields-Versicherungen den Medical Manager als Eigenmarke verkauften, hatten mich deren Ableger in Massachusetts gebeten, zu einem Treffen nach Boston zu kommen. Als ich dort an einem Spätnachmittag eintraf, hatte ich einen Bärenhunger. Ich war während des Vormittags beschäftigt gewesen und hatte den ganzen Tag noch nichts gegessen. Statt auf der Reise irgendwelches Junk Food zu mir zu nehmen, hatte ich mir vorgenommen, nach dem Einchecken im Hotel ein nettes vegetarisches Restaurant zu suchen. Ich kannte Boston überhaupt nicht, aber da ich einen Mietwagen hatte, sollte das nicht allzu schwer sein.

Als ich jedoch versuchte, das Restaurant zu finden, das der Hotelportier mir empfohlen hatte, verirrte ich mich total. Nachdem ich beinahe eine Stunde herumgegondelt war, landete ich auf dem Harvard Square. Auf der Suche nach einem vegetarischen Restaurant fuhr ich in dessen Umgebung weiter umher, konnte jedoch keines finden. Ich hatte gehofft, in einer großen Stadt wie Boston ein Restaurant mit raffinierter vegetarischer Küche zu finden. Jetzt wäre ich auch schon mit Vollkornreis und Gemüse zufrieden gewesen. Ich beschloss, nicht weiter herumzufahren und mir einfach im Hotel etwas beim Zimmerservice zu bestellen – falls ich ins Hotel zurückfinden würde. Irgendwie schaffte ich es, mich erneut zu verirren und landete wieder auf dem Harvard Square. Da schwante mir, dass das Universum mir vielleicht etwas sagen wollte. Also parkte ich den Wagen und ging zu Fuß weiter.

Diesmal sah ich genauer hin, um vielleicht irgendein kleines Restaurant zu finden, das ein vegetarisches Mahl anbot. Ich sah, dass es zwischen den Gebäuden einige schmale Gassen gab. Sie waren für Fahrzeuge gesperrt und waren auf beiden Seiten von Geschäften gesäumt. Ich steuerte in eine der Gassen hinein, und siehe da, schon nach zwanzig Metern sah ich eine kleine Tafel, auf der stand: «Angebot des Tages: Vollkornreis und frisches Gemüse.» Ich seufzte erleichtert und dankbar, sollte jedoch bald herausfinden, dass hier noch eine Überraschung auf mich wartete.

Ein Schild dirigierte mich zu einer schmalen Treppe, die zu einem kleinen Restaurant hinabführte. Es war genau richtig für die Stimmung, in der ich mich befand. Ich bestellte, und ein tiefer Friede überkam mich, als ich das köstliche Mahl genoss, welches das Leben mir bereitgestellt hatte. Da war nur eine Sache, die meine friedliche Pause störte. Seit ich in das Restaurant eingetreten war, hatte der Mann hinter der Kasse nicht aufgehört, mich anzustarren. Das reichte, um mich leicht zu irritieren. Als ich mit dem Essen fertig war, brachte mir nicht etwa der Kellner die Rechnung, sondern der Mann, der hinter der Kasse gestanden hatte, trat damit an meinen Tisch. Als ich nach meiner Brieftasche griff, fragte er mich: «Sind Sie vielleicht Mickey Singer?» Ich war total verblüfft, während mir die unwahrscheinliche Kette von Ereignissen, die mich in dieses Restaurant geführt hatte, durch den Kopf ging.

Was in aller Welt hatte dies zu bedeuten? Ich kannte diese Person nicht. Ich bejahte, und die Atmosphäre zwischen uns wurde intensiv spirituell. Der Mann sagte, ich würde mich sicher nicht an ihn erinnern, aber er könne sich an mich erinnern. Im Jahre 1972, also vor über 16 Jahren, sei er durch Gainesville getrampt und ich hätte ihn in meinem VW-Camper mitgenommen. Er habe sich damals in einer sehr schwierigen Phase seines Lebens befunden und er habe sich nach dem Bild von Yogananda an meinem Armaturenbrett erkundigt. Ich hätte ihm geantwortet, dass ich mich sehr für Yoga interessiere und die Lehren dieses großen Yoga-Meisters studiere. In Atlanta angekommen, sei er an einem Buchladen vorbeigegangen und habe in dessen Schaufenster ein Bild von Yogananda gesehen. Er sei hineingegangen und habe ein Exemplar von *Autobiographie eines Yogi* gekauft, wie ich es ihm empfohlen hatte. Das Buch habe sein Leben verändert. Schließlich sei er Swami Muktananda während dessen Welttournee begegnet, und er lebe jetzt in einem Yoga-Zentrum in Boston. Er erzählte mir, er habe sich oft gefragt, ob ich Baba wohl begegnet sei; dann habe er ein Foto von uns beiden als Besucher von Disney World gesehen. Das sei eine große Freude für ihn gewesen, und er habe darum gebetet, eines Tages Gelegenheit zu erhalten, mir persönlich für die wichtige Rolle zu danken, die ich für sein Erwachen gespielt habe. Dieses Gebet sei nun auf wundervolle Weise beantwortet worden, und er stand mit Tränen in den Augen still vor mir und sagte nur «Vielen Dank». Und damit drehte er sich um und entfernte sich.

Als ich durch die Gasse zu meinem Wagen zurückging, sah ich mich nach der Tafel um, die mich zu dieser unglaublichen Begegnung geführt hatte. Ich erinnerte mich, dass ich, bevor ich das Restaurant betrat, gedacht hatte, ich wisse, was da gerade vor sich ging: Ein interessanter Fluss der Ereignisse hatte mich endlich zu meinem Vollkornreis mit Gemüse geführt. Doch ich irrte mich, es ging um etwas viel Größeres als das. Es geht immer um etwas viel Größeres als das – für einen jeden von uns. Ich war so froh darüber, dass ich mich entschlossen hatte, mein Leben der Einübung von Hingabe zu widmen. Ich wusste nicht, wohin das führen würde, und ich hatte einen Punkt erreicht, an dem ich es auch nicht mehr wissen wollte. Ich wollte einfach nur damit aufhören, mich in die Perfektion des Lebens einzumischen. Offensichtlich hatte mir selbst eine Geschäftsreise nach Boston ein kleines Wunder zu bieten.

Teil 7

DUNKLE WOLKEN WERDEN ZU REGENBÖGEN

EIN HAUCH VON MAGIE

Mein Sternzeichen ist der Stier, und es war immer meine Art, mich einfach ruhig auf eine mir vorliegende Arbeit zu konzentrieren. Ich gehörte nicht zu den Menschen, die ständig auf Veränderungen aus sind. Ich liebte den sich wiederholenden Rhythmus eines regelmäßigen Lebensstils sowie allmähliches, nachhaltiges Wachstum. Sowohl unser Unternehmen als auch der Tempel durchliefen ihre natürlichen Wachstumsphasen. Und ich dachte immer, das jeweils erreichte Stadium würde nun zum Dauerzustand werden.

Anfang der 1990er-Jahre hatte ich das sichere Gefühl, dass es mit unserem rapiden Wachstum so nicht weitergehen würde. Personalized Programming befand sich in einem phänomenalen Zustand. Wir hatten bis zu zwanzig Angestellte und erwirtschafteten unter dem Strich einen Nettogewinn von mehreren Millionen Dollar pro Jahr. Ich hatte meinen Lebensstil immer noch nicht verändert und fuhr deshalb fort, das Geld zur Ausstattung des Tempels und für andere wohltätige Zwecke zu spenden. Zu jener Zeit wohnte Barbara in meinem Haus, und ich wohnte in einem kleinen Gästequartier in dem Gebäude, das der Tempel für das Abendessen benutzte. Von diesem Gebäude führte ein langer hölzerner Steg durch ein Feuchtgebiet zum Büro von Personalized Programming. Der Gang über diesen Steg war mein täglicher Arbeitsweg. Die Mitglieder unserer Gemeinschaft, die beim Tempel wohnten, arbeiteten alle hart und beteiligten sich an den Morgen- und Abendsitzungen. Menschen aus Gainesville kamen regelmäßig zu meinen Abendvorträgen am Montag und Donnerstag, und am Sonntag fand stets eine große Menschenmenge den Weg zu uns heraus. Alles lief wunderbar, und ich dachte, die Periode des irrwitzigen Wachstums sei vorüber.

Um die nächste Welle des Wachstums zu verstehen, ist es wichtig zu wissen, was zu jener Zeit in meinem Inneren vor sich ging. Sämtliche Ereignisse, die sich bisher in meinem Experiment Hingabe entfaltet hatten, hatten mir gezeigt, dass ich die Synchronizitäten, die sich um mich herum entfalteten, umso deutlicher wahrnehmen konnte, je mehr ich bereit war, den von meinen persönlichen Vorlieben und Abneigungen erzeugten inneren Lärm loszulassen. Das unerwartete Zusammentreffen von Ereignissen war für mich wie eine Botschaft vom Leben, das mich sanft in die Richtung schob, in die es gehen wollte. Ich achtete auf diese subtilen Anstöße, statt auf meine von meinen persönlichen Vorlieben hervorgerufenen gar nicht so subtilen mentalen und emotionalen Reaktionen zu hören. Auf diese Weise praktizierte ich die Hingabe im Alltagsleben, und ich erzähle Ihnen all diese Geschichten, um Ihnen eine Vorstellung von der Perfektion der Reise, die sich entfaltete, zu vermitteln.

Nehmen wir den Fall des Grundbesitzes des Tempels. Wie bereits erwähnt, waren wir nicht daran interessiert, eine Menge Land zu besitzen. Und doch lief alles darauf hinaus, dass uns schließlich enorm viel Land gehörte, und jeder Kauf auf dem Weg dorthin schien etwas Magisches an sich zu haben. So war es auch im Oktober 1990, als ich einen Anruf erhielt, der mich über ein Stück Land informierte, das in unserer Gegend zum Verkauf stand. Der Grundstücksmakler sagte, es handele sich um 85 Morgen einer Mischung aus Wäldern und Wiesen, und das Grundstück liege in einer der schönsten Gegenden im Landkreis Alachua. Ich äußerte Zweifel, dass wir daran interessiert sein könnten, weil wir uns hauptsächlich für Boden interessierten, der an das Land des Tempels angrenzte. Doch der Makler bestand darauf, mir das Stück Land zu zeigen, und wir waren beide sehr überrascht zu entdecken, dass dieses außerordentlich schöne Grundstück tatsächlich genau an vom Tempel gepachteten Grund und Boden grenzte. Das war Anstoß genug für mich. Ich bemühte mich nicht besonders um den Kauf, aber er schien sich praktisch von selbst zu vollziehen.

Ich betrachtete dieses Stück Land als ein Geschenk des Universums. Wir erhielten es völlig unerwartet, und ich war sprachlos, als ich sah, dass die verschiedenen Grundstücke sich wie die einzelnen Teile eines Puzzles zusammenfügten. Nur drei Monate später rief der Golfer Tom Jenkins an und teilte uns mit, er werde umziehen. Wir stellten fest, dass sein Besitz praktisch von dem von uns neu gekauften Land umgeben war. Der Tempel würde 170 Morgen zusammenhängenden Landes besitzen, wenn wir ihn kauften. Wenn wir von Anfang an ein einziges großes Stück Land hätten kaufen wollen, hätten wir das nicht besser planen können. Es war so, als hätte jedes einzelne Stück nur darauf gewartet, dass wir es uns leisten konnten. Die Perfektion dessen, was sich da entfaltete, war überwältigend, aber dies war noch nicht das Ende.

Nachdem wir den Kauf des Jenkins-Besitzes abgeschlossen hatten, zog Radha in das dortige Haus um. Sie meinte damals, mir stünde doch wohl eine bessere Wohnung zu als das Quartier hinter dem Küchengebäude. Der Raum war ziemlich klein und ich hatte dort fast keine Privatsphäre, da im Hauptgebäude Tag und Nacht ein ständiges Kommen und Gehen herrschte. Ich sagte ihr, ich sei mit der Situation zufrieden und wolle lieber abwarten, ob der Fluss des Lebens etwas in die Wege leiten würde. Ihre herausfordernde Antwort war, dieser Fluss habe uns bereits viel Land und reichlich Geld gegeben. Was ich denn noch wolle – dass das Universum mir eines Tages telefonisch klarmachte, ich solle ein Haus für mich bauen? Ich entgegnete: Wenn ich ein Haus haben soll, dann wird etwas geschehen, das dies vollkommen klarmachen wird. In der Zwischenzeit bin ich mit meiner gegenwärtigen Bleibe völlig zufrieden.

Nur zwei Wochen später erhielt ich den Anruf eines unserer Nachbarn, der mich informierte, er wolle sein Haus verkaufen. Die einzige Parzelle, die zwischen seinem Stück Land und meinen ursprünglichen zehn Morgen lag, hatte der Tempel bereits vor Jahren erworben. Dies bedeutete, dass sein Besitz direkt an den Besitz des Tempels angrenzte. Des Gesprächs eingedenk, das ich erst vor wenigen Wochen mit Radha gehabt hatte, achtete ich sehr aufmerksam auf alles, was mein Nachbar zu sagen hatte. Er erzählte mir, er habe viele Jahre darauf verwendet, ein ganz besonderes Haus zu bauen, und er würde mir dieses Haus gerne zeigen. Ich tat am Telefon ganz unbeteiligt, aber tatsächlich liefen mir angesichts dessen, was da in Gang zu kommen schien, Schauer über den Rücken. Ich rief Radha an und lud sie ein, sich dieses Haus mit mir zusammen anzusehen – nur für den Fall, dass es sich hier um den Anruf des Universums bezüglich eines Hauses für mich handelte.

Als wir die lange gewundene Auffahrt zu dem Haus hochfuhren, erwartete uns im hinteren Teil des Grundstücks ein wunderbares Gebäude im Landhausstil. Mein erster Eindruck war, dass dieses Haus etwas ganz Spezielles hatte. Es stellte sich heraus, dass mein Nachbar ein Schiffszimmerer war. Er hatte zwölf Jahre darauf verwendet, das Haus per Handarbeit so zu errichten, wie andere eine Luxusyacht oder ein Segelschiff bauen würden. Das Haus war nicht sehr groß, es hatte nur 168 Quadratmeter Wohnfläche, und es lag auf einem Grundstück, das so sorgfältig gepflegt war, dass es sich wie ein Park anfühlte. Sobald ich mich in dem Haus umgesehen hatte, war mir klar, dass ich kein perfekteres Haus für mich hätte entwerfen können, wenn ich das je versucht hätte. Auch wenn jeder Teil des Hauses seinen ganz besonderen Charakter besaß, hatte der kleine zweite Stock über dem Küchenbereich doch etwas Magisches an sich. Als ich die offene Treppe hinaufkletterte, hatte ich das Gefühl, in ein Baumhaus hochzusteigen. Was ich oben vorfand, war der perfekteste Raum für die Meditation, den ich mir vorstellen konnte. Das obere Stockwerk bestand aus einem einzigen drei mal vier Meter großen Raum, in dem jedes Detail wie als Wunschtraum eines Kunsthandwerkers per Hand ausgefeilt worden war. Alle vier Wände waren mit antiken Bleiglasfenstern ausgestattet, die aus dem jahrhundertealten Haus eines Admirals in Boston gerettet worden waren, bevor dieses abgerissen wurde. Das Resultat war so exquisit, dass man, wenn man in diesem Raum stand, das Gefühl hatte, ins 18. Jahrhundert zurückversetzt worden zu sein. Und als wäre das noch nicht genug, sah ich beim Blick nach oben, dass es über dem oberen Stockwerk eine Kuppel gab. Ihre freiliegenden Balken fanden über der Mitte des Raums zu einer Spitze zusammen, sodass man das Gefühl hatte, in einer Pyramide zu stehen. Der Raum war so erlesen, dass der Geist in ihm ganz von selbst zur Ruhe kam.

Ich muss wohl nicht erwähnen, dass ich dieses Haus gekauft und seitdem ständig dort gewohnt habe. Die Magie des Zusammentreffens all der verschiedenen Grundstücke erreichte mit diesem letzten Kauf einen Höhepunkt. Mein Nachbar war immer über die Auffahrt im vorderen Teil seines Grundstücks zu seinem Haus gelangt. Doch schon nach kurzer Erkundung stellten wir fest, dass der rückwärtige Teil seines Besitzes direkt an das Feld angrenzte, das wir von Wilbur gepachtet hatten. Wir brauchten nur eine Lücke in die Bäume hinter dem Haus zu schlagen und ich konnte zum Tempel fahren oder laufen, ohne den zum Tempel gehörenden Grund und Boden zu verlassen. Erstaunlicherweise fügte sich dieses Stück Land nahtlos in den während der vergangenen zwanzig Jahre erworbenen Grundbesitz ein, sodass alles einen einzigen zusammenhängenden Block ergab. Niemand hatte das geplant; es entfaltete sich einfach auf diese Weise. Es wäre untertrieben zu sagen, dass ich voller Ehrfurcht war über das, was das Leben wieder einmal vollbracht hatte.

Ich baute einen hölzernen Steg, der mein neues Haus mit dem bereits existierenden Steg des Tempels verband, und dies wurde mein neuer Weg zur Arbeit. Einige Zeit später kam Mataji zu Besuch, und ich zeigte ihr das Haus. In ihrem sanften Tonfall sagte sie: «So hat dich Gott also eines Tages angerufen und gesagt: ‹Mickey, dein Haus steht bereit.›» Man hätte es wohl nicht besser auf den Punkt bringen können.

EIN BEÄNGSTIGENDER BOTE DES WANDELS

Ich zog im Frühjahr des Jahres 1991 in mein neues Haus ein und kam mir vor, als lebte ich in einem Traum. Ich war mit allem um mich herum völlig zufrieden: mit Familie, Geschäft und der Tempelgemeinschaft. Die Vollkommenheit dessen, was mich umgab, reichte vollauf, um den rationalen Verstand infrage zu stellen. Und ich war mir immer dessen bewusst, dass ich nie um irgendetwas davon gebeten hatte – ich lebte ein Leben, das vom Fluss des Lebens selbst gestaltet worden war.

Wenn ich heute zurückschaue, erkenne ich den genauen Moment, als der Wind, der die nächste Periode des Wandels ankündigte, mir zum ersten Mal ins Gesicht blies. Ich wusste damals nicht, was kommen würde, aber ich wusste wenigstens genug, um das, was ablief, annehmen zu können. Ich hatte nun schon oft genug erfahren, dass es keine Rolle spielte, ob ich verstand, was geschah. Es reichte aus, wenn ich mich auf den gegenwärtigen Augenblick einließ und darauf vertraute, dass der Fluss des Lebens wusste, was er tat. Der Fluss der Dinge, die sich als Nächstes ereigneten, war so wunderbar, dass er mich im Endeffekt dauerhaft von einer ganzen Schicht meines persönlichen Gemüts befreite. Wenn das Leben all dies herbeiführen konnte, wie hätte ich mich da nicht ganz und gar seiner Vollkommenheit überlassen können?

Bevor wir anfangen, muss ich Ihnen jedoch etwas gestehen: Ich vermag die Zukunft nicht vorherzusagen. Ich konnte unmöglich wissen, dass es, um mit dem Wachstum von Personalized Programming mithalten zu können, nicht ausreichen würde, meinen gegenwärtigen Mitarbeiterstab von 25 Personen zu verdoppeln oder gar zu verdreifachen. Die Bestimmung des Unternehmens wollte es, dass wir auf einen Bestand von mehr als 300 Angestellten anwuchsen. Überdies hätte ich mir niemals vorstellen können, dass unser Bedarf an Büroraum aufgrund der künftigen Entwicklung von den gegenwärtigen 400 Quadratmetern auf 7900 Quadratmeter würde anwachsen müssen. Hätte mir das jemand in den frühen 1990er-Jahren vorausgesagt, dann hätte ich ihn für verrückt erklärt. Doch um dermaßen wachsen zu können, sollte es besser eine gewisse Planung geben. Offenbar gab es die, nur dass sie nicht von mir kam.

Die erstaunliche Geschichte der Art und Weise, auf welche die Perfektion des Lebens sich um unser künftiges Wachstum kümmerte, begann an einem Freitagnachmittag, als plötzlich ein Bebauungsplan-Inspektor in unserem Büro auftauchte. Der Beamte schien sehr überrascht zu sein, hier draußen in den Wäldern ein Unternehmen vorzufinden, und er forderte mich auf, seinen Chef anzurufen, den Leiter der Flächennutzungsplanung unseres Landkreises. So begann das alles, und es ließ nichts Gutes ahnen.

Ich kannte den Chef der Behörde von meiner Arbeit mit Built with Love. Also rief ich ihn an, und nachdem wir einige freundliche Worte gewechselt hatten, erklärte er mir, wir hätten am Ort unserer Firma zwar keinen öffentlichen Besucherverkehr, besäßen nach dem Flächennutzungsplan hier draußen jedoch keine Genehmigung für die Ansiedlung eines Unternehmens. Ich erkundete verschiedene Lösungsmöglichkeiten mit ihm, einschließlich der Möglichkeit einer Änderung des Flächennutzungsplans oder einer Sondergenehmigung für uns, aber all das fruchtete nichts. Um seinen Standpunkt unanfechtbar zu machen, versicherte mir der Beamte, dass ich für keinen Teil unseres Grundbesitzes je eine Genehmigung für die gewerbliche Nutzung erhalten würde, selbst wenn mein Vater der Präsident der Vereinigten Staaten wäre und ich eine Million Dollar dafür ausgeben könnte.

Da mir klar war, dass wir, sollte er uns den Laden dichtmachen, tief im Schlamassel sitzen würden, verlegte ich mich auf Schadensbegrenzung. Ich sagte dem Beamten, dass ich seinen Standpunkt verstünde, und fragte ihn, was wir in dieser Situation denn tun könnten. Er meinte, wir sollten anfangen, uns nach einem Grundstück an der Bundesstraße umzusehen, denn dort gebe es das unserem Besitz am nächsten gelegene gewerblich nutzbare Land. Mir rutschte das Herz in die Hose, als ich realisierte, dass unser kleines Stück vom Paradies, das im Lauf der Jahre so organisch zusammengewachsen war, sich nun verändern musste. Die Bundesstraße lag mindestens fünf Kilometer von uns entfernt, und die Distanz zu einem zum Verkauf stehenden Grundstück würde wahrscheinlich noch um einiges größer sein.

Ich nahm einen tiefen Atemzug, hob wieder den Kopf und gab dem Mann mein Wort, dass ich mich um das Problem kümmern werde. Ich bat ihn darum, uns ausreichend Zeit zu geben, damit wir ein geeignetes Grundstück finden und umziehen könnten. Er machte mir keine Versprechungen und sagte, er werde ein Auge darauf haben, ob wir uns an die Bestimmungen halten würden.

Auf diese Weise gab mir das Leben also einen gar nicht so sanften Anstoß, nach einem neuen Grundstück für unsere Firma zu suchen. Gleich nachdem ich den Hörer aufgelegt hatte, ging ich in das Büro von Rick Karl, um dessen juristischen Rat einzuholen. Rick meinte auch, wir hätten keinerlei Grundlage dafür, hier mitten in einem für die landwirtschaftliche Nutzung vorgesehenen Gebiet eine Genehmigung für eine gewerbliche Nutzung zu erhalten. Also riefen wir einen Grundstücksmakler an und trugen ihm auf, mit der Suche nach einem Grundstück für unsere Firma zu beginnen. Natürlich wollte ich das Unternehmen nicht vom Tempel abtrennen, aber mein Experiment Hingabe verlangte, dass ich für alles offenblieb, zu dem der Fluss der Ereignisse des Lebens mich hinführen würde.

Monate vergingen, einer nach dem anderen, ohne dass etwas Geeignetes auftauchte. Je länger es dauerte, desto größer wurde das Risiko, dass die Kreisverwaltung unseren Laden dichtmachen würde. Trotzdem wartete ich geduldig darauf, dass das Leben den nächsten Zug machen würde.

Im September jenes Jahres machte das Leben seinen nächsten Zug. Wir erhielten einen Telefonanruf von der Person, die uns ein Jahr zuvor das wunderschöne 85 Morgen große Stück Land verkauft hatte. Der Mann wollte jetzt auch noch die angrenzenden 50 Morgen verkaufen, die bis zur gepflasterten Landstraße reichten. Das Grundstück passte sich wunderbar in den Besitz des Tempels ein, und so kauften wir es. Zu jener Zeit konnten wir unmöglich wissen, dass dieser Kauf unserer Suche nach einem zum Gewerbegebiet deklarierbaren Grundstück für Personalized Programming ein Ende bereiten würde. Wir befassten uns einfach mit dem, was uns gerade vorgesetzt wurde.

Wenige Monate später mussten wir uns mit einem anderen Ereignis beschäftigen, das mit einem Grundstück zu tun hatte. Uns kam zu Ohren, dass auf einer 185 Morgen großen Fläche, die an der Landstraße gegenüber dem 50 Morgen großen Grundstück lag, das wir gerade gekauft hatten, eine Müllkippe für Bauschutt eingerichtet werden sollte. Wir holten weitere Erkundigungen ein und waren schockiert zu erfahren, dass dies tatsächlich der Fall war. Jenes Stück Land war einige Jahre zuvor dem Gebiet der Stadt Alachua eingegliedert worden und unterlag nicht mehr dem Flächennutzungsplan des Landkreises. Das Grundstück hatte einem bekannten Stadtrat gehört, der es kürzlich für die Nutzung als Müllkippe verkauft hatte. Die Planung sah vor, dass für die nächsten zwanzig Jahre an sieben Tagen in der Woche je einhundert Kipplaster unsere Landstraße entlangfahren und ihre Ladung auf dem an unseren Besitz und den Besitz unserer Nachbarn angrenzenden Grundstück abladen würden. Sollte das etwa der Fluss des Lebens sein? – Ich hatte gedacht, er würde uns zu grünen Auen und nicht zu Müllkippen führen!

Die ganze Nachbarschaft war empört. Der Tempel war der größte Landbesitzer in der Gegend, und die Leute begannen uns zu fragen, was man tun solle. Wir erkundigten uns, und es sah so aus, als habe die Stadt Alachua die Befugnis, die Sondergenehmigung für eine Müllkippe zu erteilen – wenn die Stadträte sich dafür entscheiden sollten. Es blieb uns nichts anderes übrig, als uns um diese Angelegenheit zu kümmern, auch wenn dies unsere Suche nach dem neuen Stück Land für unser Unternehmen beeinträchtigte.

Wir kamen zu der Ansicht, es wäre am besten, einen Brief zu schreiben, der die Einwohner von Alachua darauf hinwies, dass es keinen umfassenden Müllentsorgungsplan für die Stadt gab und es deshalb im Prinzip möglich wäre, an jedem beliebigen Ort, also auch auf jedem beliebigen freien Grundstück gleich neben dem Haus eines jeden Bürgers, eine Müllkippe einzurichten. Die Absicht war, die Stadtverwaltung dazu zu bringen, einen umfassenden Müllentsorgungsplan zu erstellen, statt einfach aufs Geratewohl Sondergenehmigungen zu erteilen, wie sie es für die Müllkippe bei uns vorhatte.

Ob Sie es glauben oder nicht, unser Plan funktionierte tatsächlich. An dem Abend, an dem der Stadtrat zusammentrat, um über das Projekt zu entscheiden, strömten so viele Bürger in das Rathaus, dass es für alle nur noch Stehplätze gab. Bevor der Bürgermeister die Versammlung zur Ordnung rief, stand er auf und erklärte, die Bürger brauchten sich keine Sorgen zu machen, denn es würde an diesem Abend oder irgendeinem anderen Abend keine Abstimmung über eine Sondergenehmigung geben, bevor die Stadt nicht einen umfassenden Müllentsorgungsplan erstellt habe. Der Stadtrat dankte den Bürgern für ihre Rückmeldung und verpflichtete sich, sobald wie möglich einen solchen Plan auszuarbeiten.

Wir hatten natürlich keine Ahnung, dass unser Sieg in Hinsicht auf die Müllkippe in Wirklichkeit dem wunderbaren Wirken der Hand des Lebens zu verdanken war, die sich darum kümmerte, dass Personalized Programming zu einem gewerblichen Stück Land kam. Wenige Tage später erhielten wir einen Anruf, der uns informierte, da keine Genehmigung für die Müllkippe zu erwarten war, stehe das 185 Morgen große Stück Land plötzlich zu einem sehr günstigen Preis zum Verkauf . Da dieses Land zur Stadt Alachua gehörte, war es möglich, es offiziell zum Gewerbegebiet erklären zu lassen. Nie werde ich das Gesicht von Rick vergessen, als er in mein Büro kam, um mir von seinem Gespräch mit dem Grundstücksmakler zu berichten. Das Unmögliche war geschehen – der Fluss des Lebens hatte sich gerade so entfaltet, dass uns ein Telefongespräch informierte, es werde am Rand unseres Besitzes nicht etwa eine Müllkippe geben, sondern wir würden unser Unternehmen dort ansiedeln können. Das Gefühl von Ehrfurcht und Gnade war so stark, dass wir wie erstarrt waren und erst mal kein Wort heraus brachten.

Führen Sie sich mal vor Augen, womit Rick und ich es in den vergangenen sechs Monaten zu tun gehabt hatten. Zuerst ließ mich das Leben auf sehr drastische Weise wissen, ich müsse mein Büro auf dem Grund des Tempels verlassen und einen neuen Standort dafür finden. Als ich mich dem fügen wollte, schien einfach nichts zu funktionieren. Dann wurde uns aus heiterem Himmel ein Stück Land angeboten, das den Grundbesitz des Tempels letztendlich mit dem Grundstück für unseren künftigen Geschäftssitz verbinden sollte, ohne dass wir damals die geringste Ahnung hatten, was da ablief. Der Fluss des Lebens konfrontierte uns dann mit einer scheinbar schrecklichen Situation, weil jemand darangehen wollte, neben unserem Grundbesitz eine Müllkippe einzurichten. Doch tatsächlich bereitete das Leben zu dieser Zeit ein großes Geschenk für uns vor – das perfekte Stück Land für die Zukunft von Personalized Programming. Dieses an den Besitz des Tempels angrenzende Stück Land konnte zum Gewerbegebiet erklärt werden, was, wie man uns zuvor erklärt hatte, bei uns hier draußen nicht möglich gewesen wäre. Und vergessen Sie nicht, dass all dies zu einer Zeit geschah, zu der ich nur fünfundzwanzig Angestellte hatte und keineswegs wissen konnte, dass ich je ein derart großes Grundstück würde brauchen können. Doch das Leben schien es offensichtlich zu wissen, und es kümmerte sich zweifellos sehr gut um uns. So kam es dazu, dass Personalized Programming jetzt angrenzend an den Grundbesitz des Tempels Land zur gewerblichen Nutzung besaß. Nun war es an der Zeit, zu bauen.

Da wir auf wunderbare Weise in den Besitz von so viel Land gekommen waren, musste ich meine Pläne für die Größe des neuen Bürogebäudes überdenken. Darum erweiterte ich mein Denken und dachte daran, ein Bürogebäude zu bauen, das sicherstellen würde, dass wir niemals wieder würden bauen müssen. Wir entwarfen ein wunderschönes Bürogebäude mit 1350 Quadratmeter Nutzfläche, das eines Unternehmens mit dem Erfolg von Personalized Programming würdig war. Built with Love, das ich einige Jahre zuvor an einen der Vorarbeiter der Firma verkauft hatte, erstellte das Gebäude, und es wurde ein erlesener Bau. Im Juni 1993 zogen die fünfundzwanzig Angestellten von Personalized Programming ein Stück die Straße hinab in ihre neuen Büroräume um. Wir hatten uns von 400 Quadratmeter auf fast 1400 Quadratmeter vergrößert – und so würden wir niemals wieder bauen müssen.

Erstaunlicherweise kam es anders. Im Verlauf des nächsten Jahres wuchsen wir um das Doppelte und mussten beginnen, ein weiteres Gebäude zu planen. Das Gebäude Nummer zwei war größer als Nummer eins, und es war mit diesem durch einen überdachten Steg verbunden. Es war gut, dass das Leben uns ausreichend Land beschert hatte, wodurch diese völlig unerwartete Expansion möglich wurde. Zu guter Letzt sollten wir über fünf Gebäude mit insgesamt 7900 Quadratmeter Nutzfläche für Büros verfügen. Bis zum heutigen Tag sehe ich mit großer Ehrfurcht, wie das Leben sich so perfekt entfaltet hat, dass es uns das, was wir brauchten, genau dann bescherte, als wir es brauchten.

DAS FUNDAMENT FÜR DIE ZUKUNFT WIRD GELEGT

Das Wachstum von Personalized Programming war erstaunlich. Es ging einher mit all den Problemen, mit denen sich ein rasch wachsendes Technologieunternehmen konfrontiert sieht. Zehn bis zwanzig Angestellte zu managen, ist eine Sache, fünfundfünfzig Angestellte etwas ganz anderes. Irgendwann muss man beginnen, Führungspersonal für das Management anzuheuern. Ich widersetzte mich der Schaffung eines mittleren Managements so lange wie möglich und versuchte, die einzelnen Teams sich unter meiner ständigen Aufsicht selbst managen zu lassen. Da wir das Unternehmen von Grund auf entwickelt hatten und uns nur ganz selten Mitarbeiter verließen, verfügten wir in der Gruppe unserer Programmierer über ein umfangreiches technisches und unternehmerisches Wissen. Da inzwischen ein Viertel aller unabhängigen Ärzte in den Vereinigten Staaten mit dem Medical Manager arbeiteten, wurde Alachua in Florida zu einem Zentrum der Branche für Praxismanagement. Wir mussten uns nicht erst entscheiden, in welche Richtung wir gehen wollten; wir ritten wie Surfer auf einer mächtigen Welle der Nachfrage aus der Branche. Es gab so viel Arbeit zu erledigen, dass es uns fast nicht möglich war, damit Schritt zu halten.

Gegen Ende 1994 wurde mir klar, dass ich unmöglich alle Gruppen von Programmierern leiten, mich derweil um die Finanzierung und das Management eines Multimillionenunternehmens kümmern und mich zugleich auch noch auf die nächste Welle des Wachstums vorbereiten konnte. Ich brauchte dringend Hilfe. Also tat ich, was ich immer tat – ich arbeitete noch härter und wartete darauf, dass der Fluss des Lebens das Seine tat.

Dies war der Hintergrund meiner ersten Begegnung mit Tim Staley. Tim war ein professioneller Softwareentwickler und leitender EDV-Berater, der beschlossen hatte, mit seiner Familie aufs Land zu ziehen. Er hatte sich für die Kleinstadt High Springs entschieden, die nur wenige Meilen nördlich von Alachua liegt. Wenn man ein professioneller EDV-Fachmann war und sich in der Nähe der Wälder ansiedelte, in denen ich lebte, dann musste man unweigerlich etwas von Personalized Programming hören. Also bewarb Tim sich um eine Anstellung bei uns, so wie es jeder andere in seiner Situation getan hätte. Aber Tim war nicht wie jeder andere – Tim war ein weiteres Wunder. So wie alles andere genau dann aufgetaucht war, als wir es brauchten, hatte uns das Leben diesen hoch qualifizierten und erfahrenen EDV-Entwickler und Manager in den Schoß gelegt. Er sollte sich nicht nur als die Lösung für die Probleme erweisen, die wir bei der Entwicklung von Software hatten, sondern er sollte schließlich auch die Lösung für ein sehr viel größeres Problem sein, von dem wir noch nicht mal eine Ahnung hatten.

Ich erinnere mich gut an die erste Begegnung mit Tim. Er hatte es eilig, einen Job bei uns in der Gegend zu finden, sodass er und seine Familie umziehen konnten, bevor für seine Kinder das Schuljahr begann. Nachdem ich seinen Lebenslauf gelesen hatte, ließ ich die Personalabteilung ein Treffen an einem Samstag vereinbaren, damit Tim nicht seiner gegenwärtigen Arbeit fernbleiben musste. Tim war jung, er sah sehr sauber und korrekt aus und hatte eine Bibel in der rechten Hand. Es ist ziemlich ungewöhnlich, mit einer Bibel zu einem Vorstellungsgespräch zu erscheinen, aber Tim war offensichtlich ein sehr gläubiger Christ, und er wollte, dass ich das wusste. Ich hatte kein Problem damit, war mir aber nicht sicher, ob er nicht vielleicht ein Problem mit einem Yogi mit Pferdeschwanz und Sandalen als Chef haben würde.

Wir gingen in mein Büro und begannen, uns miteinander bekannt zu machen. Tim war ursprünglich Raketenbauingenieur gewesen. Er hatte einige Jahre bei der Harris Corporation gearbeitet und für dieses Unternehmen Programme für Raketenleitsysteme geschrieben. Mir war sofort klar, dass ich in das «schlau genug»-Kästchen einen Haken machen konnte. Er war ein Entwickler, Teamleiter und Projektmanager. Tim hatte bei seiner Projektentwicklung und als Führungskraft solch ausgezeichnete Arbeit geleistet, dass er gegenwärtig ein hochrangiger Berater für Texas Instruments war, wo er Großprojekte für Kunden des Unternehmens leitete. Interessanterweise arbeitete er zur Zeit auch als Berater für ein größeres EDV-Projekt der Blue-Cross-Blue-Shield-Versicherungsgesellschaften von Florida.

Wir begannen über die Philosophie von Softwareentwicklung zu diskutieren, und unsere Ansichten darüber waren so unterschiedlich wie unsere Kleidung. Für mich war Softwareentwicklung eine kreative Kunst – für ihn war sie ein technisches Projekt. Ich wusste, dass es in Wirklichkeit das eine wie das andere sein musste, um auf lange Sicht erfolgreich sein zu können. Tim hatte offensichtlich die aus Erfahrung gewonnene Disziplin eines leitenden Softwaretechnikers aus einem der 500 umsatzstärksten Unternehmen der Welt zu bieten. Und wir brauchten dringend jemanden mit einem solchen Wissen und einer solchen Erfahrung.

Tim und ich verbrachten mehrere Stunden miteinander und begannen uns gegenseitig wirklich zu mögen. Er entsprach perfekt dem von Personalized Programming verlangten Profil, sowohl professionell als auch persönlich. Aber mir stellte sich noch eine Frage, die geklärt werden musste. Wenn Tim wirklich ernsthaft an dem Job interessiert war, musste ich wissen, ob er sich mit mir als Chef wohlfühlen würde. Er würde sicher bald von dem Tempel auf dem Gelände jenseits der Straße erfahren, und ich fand es nur fair, ihn dorthin mitzunehmen und ihm den Tempel zu zeigen.

Ich war erstaunt zu sehen, wie offen er für das war, was er dort vorfand. Er war von den Bildnissen aus unterschiedlichen Religionen fasziniert und stellte viele tiefgründige Fragen über Meditation und Yoga. Wie sich herausstellte, war Tim viel mehr als ein religiöser Mensch – er war zutiefst spirituell und ein wahrhafter Liebender Gottes. Statt von meinem Hintergrund befremdet zu sein, fühlte er sich davon inspiriert. An jenem Tag entwickelte sich durch unseren Austausch über unsere spirituellen Erfahrungen und Überzeugungen ein starkes geistiges Band zwischen uns. Dieses Band spiritueller Freundschaft wurde in den nächsten zehn Jahren unserer Zusammenarbeit immer stärker. Das Leben hatte sich wieder einmal selbst übertroffen.

Ich stellte Tim ein, und wir beschlossen, ihn unseren Mitarbeitern behutsam als Entwickler vorzustellen und nicht als Führungskraft. Er sollte direkt mit meinen Leuten zusammenarbeiten und den Kontext der Entwicklungsarbeit aus eigener Erfahrung kennenlernen. Mein Plan war, ihn die Entwicklungsteams nach einigen Monaten neu organisieren und leiten zu lassen. Ich würde weiter für die Produktregie verantwortlich sein, er sollte sich um den technischen Bereich kümmern.

Als Tim mit dem Medical Manager als Produkt zu arbeiten begann, war dieser bereits mehr als fünfzehn Jahre alt. Er war für kleine Arztpraxen konzipiert, wurde jetzt aber auch von großen Kliniken und Organisationen der Gesundheitsfürsorge verwendet. Es war für einige unserer größeren Händler nichts Ungewöhnliches, Systeme zu installieren, die Hunderte von Usern verbanden. Wenn es so weiterging, war abzusehen, dass dies die Kapazitäten unserer Software überfordern würde. Hinzu kam, dass einige unserer Klienten Forderungen nach einer Modernisierung des Gesamtpakets stellten. Die Stunde hatte geschlagen: Wenn wir nichts unternahmen, dann würden unsere Tage bald gezählt sein. Wollten wir ein solides Fundament für die Zukunft haben, dann mussten wir das Produkt völlig neu schreiben.

Dies war keine Entscheidung für Kleinmütige. Es würde riesige Investitionen verlangen, wobei wir jahrelange Entwicklungsarbeit und Millionen von Dollar aufs Spiel setzen würden. Als ich die enorme Größenordnung des vor uns liegenden Projekts überdachte, ging mir endlich ein Licht auf – dies war der wirkliche Grund dafür, dass uns Tim geschickt worden war. Er war gesandt worden, aus dem Medical Manager mithilfe der neuesten Entwicklungstechnologie ein völlig neues Produkt zu formen.

Wir konnten es uns nicht leisten, länger mit einer raschen Weiterentwicklung des existierenden Systems zu warten; darum gab ich Tim grünes Licht, ein ganzes zusätzliches Entwicklungsteam für die Erstellung des neuen Produkts anzuheuern. Intergy sollte der Name des neuen Produkts sein, und es war gut, dass wir weitere Gebäude errichtet hatten, denn die würden wir gewiss brauchen. Ich hatte unbedingtes Vertrauen zu Tim und gab ihm alles, wonach er verlangte. Es brauchte fast fünf Jahre, bis wir die Software herausgeben konnten, aber schließlich und endlich sicherte das neue Produkt unsere Marktposition für viele kommende Jahre. Wenn ich heute zurückblicke, ist offensichtlich, dass uns dieser Erfolg niemals beschieden worden wäre, wenn Tim nicht gerade zum richtigen Zeitpunkt bei uns aufgetaucht wäre. Wie in aller Welt passiert so etwas nur immer wieder?

WAS INZWISCHEN GESCHAH

Es gab bei Personalized Programming so viel zu tun, dass ich, solange ich wach war, fast die ganze Zeit arbeitete – abgesehen von meinen Morgen und Abenden im Tempel. Die Tempelgemeinschaft war so stabil, dass ich kaum Zeit für ihre Betreuung brauchte. Radha war in der Lage, sich um den Tempel und seine Finanzen zu kümmern, obwohl ihre Position als Hauptrechnungsprüferin von Personalized Programming sie Tag und Nacht beschäftigt hielt. Inmitten all dieser Veränderungen sollte es auch im Tempel zu einer Veränderung kommen.

Ende 1994 kam es aufseiten von Amrit Desai zu einem schweren Zerwürfnis mit seinen Anhängern. Wie es so vielen Menschen geschah, die man auf ein Podest gestellt hatte, kam ein unangemessenes Verhalten aus seiner Vergangenheit ans Licht, und die Situation erwies sich als äußerst unangenehm für alle Beteiligten. Als ich hörte, Amrit habe sich tatsächlich von der Gemeinschaft getrennt, lud ich ihn und seine Frau ein, für eine Weile bei uns im Tempel zu wohnen, um hier zur Ruhe zu kommen. Für einen Menschen da zu sein, während er sich auf einem Höhenflug befindet, ist eine einfache Sache. Auch in schweren Zeiten zu ihm zu stehen, setzt tiefe Freundschaft voraus. Amrit hatte uns allen im Lauf der Jahre viel gegeben. Also war es uns eine Ehre, ihm nun etwas zurückzugeben.

Radha hatte damals bereits seit einigen Jahren im Haus der Jenkins gewohnt. Da es das schönste Haus auf unserem Besitz war, bot sie sofort an, dort auszuziehen. Im Dezember 1994 zogen Amrit und seine Frau in dieses Haus ein und sie lebten schließlich fast drei Jahre dort. Es war eine erstaunliche Erfahrung, so eng mit einem hoch entwickelten Menschen zusammenzuwohnen, der gerade eine sein Leben verändernde Erfahrung durchmachte. Während Amrit bei uns war, überließ er es den Gegebenheiten, ihn durch alle Veränderungen zu führen, die er durchmachen musste. Situationen wie diese sind wie ein Feuer, und Amrit wollte dieses Feuer zur spirituellen Reinigung nutzen. Er war nicht traurig, er war nicht verletzt, und er hatte keine Angst – er ergab sich einfach völlig dieser Erfahrung. Ich sah bei Amrit dieselbe Einstellung, die ich stets in mir vorfand: Wenn es hart auf hart kommt, ist es mir gleich, was die Situation verlangt, solange mich das Geschehen nur von mir selbst befreit. Das einzig sinnvolle Gebet ist, dieses weißglühende Feuer möge für das persönliche Ich so zerstörerisch sein, dass es Bande, die uns gefangen halten, verbrennt. In unserer Begegnung von Seele zu Seele hatten Amrit und ich eines gemeinsam – wir suchten Befreiung um jeden Preis.

Ich trennte mich nicht von dem ab, was Amrit durchmachte. Ich wollte mit ihm die Erfahrung teilen, wie es sich innerlich anfühlt, wenn einem äußerlich alles genommen wird. Ich erinnerte mich an eine Weisheit des Predigers Salomo (3.1): Ein Jegliches hat seine Zeit, und alles Vornehmen unter dem Himmel hat seine Stunde. Ich hatte die Ehre, Amrit als einen weltbekannten Lehrer kennenzulernen; jetzt hatte ich die noch viel größere Ehre, ihm nahe zu sein, während er durch eine Zeit großer Dunkelheit ging oder, besser gesagt, eine Periode großer Dunkelheit durch ihn hindurch ging. Er beschwerte sich nie, und er war nie deprimiert oder verzweifelt. Er verbrachte einfach nur jeden Tag damit, sich auf immer tieferen Ebenen hinzugeben. Die Realität war so, wie sie war – also konnte man sie auch dazu nutzen, das persönliche Ich loszulassen.

Wie es bei allen Dingen der Fall ist, begann die Energie sich im Lauf der Zeit zu verändern. Der Aufruhr der Vergangenheit legte sich, und es eröffneten sich neue Möglichkeiten für die Zukunft. Eines Tages bat Amrit mich, einen kleinen Ausflug mit ihm zu machen und mir einen Besitz anzusehen, den er im Ocala National Forest entdeckt hatte. Er lag in einer Kleinstadt, weniger als eine halbe Stunde Autofahrt südlich des Tempels. Ich konnte meinen Augen kaum trauen, als ich die Anlage sah. Da gab es ein wunderschönes, riesiges Haus am Ufer eines wunderbaren Sees und darüber hinaus noch fünf oder sechs Hütten auf dem dazugehörenden Grund und Boden. Es war das perfekte Heim für Amrit und seine Familie. Wohin ich dort auch ging, spürte ich Amrit. Ich kannte ihn jetzt bereits seit Jahren und wusste um seinen Geschmack. Man hätte kein für ihn maßgeschneidertes Haus bauen können, das perfekter gewesen wäre als dieses. Ich musste meine Tränen zurückhalten, als mir klar wurde: Es ist vorbei. Die Periode der Dunkelheit war Vergangenheit. Ich ermutigte Amrit, den Besitz zu kaufen, wenn er ihn sich leisten könne. Als er mir den Preis nannte, glaubte ich, nicht richtig gehört zu haben – es war das Geschäft des Jahrhunderts.

Dadurch, dass ich Amrit während seiner Feuerprobe begleitete, lernte ich eine Menge über Hingabe. Ganz gleich, wer wir sind, so wurde mir klar, das Leben wird uns zwingen, die Veränderungen durchzumachen, die wir brauchen. Die Frage ist nur: Sind wir bereit, diese Kraft für unsere Transformation zu nutzen? Ich erkannte, dass selbst sehr intensive Situationen keine psychischen Narben hinterlassen müssen, wenn wir bereit sind, unseren Wandel auf einer tieferen Ebene zu verarbeiten. Mein Experiment Hingabe hatte mich bereits gelehrt, die transformierende Kraft des Lebens zutiefst anzuerkennen. Dass ich diese Zeit mit Amrit geteilt hatte, erwies sich als umso wichtiger, denn das Leben, wie ich es kannte, sollte sich wieder einmal auf drastische und unerwartete Weise verändern.

Teil 8

EXPLOSIVES WACHSTUM WILLKOMMEN HEISSEN

DEM MEDICAL MANAGER WACHSEN FLÜGEL

Hätte man mich 1975 gefragt, wie die Zukunft unserer Firma Personalized Programming wohl aussehen werde, hätte ich geantwortet, dass wir nun so weit wie möglich gewachsen waren und dass die Herausforderung jetzt darin bestünde, eine Führungsposition in unserer Branche zu behalten. Hätte man mich nach meinem Experiment Hingabe gefragt, hätte ich erzählt, dass die schonungslose Praxis des Loslassens meiner selbst, um alles annehmen zu können, was sich um mich herum entfaltete, von tiefgreifender Wirkung auf mein spirituelles Wachstum war. Diese Praxis war in der Tat zu meiner Lebensweise geworden. Ich hatte immer und immer wieder erfahren, dass das Loslassen nicht nur zu erstaunlichen Resultaten, sondern auch zu einem Zustand tiefen Friedens in mir führte. Ich hatte nicht das Sagen, das Leben hatte das Sagen, und alldem lag eine Begeisterung und eine wache Neugier auf das zugrunde, was als Nächstes geschehen werde. Wir brauchen uns ja nur einmal vor Augen zu führen, was bis dahin geschehen war.

Ende 1995 war der Mitarbeiterstab von Personalized Programming auf fünfundsiebzig Angestellte angewachsen, und wir hatten genug Aufträge, um für sehr lange Zeit beschäftigt zu sein. Ich liebte das, was wir taten, und wir waren in dem, was wir taten, offenbar sehr gut. Unsere Einnahmen hatten zehn Millionen Dollar im Jahr erreicht, und da der größte Teil davon Lizenzgebühren waren, blieb uns unter dem Strich ein Gewinn von fünf bis sechs Millionen Dollar im Jahr. Der Medical Manager selbst war damals über fünfzehn Jahre alt, und das Programm wirkte sich auf das Leben von Hunderttausenden von Menschen aus. Nach meiner beschränkten Sicht der Dinge hätten wir für absehbare Zeit so weitermachen können.

Den nächsten Hinweis darauf, dass wieder einmal dramatische Veränderungen vor uns lagen, erhielt ich, als Systems Plus mir mitteilte, viele ihrer Händler würden die Möglichkeit erwägen, sich zu einem einzigen Unternehmen zusammenzuschließen. Sie waren offenbar der Ansicht, dies würde sie auf nationaler Ebene konkurrenzfähiger machen. Bald darauf erhielt ich Besuch von John Kang, einem unserer größeren Händler, der sein Hauptquartier in Tampa hatte. Er informierte mich, er habe einen Vorschlag ausgearbeitet, wie man alle Verkäufer des Medical Manager zu einem Unternehmen zusammenfassen könne. Er legte mir seinen Plan dar, zuerst einmal Personalized Programming, Systems Plus und drei oder vier der größeren Verkaufsvertretungen aufzukaufen. Er erklärte mir, dies würde für den Anfang eine große Investition verlangen, aber er habe sich bereits auf alles vorbereitet. Johns Präsentation war sehr professionell, aber ich sah nicht ein, warum Personalized Programming einbezogen werden sollte. Ich sagte ihm, ich sei bereit, mich rechtlich dazu zu verpflichten, dem neuen Unternehmen die Software des Medical Manager zu liefern, aber daraufhin ließ er die Bombe platzen: Wer immer bereit wäre, in das Unternehmen zu investieren, würde darauf bestehen, dass die grundlegende Software sich im Besitz des Unternehmens selbst befände.

Bei dem Gedanken, Personalized Programming zu verkaufen, war mir überhaupt nicht wohl. Doch noch schlimmere Bauchschmerzen bereitete mir der Gedanke, ich könnte der Grund dafür sein, dass all diese Hunderten von Händlern sowie Systems Plus um die hart verdienten Früchte ihrer Anstrengungen gebracht werden könnten. Also sagte ich ihm, ich sei nicht daran interessiert, mein Unternehmen um jeden Preis zu verkaufen, aber ich würde seinen Vorschlag überdenken, falls mein Widerstreben wirklich den Vorstellungen aller anderen im Weg stünde. Ich forderte ihn auf, sich wieder mit mir in Verbindung zu setzen, wenn es ihm gelungen sei, alle anderen von seinem Plan zu überzeugen. Dahinter stand bei mir jedoch die Hoffnung, das ganze Geschäft werde von sich aus platzen.

Einige Wochen später meldete John sich wieder und eröffnete mir, er habe die Zustimmung von unseren größten Händlern und von Systems Plus erhalten. Diese Unterschriften standen nun wie ein Menetekel an der Wand, und die Situation war jetzt, wie schon viele Male zuvor: Ich musste meine starken persönlichen Vorlieben beiseite lassen und mich dem hingeben, was vor mir lag. Mir passte das alles überhaupt nicht, aber ich hatte mich schließlich mit Haut und Haar dazu verpflichtet, mit anzusehen, wohin der Pfad der Hingabe mich führen würde.

John Kang machte ein überzeugendes Angebot für Personalized Programming, zu dem sowohl bares Geld als auch Aktienanteile an dem neuen Unternehmen gehörten. Dann machte er sich an die schwierige Aufgabe, fünf Unternehmen zu einem einzigen großen Unternehmen zu fusionieren und die Geldmittel aufzutreiben, die für die Fusion nötig sein würden. Die Banken beschlossen, es sei das Beste, die nötigen 150 Millionen Dollar bereitzustellen, indem man Anteile an dem neuen Unternehmen auf den Markt brächte. Das Datum für die öffentliche Erstemission wurde auf den Beginn des Jahres 1997 angesetzt, doch bis dahin blieb noch viel Arbeit zu leisten.

Was für eine Welt, in die ich nun geworfen wurde! Personalized Programming war von seinen bescheidenen Anfängen mit einem Angestellten, nämlich mir, schrittweise gewachsen. Es war jetzt ein sehr gut organisiertes und höchst erfolgreiches privates Unternehmen. Diesen Grad an Organisation würde es nicht mehr geben, wenn ein Haufen bisher unabhängig voneinander agierender Unternehmen in einen Topf geworfen würde. Machtkämpfe waren zu erwarten und dazu Probleme mit der Akquisition von Händlern, und wahrscheinlich mussten ständig juristische und finanzielle Probleme ausgebügelt werden. Dennoch gestattete ich mir nicht, mich in all diese negativen Gedanken zu verstricken. Ich blieb einfach nur offen und total fasziniert von dem, was sich entfaltete.

Man beschloss, das neue Unternehmen die Medical Manager Corporation zu nennen. Ich muss gestehen, dass mir das gefiel. Meine Gedanken gingen zurück in das Jahr 1981, als ich die Software fertiggestellt und sie «The Medical Manager» genannt hatte. 15 Jahre später sollte Medical Manager nun ein börsennotiertes Unternehmen werden. Auf der Schwelle zu diesem großen Ereignis stehend, sah ich voller Ehrfurcht, wohin mein Experiment Hingabe mich geführt hatte.

DIE MEDICAL MANAGER CORPORATION (MMGR)

Als der Rauch sich verzogen hatte, war klar, dass ich als Generaldirektor (CEO) des Unternehmens vorgesehen war, John Kang sollte der Präsident und Rick Karl der Justitiar werden. Der Firmensitz sollte in Tampa in den Räumlichkeiten von John Kang angesiedelt werden, und Rick Karl und ich sollten von unseren Büros in Alachua aus agieren. Das Unternehmen sollte auf der NASDAQ-Börse unter dem Symbol MMGR gehandelt werden.

Als wir uns dem Ende des Jahres 1996 näherten, war der Stab von Anwälten und Bankiers mit dem ganzen für die Fusion der Unternehmen nötigen Papierkram und mit der Vorbereitung des Börsengangs so weit fertig. Ich erinnere mich noch, dass dies eine interessante Zeit für die Beziehung zu meinem Vater war. Mein Vater war für den größten Teil seines Lebens ein Börsenmakler gewesen und hatte mehr als dreißig Jahre für die Investment-Bank Merrill Lynch gearbeitet. Sein einziger Sohn hatte einst sein Wirtschaftsstudium geschmissen, um als meditierender Einsiedler in den Wäldern zu leben. Ich hatte die Wälder zwar nie verlassen, doch unversehens befand ich mich in der Welt meines Vaters. Er sagte mir immer wieder, er könne einfach nicht glauben, dass Morgan Stanley, eine der weltweit führenden Maklerfirmen, an meinem Unternehmen interessiert sei. Er war auch überrascht herauszufinden, dass der Analyst für das Gesundheitswesen bei Merrill Lynch die bevorstehende Transaktion überwachte. Mein Vater war sehr am Börsengang meines Unternehmens interessiert, und wir sprachen in dieser Zeit mehr miteinander, als wir es in all den zwanzig Jahren zuvor getan hatten. Das ist verständlich – schließlich hatten wir jetzt etwas gemeinsam, worüber wir reden konnten.

Ich betrachtete diese Gelegenheit, meinem Vater näherzukommen, mit Demut. Ich sah dies als ein weiteres der wunderbaren Ereignisse an, zu denen es dadurch gekommen war, dass ich mich dem Fluss des Lebens überließ. Nicht lange danach starb mein Vater, aber sie können sicher sein, dass er große Freude daran gehabt hat, seinen Sohn in sein während seiner beruflichen Laufbahn erworbenes Wissen über börsennotierte Unternehmen, die Gesundheitsbranche und die Wall Street im Allgemeinen einzuweihen.

Trotz der erstaunlichen Abfolge von Ereignissen bis zu diesem Punkt hätte mich nichts auf das vorbereiten können, was als Nächstes geschah. Etwa eine Woche vor dem Börsengang erhielt ich von meinem Rechtsanwalt in New York eine Liste von Aktionspunkten. Ich arbeitete sie Punkt für Punkt ab, unterzeichnete die nötigen Dokumente und trieb die verlangten Formulare auf. Der letzte Punkt stand für den folgenden Tag an, und ich fuhr unverzüglich zu meiner Bank, um dort an mein Schließfach zu gehen. Ich hatte nur selten Grund gehabt, jenes Schließfach zu öffnen, das ich 1971 gemietet hatte, um darin meinen einzigen Besitz – die Besitzurkunde für die ursprünglichen zehn Morgen Land – aufzubewahren.

Sobald ich mit dem Kasten aus dem Schließfach allein war, begann ich nach dem Dokument zu suchen, das mein Rechtsanwalt haben wollte. Der Kasten enthielt nicht viel, aber was sich darin fand, war für mich wie eine Zeitmaschine. Ich fand die Besitzurkunde für mein ursprüngliches Grundstück – wie viel war seither geschehen! Kein vernünftiger Mensch hätte sich den Fluss der Ereignisse vorstellen können, die sich seit meinem Entschluss, draußen in den Wäldern zu leben, entfaltet hatten. Meine Zeitreise wurde unterbrochen, als ich auf das Dokument stieß, nach dem ich suchte. Ich zog das dreifach gefaltete Blatt hervor und entfaltete es. Es war das Aktienzertifikat für Personalized Programming, das ich erhalten hatte, als ich die Gesellschaft vor fünfzehn Jahren gegründet hatte. Als ich das Papier damals in meinem Schließfach deponiert hatte, war es für jeden anderen außer für mich selber ziemlich wertlos gewesen. Aber dann traf es mich wie ein Keulenschlag: Für die ausgebufftesten Investoren der Welt war dieses eine Stück Papier jetzt mehr als 100 Millionen Dollar wert.

Mir wurde der Mund trocken, und Tränen stiegen mir in die Augen. Ich hatte alles aufgegeben, und es kam um ein Vielfaches mehr zu mir zurück. Als ich mich entschlossen hatte, loszulassen und mein Leben dem Dienst an dem zu widmen, was sich vor mir entfaltete, verdiente ich weniger als fünftausend Dollar im Jahr. Durch Built with Love wuchsen die Einkünfte von Zehntausenden auf Hundertausende Dollar. Mit der Entstehung von Personalized Programming wuchsen die Einkünfte schnell auf mehrere Millionen an, und bald waren es mehr als zehn Millionen an Verkäufen und Lizenzgebühren im Jahr. Jetzt hatte ich es mit einem Posten von hundert Millionen Dollar zu tun. Es war nicht das Geld, das mich so bewegte – es war die unsichtbare Hand des Lebens, die mich umwarf. Ich stand dort in der Bank und brachte dieses Stück Papier dem Universum dar, von dem ich es erhalten hatte. Ich gelobte, dem Unternehmen, dessen Aufbau ich Stein für Stein verfolgt hatte, zu dienen und das mir anvertraute Geld so zu verwenden, dass es anderen helfen würde. Ich nahm einen tiefen Atemzug, schloss das Schließfach und bereitete den Versand des Aktienzertifikats nach New York vor.

DER SCHRITT ZUM GENERALDIREKTOR

Der erfolgreiche Börsengang am 2. Februar 1997 war der Geburtstag der Medical Manager Corporation. Hier draußen in den Wäldern von Alachua behielt ich nicht nur die Position als Präsident unserer großen Abteilung für Forschung und Entwicklung, sondern ich wurde auch Generaldirektor und Vorstandsvorsitzender des neuen Unternehmens. Ich war total naiv in Hinsicht auf das Ausmaß der Arbeit, die ich als Generaldirektor zu erledigen hatte. Mir wurde jedoch schnell klar, dass dies die ganze gebündelte Aufmerksamkeit verlangen würde, die ich im Laufe meiner Jahre der Meditation entwickelt hatte. Ich hatte mich dem Leben hingegeben, und dies war die Aufgabe, die es mir übertragen hatte. Das machte diese Arbeit zu einem Teil meiner spirituellen Reise, und ich war ganz und gar bereit, mich dieser Aufgabe nach besten Kräften zu widmen.

Als Erstes unternahm ich die notwendigen Schritte, die sicherstellen sollten, dass ich über alles, was im Unternehmen vor sich ging, informiert war. Ich befand mich in Alachua, und eine Gruppe selbstständig denkender Führungskräfte, die es gewohnt waren, ihre eigene Firma zu leiten, war über das Land verteilt. Wenn ich die Verantwortung für das gesamte Unternehmen tragen sollte, musste ein ständiger Strom von Informationen über meinen Schreibtisch gehen. Das würde regelmäßige Gespräche über Konferenzschaltungen und eine große Menge an Rückmeldungen verlangen, damit ich über alles, was die leitenden Mitarbeiter taten, auf dem Laufenden war. Als ich verkündete, dass mir jeder leitende Angestellte einen wöchentlichen Bericht über die Hauptaktivitäten in seinem Bereich vorzulegen habe, ging das nicht ohne Murren ab. Doch zusammengenommen hatten wir eine Unmenge von Erfahrungen, und ich wollte Entscheidungen vom Gruppengeist treffen lassen und nicht vom Geist einzelner Personen.

Es dauerte jedoch nicht lange, bis mir klar wurde, dass ich unmöglich mit all den wöchentlichen Statusberichten Schritt halten und zugleich ausreichend auf die Konferenzschaltungen mit den Führungskräften vorbereitet sein konnte. Ich brauchte dringend Hilfe, und wie Sie sich inzwischen denken können, bekam ich diese auch.

Ich möchte es kein Wunder nennen, aber die Magie des Lebens manifestierte sich diesmal in der Form einer jungen Dame namens Sabrina. Paul Dobbis war ihr einige Jahre zuvor auf einem unserer nationalen Händlerseminare begegnet, und es war offenbar Liebe auf den ersten Blick gewesen. Nicht lange danach informierte Paul uns, dass Sabrina hierher umziehen werde und dass sie beide heiraten würden. Ich kannte Sabrina nicht und fragte mich, ob es richtig sei, dass Paul von ihr verlangte, in eine auf der Praxis von Yoga basierende spirituelle Gemeinschaft einzuziehen, da sie kein Interesse an Yoga oder Meditation hatte. Er versicherte mir, dass sie sich gut einfügen werde, und er ließ mich wissen, dass ich ihre Mitarbeit im Unternehmen schätzen werde. Hingabe, Hingabe, Hingabe – als hätte ich eine Wahl gehabt!

Wie sich herausstellte, war das Familienunternehmen, aus dem Sabrina kam, eine kleine Verkaufsvertretung für den Medical Manager in Kalifornien. Sie hatte seit dem Alter von dreizehn Jahren Software für das Praxismanagement verkauft, installiert und den Support dafür geliefert. Obwohl sie erst zweiundzwanzig Jahre alt war, als sie für Personalized Programming zu arbeiten begann, und niemals das College besucht hatte, wurde mir schnell klar, dass der Bereich der Unternehmensanalyse auf Führungsebene für sie der natürliche Aufgabenbereich war. Sie verfügte zwar über keinerlei Erfahrung auf dieser Ebene, doch

Sabrina war die Person, die mir als Führungskraft zur Seite stehen sollte, als ich zum Generaldirektor wurde.

Mit Sabrina an meiner Seite war eine meiner Hauptverantwortungen als Generaldirektor, für das Wachstum des Unternehmens zu sorgen. Zum Glück war dies kein gewöhnliches Unternehmen; die Aussichten für das Wachstum der neu geschaffenen Medical Manager Corporation waren phänomenal. Zuerst einmal würden wir durch die Übernahme unserer Händler ganz natürlich wachsen. Wir hatten bereits an die 200 Händler aufgekauft, und viele von ihnen waren für uns eine sehr gute Akquisition. Solange wir einen ständigen Zustrom von neuen Händlern hatten, die mit dem Unternehmen fusionierten, war eine natürliche Quelle des Wachstums gegeben.

Ich interessierte mich darüber hinaus jedoch für die enormen Wachstumschancen, die sich durch unsere Kompetenz ergaben, die riesige Zahl unserer Ärzte elektronisch mit dem Rest der Gesundheitsbranche, einschließlich der Versicherungen, Laboratorien und Apotheken, zu vernetzen. Sobald wir den Support für die Praxen unter einem Dach vereint hatten, konnten wir der Gesundheitsbranche ein Niveau der Automatisierung zur Verfügung stellen, das nicht nur Kosten einsparen, sondern auch für verbesserte Effizienz und Patientenbetreuung sorgen würde.

Ich setzte mich mit Sabrina zusammen und sagte ihr, die erste geschäftliche Initiative unseres neuen Unternehmens würde darin bestehen, unsere mehr als 100000 Ärzte in puncto elektronische Rechnungsstellung und andere Transaktionen im Gesundheitswesen auf den neuesten Stand zu bringen. Dann ließ ich sie wissen, dass sie für diesen Schritt verantwortlich sein werde. Dies war die Geburt dessen, was wir die Medical Manager Network Services nannten. Der Erfolg dieses Geschäftszweigs auf vielen Ebenen war geradezu unbegreiflich. Es begann mit einer inspirierten Vision, und es wuchs sich zu einer Abteilung unseres Unternehmens aus, die 100 Millionen Dollar im Jahr einnahm. In kürzester Zeit avancierten wir im Gesundheitswesen zum führenden Unternehmen im Bereich der elektronischen Transaktionen.

Im Verlauf der nächsten zwei Jahre wuchs unser Unternehmen in großen Sprüngen. Wir kauften immer mehr unserer Händler auf, und unsere landesweite Präsenz bedeutete, dass wir unsere Dienste einer immer größeren Klientel anbieten konnten. In dieser Zeit arbeitete ich so viel, wie noch nie in meinem Leben. Das führte jedoch nicht zu einem Burn-out. Es hatte in der Tat die gegenteilige Wirkung. Je mehr ich von «Mickey» abließ und mich einfach nur der Aufgabe widmete, die das Leben mir übertragen hatte, desto stärker wurde der Fluss spiritueller Energie in mir. Es war so, als würde der wunderbare innere Fluss von Energie dadurch gestärkt, dass ich mich in Einklang mit dem äußeren Fluss des Lebens brachte. Inzwischen war ich zu der tiefen Überzeugung gelangt, dass die ständige Praxis des Loslassens der eigenen egozentrischen Gedanken und Emotionen alles ist, was es zu einem tiefgreifenden persönlichen, beruflichen und spirituellen Wachstum braucht.

DAS INTERNET UND DIE GESUNDHEITSFÜRSORGE

Im Verlauf von bald dreißig Jahren hatte ich nun zur Genüge verfolgt, wie sich die Perfektion um mich herum entfaltete, sodass ich keinerlei Bedürfnis mehr hatte, mich jemals wieder in diesen Fluss einzumischen. Ich hatte immer und immer wieder erfahren, dass etwas, das zuerst nach einem Problem aussah, sich als eine richtungweisende Kraft für den Wandel erwies und uns voranbrachte. Das war gewiss auch der Fall gegen Ende des Jahres 1998, als die Strategiekonferenzen mit unseren Führungskräften sich immer stärker damit beschäftigte, wie das Internet unser Unternehmen beeinflussen werde. Wir machten uns Gedanken darüber, dass unsere Konkurrenz bald günstigen Zugang zu den Ärzten im ganzen Land haben würde, ohne ein Netzwerk von Händlern aufbauen zu müssen. John Kang und ich waren uns dessen bewusst, dass zwei Internetfirmen in der Gesundheitsbranche, Healtheon und WebMD, bereits immer mehr von unseren Ärzten abwarben. Wir wussten, dass wir etwas unternehmen mussten, wenn wir in der Lage sein wollten, in der entstehenden Welt der Internetvernetzung erfolgreich mit anderen zu konkurrieren.

Etwa zu dieser Zeit lernte John Kang eine Firma namens Synetic in New Jersey kennen, die dabei war, ein sehr fortgeschrittenes Internetportal für die Gesundheitsfürsorge aufzubauen. Synetic besaß eines der besten Managementteams in der Branche, und es sah so aus, als würde kein anderes Start-up-Unternehmen es mit Synetic aufnehmen können.

Die Führungskräfte von Synetic waren sehr an einer möglichen Fusion mit der Medical Manager Corporation interessiert. Es war ihr Traum, sämtliche Transaktionen der Gesundheitsbranche über ihr Internetportal abzuwickeln. Als sie sich mit uns befassten, sahen sie, dass bereits mehr als 100000 Ärzte für eine große Bandbreite an Dienstleistungen durch uns elektronisch vernetzt waren. Würde Synetic die Transaktionen für all unsere Ärzte übernehmen, dann würde jedermann in der Branche sich wünschen, mit ihnen zu arbeiten. Synetic befand sich in der Position, das, was wir aufgebaut hatten, auf eine völlig neue Ebene heben zu können.

Im Mai 1999 arrangierte John Kang ein Treffen zwischen mir und Marty Wygod, dem Vorstandsvorsitzenden von Synetic. Marty und ich lebten auf entgegengesetzten Seiten des Landes, und so schlug er vor, wir sollten uns auf einem privaten Flughafen in Texas mit dem passenden Namen Midway treffen. Midway lag in der Tat fast genau auf halbem Weg zwischen Kalifornien und Florida. Ich charterte einen privaten Jet und flog allein dorthin.

Es hat etwas sehr Friedliches, allein auf 12000 Meter Höhe in einem sechssitzigen Düsenflugzeug zu sitzen. Ich fiel in Meditation, und mein Geist wurde sehr still. Als ich meine Augen wieder öffnete, wurde ich mir dessen bewusst, wie sehr meine gegenwärtige Umgebung sich von den Umständen unterschied, in denen ich gelebt hatte, als ich mich entschied, loszulassen und einfach zuzusehen, wohin das Leben mich führen würde. Ich lebte zwar immer noch in denselben Wäldern und führte morgens und abends meine spirituelle Praxis durch, aber der ganze Rest hatte sich doch dramatisch verändert. Ich dachte daran, wie viele Male das Leben mich mit Veränderungen konfrontiert hatte, die mir nicht gefallen wollten. Anfangs war es schwer gewesen, den widerspenstigen Verstand zu ignorieren. Doch mit der Zeit war dieser Prozess immer natürlicher geworden. Schließlich hatte ich erfahren, was geschehen war, als ich das Risiko eingegangen war, mich selbst loszulassen. Ich war von den Ergebnissen dieses Loslassens umgeben. Es gab nichts in meinem Leben, von dem ich behaupten konnte, es sei nicht aus der Hingabe an den Fluss des Lebens entstanden. Ich war von diesem Prozess dermaßen beeindruckt, dass sich nichts in mir jemals wieder dem widersetzen wollte. Ich war total verliebt in den Reiz und das Wunder der Erfahrung dessen, was sich als Nächstes entfalten sollte. In dieser Geistesverfassung war ich auf dem Weg nach Texas, um den Vorstandsvorsitzenden von Synetic zu treffen.

Der Vorschlag zu dieser Fusion war einfach das, was als Nächstes anstand. Ich brauchte nicht darüber nachzudenken, ich wusste bereits, dass nichts in mir unser Unternehmen mit Synetic oder irgendeiner anderen Firma fusionieren wollte. Ich liebte das, was ich tat. In mir brannte eine Vision, die mich seit zwanzig Jahren angetrieben hatte. Sie nahm ihren Anfang, als ich begann, dieses erstaunliche Programm zu schreiben, und sie verschwand nie auch nur für einen einzigen Moment. Diese Vision inspirierte mich Tag und Nacht. Ich wollte nicht essen und ich wollte nicht schlafen. Ich fühlte mich dazu getrieben, das Programm, seinen Vertrieb und den Support für die Ärzte, die sich uns mit ihrer Praxis anvertraut hatten, zu perfektionieren. Ich hatte das Gefühl, das Leben habe mir diese Aufgabe gestellt, und es war mir eine Ehre, sie zu erfüllen. Dabei hatte ich kein bisschen meine anfängliche Konzentration darauf oder meine Sehnsucht danach verloren, tiefe innere Bewusstseinszustände zu erforschen. Die Hingabe an das Leben war mein Pfad der Selbstverwirklichung, und es gab keinerlei Zweifel daran, dass dies funktionierte. Mein Leben basierte nicht auf meinen Vorlieben und Abneigungen. Gedanken dieser Art waren mir bereits seit Langem nicht mehr durch den Kopf gegangen; ich war viel zu beschäftigt damit, die Arbeit zu tun, die das Leben mir anvertraut hatte. Dies war Karma-Yoga in seiner höchsten Form. Ich hatte mein Leben dem Universellen Fluss übergeben, und der hatte es nicht nur angenommen, sondern er hatte mich in diesem Prozess total verschlungen. Es war mir völlig egal, was mit mir geschehen würde. Alles, was mich kümmerte, waren das Unternehmen, seine Angestellten, die Ärzte und vor allem anderen die Vision von Perfektion, die jeden Schlag meines Herzens antrieb.

So schön sich das auch anhören mag, jetzt saß ich hier in einem Jet, unterwegs zu einem winzigen Flughafen irgendwo inmitten von Texas, um einen mir völlig fremden Menschen zu treffen und mit ihm zu erörtern, ob wir unser Unternehmen seiner Kontrolle übergeben sollten. Denn darauf sollte es hinauslaufen. Die Dinge hatten sich dahingehend entwickelt, dass das größte Potenzial für unser Unternehmen weit über das hinaus, was wir selbst noch liefern konnten, angewachsen war. Meine Gespräche mit John Kang über den vorgeschlagenen Deal hatten mir gezeigt, wie clever Marty war. Kontrolle war dabei zweifellos mein Hauptproblem. Ich wollte in einer Position sein, in der ich meinen Traum lebendig erhalten und das Unternehmen davor bewahren konnte, für rein finanziellen Gewinn missbraucht zu werden. Marty hatte sich bereit erklärt, John, mich und einige andere Vorstandsmitglieder der Medical Manager Corporation in den Aufsichtsrat des fusionierten Unternehmens zu übernehmen. Er war auch bereit, mich zum stellvertretenden Vorstandsvorsitzenden zu machen, und John und ich sollten stellvertretende Geschäftsführer werden. Als zusätzlichen Anreiz sollte das neue fusionierte Unternehmen unseren Namen behalten und Medical Manager Corporation heißen.

Obwohl ich ein Neuling auf dem Gebiet der Fusion von börsennotierten Unternehmen war, war ich doch schlau genug, um zu begreifen, was es bedeutete, wenn er uns diese hochrangigen Positionen anbot. Es bedeutete, dass Marty sich der eigenen Machtposition dermaßen sicher war, dass er sich nicht im Geringsten davon bedroht fühlte, so viel Macht an andere Menschen zu übertragen, mit denen ihn noch überhaupt nichts verband. Wie auch immer man es drehen und wenden wollte – sollte der Deal abgeschlossen werden, dann würde Marty mein Chef sein. Dies war umso bedeutsamer, da ich noch nie wirklich einen Chef gehabt hatte, und ich war inzwischen immerhin zweiundfünfzig Jahre alt. Ich hatte mich, soweit es nur irgend möglich war, über Marty schlau gemacht. Er war ein Self-made-Milliardär, der als sein Hobby Rassepferde züchtete und einen eigenen Rennstall besaß. Er war an der Wall Street groß geworden, wo er Unternehmen aufkaufte und verkaufte, und er hatte auch einige äußerst erfolgreiche Unternehmen von Grund auf aufgebaut, darunter Medco, das er vor einigen Jahren für sechs Milliarden Dollar an das Pharma-Unternehmen Merck verkauft hatte. Und das Wichtigste war, dass er in den höchsten Wirtschaftskreisen großes Ansehen besaß. In mehr als einem Artikel über ihn wurde er als «Genie» bezeichnet.

Marty hatte 1,3 Milliarden Dollar für die Medical Manager Corporation angeboten. Unser Aufsichtsrat neigte sehr dazu, dieses Angebot anzunehmen. Ich war mir ziemlich sicher, dass alle Vektoren in diese Richtung wiesen, und deshalb flog ich zum Treffen nach Texas. Was ich nicht wusste, war, wie das Leben im Kontext dieses größeren Unternehmens für mich aussehen würde. Mir war bewusst, dass sich das einfach nicht vorhersehen ließ, und ich war bereit, mich wieder einmal dem Fluss des Lebens zu überlassen. Von meinem Standpunkt aus gesehen, war es sehr viel interessanter herauszufinden, wie Marty mit mir zurechtkommen würde, als wie ich mit ihm zurechtkommen würde. Ich war ein Yogi mit Pferdeschwanz-Frisur, der nicht wie ein normaler Unternehmer daherkam, und Marty war sicherlich ein eher traditioneller Geschäftsmann. Wie sollte das funktionieren?

Marty flog zusammen mit einem seiner für die Unternehmensentwicklung verantwortlichen Mitarbeiter ein. Das Treffen dauerte nur wenige Stunden, und alles verlief glatt, wie es unter den gegebenen Umständen zu erwarten war. Wir hatten zum Zeitpunkt unseres Treffens beide genügend Zeit gehabt, die vorgeschlagene Fusion zu analysieren, und die Synergien waren offensichtlich. Ich fand Marty sehr unprätentiös und zugänglich. Er war ganz und gar Geschäftsmann, und das gefiel mir. Es war mir wichtig, die Existenz des Tempels in unserem Gespräch anzusprechen (oder, genauer gesagt, sie ihm zu offenbaren) und ihn von meinem Engagement für die Meditation und meinen alternativen Lebensstil wissen zu lassen. Ich wusste, dass ich nichts davon aufgeben würde, und deshalb erschien es nur angemessen, ihn wissen zu lassen, worauf er sich da einließ. Es war offensichtlich, dass Marty sich nicht im Geringsten um solchen Kleinkram kümmerte. Er hatte nur das große Ganze im Blick, und die Unternehmensentwicklung war alles, worum es ihm ging. Mein persönlicher Lebensstil war ihm völlig egal, aber er war sehr interessiert zu erfahren, wie hart ich jeden Tag arbeitete. Er erzählte mir, seine Frau praktiziere Yoga, und er meinte, er habe als jemand, der aus Kalifornien stamme, bereits mit aureichend Menschen meines Schlages zu tun gehabt. Als Marty und ich uns mit Handschlag verabschiedeten und wir wieder unserer Wege gingen, konnte ich noch nicht ahnen, wie viel ich letztendlich sowohl persönlich als auch beruflich von diesem Mann lernen sollte.

VERSCHMELZEN – ABER NICHT MIT DEM UNIVERSUM

Im Lauf der Jahre war mir klar geworden, dass ich tatsächlich keine Ahnung hatte, wohin das Leben mich an irgendeinem Tag stellen würde. Und tatsächlich ging mich das auch gar nichts an. Mein Job bestand einfach darin, mich weiterhin hinzugeben und dem zu dienen, was mir vorgesetzt wurde. Das war auch an jenem Tag der Fall, an dem ich den Vorsitz bei einer Sitzung des Aufsichtsrats der Medical Manager Corporation hatte. Das Treffen war einberufen worden, um die vorgeschlagene Fusion mit Synetic zu erörtern. Unser Unternehmen hatte einen sehr aktiven Aufsichtsrat; viele seiner Mitglieder, darunter auch ein früherer Schatzmeister von General Motors, verfügten über enorme Erfahrung in der Wirtschaft. Der Aufsichtsrat erwog sehr sorgfältig die vielen Möglichkeiten für unser weiteres Vorgehen. Wir hatten im Vorjahr Einkünfte von 140 Millionen Dollar erzielt, Synetic hingegen lediglich 70 Millionen. Doch der enorme potenzielle Wert seines Webportals hatte den Marktwert von Synetic weit über den unseren hinaus hochgetrieben und machte dieses Unternehmen zu einem attraktiven Partner. Schlussendlich beschloss der Vorstand einstimmig, Synetics 1,3-Milliarden-Dollar-Angebot für unser Unternehmen anzunehmen.

Ich selbst hatte natürlich noch nie mit einer Milliarden-Dollar-Fusion zu tun gehabt. Aber wir wurden von außerhalb gut beraten und hatten ein gutes Team von Bankern, die uns begleiteten. Ich bat Sabrina, bei diesem enormen Projekt mit mir zusammenzuarbeiten. Marty hatte die Fusion auf die Überholspur gebracht, und deshalb mussten alle Details innerhalb weniger Wochen ausgearbeitet werden. Wir arbeiteten Tag und Nacht, um beiden Vorständen die endgültigen Regelungen vorlegen zu können, und die Fusion wurde am 17. Mai 1999 öffentlich bekannt gegeben.

Die Fusion zwischen der Medical Manager Corporation und Synetic erregte ziemliches Aufsehen. Sie war die herausragende Wirtschaftsnachricht dieses Abends bei CNN und wurde auch im Wall Street Journal des nächsten Tages prominent abgehandelt. Das neue Unternehmen behielt den Namen Medical Manager Corporation, John Kang und ich waren stellvertretende Geschäftsführer und gehörten zum Aufsichtsrat, dessen Vorsitzender Marty war. Obwohl ich noch immer beim Tempel des Universums lebte und nur auf die andere Straßenseite wechselte, um zur Arbeit zu gehen, hatte sich meine Welt doch plötzlich stark erweitert. Meine Verantwortung erstreckte sich jetzt weit über die Praxismanagement-Branche hinaus und umfasste nun sämtliche Geschäftsbereiche, mit denen sich zuvor Martys Team befasst hatte. Das war in der Tat der aufregendste Teil der Fusion. Ich arbeitete nun mit einem Weltklasseteam von Managern zusammen. Marty umgab sich nur mit den Besten der Besten, und es war wirklich eine Ehre, mit diesen Leuten zusammenarbeiten zu dürfen.

Wie sich herausstellte, waren unsere alten Freunde WebMD und Healtheon, die inzwischen fusioniert hatten, unsere Hauptkonkurrenten. Nach ihrem Zusammenschluss stellten sie eine ernstzunehmende Konkurrenz für unser Webportal für das Gesundheitswesen dar. Es war alles eine Frage der Zeit – würden wir genügend Zeit haben, um unser hoch entwickeltes Internetangebot ausarbeiten zu können, bevor Healtheon/WebMD eine entscheidende Menge an verfügbaren Investoren anziehen konnte?

Die Antwort darauf erhielten wir am 25. Januar 2000, bloße sechs Monate nach der Fusion mit Synetic. Am frühen Morgen erfuhren wir, dass es Healtheon/WebMD gelungen war, für 2,5 Milliarden Dollar Envoy aufzukaufen, die größte Clearinggesellschaft in der Branche. Das war ein erstaunlicher Zukauf, wenn man bedenkt, dass Healtheon/WebMD ein Internet-Start-up-Unternehmen war, das damals noch enorme Verluste schrieb, während Envoy als gut fundiertes und höchst profitables Clearinghaus für Transaktionen im Gesundheitswesen dastand. Uns wurde schnell klar, dass wir angesichts dieses Deals nicht mehr konkurrenzfähig waren. Vom Standpunkt der Medical Manager Corporation bedeutete die Entwicklung, dass unser Konkurrent jetzt jene Clearingzentrale besaß, durch die Hunderte von Millionen Ansprüche pro Jahr unserer Klienten flossen. Es gab Zeiten, zu denen ich froh war, dass ich nicht mehr der Hauptverantwortliche war – und das Ende des Januars 2000 gehörte fraglos dazu.

Bei der darauf folgenden Sitzung des Aufsichtsrats war Marty ruhig und gesammelt. Er schien sogar noch präsenter als gewöhnlich zu sein. Es zeigte sich, dass er ebenso gut darin war, mit gefährlichen Situationen umzugehen, wie er vorteilhafte Situationen auszunutzen vermochte. Er ging mit dem Aufsichtsrat verschiedene Optionen durch, und schließlich wurde beschlossen, dass wir versuchen sollten, nach Möglichkeit eine akzeptable Fusion mit Healtheon/WebMD auszuhandeln. Dies war ein klassischer Fall von «Wenn du sie nicht schlagen kannst, musst du dich mit ihnen verbünden». Das Problem war: Wir wussten sehr wohl, dass das Fundament von Healtheon/WebMD auf tönernen Füßen stand. Das Unternehmen war allein auf der Vision seines zukünftigen Erfolges aufgebaut, und doch wurde sein Marktwert mit sieben Milliarden Dollar veranschlagt. Unglücklicherweise bestand der für uns erfolgversprechendste Weg darin, mit ihnen zu fusionieren, worauf wir die harte Arbeit zu leisten hätten, die notwendig war, um die Früchte des Deals dann auch ernten zu können.

So unglaublich es erscheinen mag, so verkündeten die Medical Manager Corporation und Healtheon/WebMD ihren Verschmelzungsvertrag nur drei Wochen, nachdem wir von dem Envoy-Deal erfahren hatten. Es war am Valentinstag, dem 14. Februar 2000. Bei diesem Deal wurde der Wert von Medical Manager Corporation auf 3,5 Milliarden Dollar veranschlagt, und die Wall Street bezeichnete dies als die Fusion von zwei Giganten der Gesundheitsbranche. Der Abschluss sorgte überall für Schlagzeilen. Die Ankündigung der Fusion trieb den Aktienkurs von Medical Manager Corporation auf 86 Dollar pro Aktie hinauf. Beim Börsengang vor drei Jahren war die Aktie noch 17,60 Dollar wert gewesen.

Die Freude hielt jedoch nicht lange an. Die berüchtigte Internetblase, die durch übermäßig aufgeblähte Erwartungen in Hinsicht auf den Erfolg von Internetunternehmen erzeugt worden war, platzte nur wenige Wochen nach der Ankündigung der Fusion. Der Deal war noch nicht einmal ganz abgeschlossen, da hatte Healtheon/WebMD bis zum April 2000 bereits siebzig Prozent seines Wertes verloren. Der Wert unserer Aktie fiel dementsprechend, da unsere Papiere durch die Fusion an den Wert der Healtheon/WebMD-Aktie gekoppelt waren. Das Ganze war eine ziemliche Katastrophe, und als einzige Hoffnung blieb uns nur, die harte Arbeit zu leisten, die notwendig war, das gesamte Unternehmen zu sanieren. Das war eine Herkulesaufgabe. WebMD war das typische Internetunternehmen, und die Internetblase war gerade erst geplatzt. Die WebMD-Aktie war einmal zu über 100 Dollar pro Aktie gehandelt worden. Als wir den Deal abschlossen, betrug ihr Wert noch 17,50 Dollar, und sie erreichte im August 2001 ihren Tiefpunkt bei 3 Dollar. Das rief nach drastischen Maßnahmen, und genau die ergriffen wir.

Innerhalb eines Monats nach dem Abschluss wurde Marty zum Vorstandsvorsitzenden und das gesamte Unternehmen wurde von ihm und seinem Management-Team von Spitzenkräften geführt. Ich blieb Hauptgeschäftsführer der Abteilung, die für den Service an den Arztpraxen zuständig war, und war Mitglied des Aufsichtsrats des fusionierten Unternehmens, das den Namen WebMD behielt. Marty ernannte Marvin Rich, einen erfahrenen Sanierer, während der drastischen Neuorganisation zum Präsidenten. Das Unternehmen schrieb Verluste von Hunderten von Millionen Dollar pro Jahr, und das Ausbluten musste gestoppt werden. Marvins Job bestand darin, sich durch alle Abteilungen durchzuarbeiten und sie auf ihre Kernkompetenz zurückzuschneiden. Was zurückblieb, war nur das, was mit der Kernvision von WebMD vereinbar war und bald wieder Gewinn erwirtschaften würde.

Die vor uns liegende Aufgabe war enorm, und die ganze Situation brachte für mich ein großes persönliches Wachstum mit sich. Ich war nun Teil eines Teams von Führungskräften, die sich nicht etwa beschwerten, sondern die einfach die Ärmel hochkrempelten und dieses monumentale Projekt angingen. Alle arbeiteten wir Tag und Nacht und taten, was nötig war, um das sinkende Schiff zu retten. Ich hatte nun seit vielen Jahren sorgfältig daran gearbeitet, mich von der schwachen Person in meinem Inneren, die die Dinge immer so haben wollte, wie sie es sich wünschte, zu befreien. Jetzt war nichts mehr so, wie es sich irgendjemand gewünscht hatte. Und doch nahmen alle zusammen einfach nur einen tiefen Atemzug und taten, was von ihnen verlangt wurde. Es war eine erstaunliche Erfahrung, an diesem Prozess teilzuhaben, und ich erhielt eine Lektion in innerer Stärke, die mich auf einer sehr tiefen Ebene dauerhaft veränderte.

Marvin rief mich eines Tages an und bat mich, ihn nach Kalifornien zu begleiten, wo die Webseite von WebMD entwickelt wurde. Wenn das Unternehmen, mit dem wir fusioniert hatten, einen besonderen Aktivposten hatte, dann war es diese Webseite. Ich sollte als Entwicklungsspezialist bei den Sitzungen mit dem Entwicklungsteam der Webseite dabei sein. Die meisten Verluste des Unternehmens wurden durch die Internetangebote erzeugt, und das musste sich jetzt ändern. Das Problem war, dass das Entwicklungsteam trotz der Verluste enorme Forderungen für Gehälter und Boni an das Management von WebMD stellte. Die Leute hatten das Gefühl, die Zügel in der Hand zu haben, weil sie doch die Entwicklung des gesamten Internetangebots des Unternehmens in der Hand hatten.

Bei dem Anblick, der sich uns bei unserer Ankunft bot, traute ich meinen Augen nicht. In einer riesigen umgebauten Lagerhalle im Silicon Valley arbeiteten mehr als 800 Entwickler. So weit das Auge reichte, sah ich eine winzige Arbeitskabine neben der anderen. Ich war der Meinung gewesen, dass mein eigenes Entwicklungssystem in Alachua sich bereits enorm vergrößert hatte; bei uns arbeiteten etwa 250 Angestellte. Aber dieses Entwicklungsteam war mehr als dreimal so groß, und alle arbeiteten dicht gepackt wie Sardinen in der Dose.

Unglücklicherweise dauerte die Sitzung nicht lange. Marvin und ich saßen mit ihrem Team von Führungskräften zusammen und hörten uns deren Forderungen an. Die Ansprüche wurden uns sehr detailliert auf vielen Blättern ausgedruckt vorgelegt. Als wir damit fertig waren, präsentierte Marvin ihnen das, was er anzubieten bereit war – es passte auf eine kurze Seite. Die Leiter des Entwicklungsteams trafen sich separat und kehrten schon bald zurück, um Marvin ihre Antwort zu überbringen: Entweder unsere Forderungen werden erfüllt, oder wir kündigen.

Ich hatte noch viel von Männern wie Marty und Marvin zu lernen und war diesem Prozess gegenüber völlig offen. Ich dachte mir, der nächste Schritt werde darin bestehen, sich zu überlegen, wen wir behalten mussten, damit wir überleben konnten, um dann in den sauren Apfel zu beißen. Doch das geschah keineswegs. Marvin entspannte sich einige Minuten lang still in seinem Sessel, dann stand er auf und gab mir ein Zeichen, ihm zu folgen. Er verließ den Konferenzraum und rief auf der Stelle alle Mitglieder des Entwicklungsteams in der großen Halle zusammen. Dort verkündete er, die Führungsspitze ihres Managements habe soeben gekündigt, und jedermann, der sich ihnen anschließen wolle, solle sich jetzt entscheiden. Denjenigen, die bleiben wollten, könne er keinen Job garantieren, aber wir würden im Lauf der kommenden Wochen zusammen daran arbeiten, festzustellen, wen wir brauchten, um die Kernentwicklung weiterzuführen. Und das war es dann. Marvin überließ einer Handvoll seiner Leute die Verantwortung für die Abwicklung des Exodus, und wir zwei machten uns auf die Socken.

Alles, was Marvin mir gegenüber zu der ganzen Angelegenheit zu sagen hatte, war: «Wenn du dich von anderen zur Geisel machen lässt, dann werden sie dich zwingen, fürchterliche Entscheidungen zu treffen, und du wirst verlieren. Dann kannst du es genauso gut mit den vor dir liegenden Schlaglöchern aufnehmen und wenigstens die Kontrolle über dein Schicksal behalten.» Wer hätte gedacht, dass nur wenige Monate später eine von Martys Führungskräften die Entwicklung der Webseite nach New York umsiedeln würde und sie die Sache mit einem Team von weniger als vierzig Entwicklern neu angehen würde? Die daraus entstehende neue Webseite wurde zum Fundament der gesamten Zukunft von WebMD.

Ich bekam immer wieder vor Augen geführt, wie jede dieser enorm herausfordernden Unternehmensentscheidungen mein spirituelles Wachstum förderte. Ich ließ einfach immer weiter alles in mir entstehende Unbehagen los, und an seine Stelle trat ganz von selbst ein stärkerer Fluss spiritueller Energie. Diese zunehmende Stärke half mir, mich auf die nächste Wachstumserfahrung vorzubereiten, die das Leben mir präsentierte: Das, was geschehen würde, wenn das Umstrukturierungsteam von Marvin schließlich meine Abteilung ins Visier nehmen würde.

Die Medical Manager Practice Services Division, wie diese Abteilung zu dem Zeitpunkt genannt wurde, war eine der größten Abteilungen im Rahmen von WebMD. Wir waren auf fast zweitausend Angestellte angewachsen, was uns für Einsparungen prädestinierte. Mit Einsparungsplänen im Kopf kam Marvin mit seinem Umstrukturierungsteam zu einer zweitägigen Konferenz nach Alachua. Der erste Tag gehörte der Vorstellung unserer Vision für die Zukunft. Zum Glück waren wir alle gut darauf vorbereitet, Marvin unsere aktuellen, sehr gewinnbringenden Produkte sowie die in Arbeit befindlichen Produkte und Dienstleistungen für die Zukunft zu präsentieren. Es schadete ganz gewiss nicht, dass Sabrina in der Lage war, das großartige Wachstum der Medical Manager Network Services innerhalb von wenig mehr als drei Jahren von einigen hunderttausend Dollar im Jahr zu einem Unternehmen mit Einnahmen von fünfzig Millionen Dollar darzustellen.

Während dieser Präsentation ging mir mit einem Schlag auf, was bisher geschehen war. Ich hatte mich gemeinsam mit John Kang aufgemacht, sicherzustellen, dass der Medical Manager nicht hinter dem enormen Potenzial von Internetunternehmen wie Healtheon und WebMD zurückblieb. Zur gleichen Zeit hatten Sabrina und ich darum gekämpft, Envoy oder eine andere Verrechnungsstelle dazu zu bringen, sich so weit zu entwickeln, dass sie unserer Vision für die Network Services entsprachen. Trotz all der negativen Aspekte, mit denen wir es zu tun bekamen, sah die erstaunliche Realität, nachdem der Rauch sich verzogen hatte, so aus, dass wir schlussendlich alle drei Unternehmen – WebMD, Healtheon und Envoy – unser Eigen nannten. Kurz zuvor hätte sich niemand vorstellen können, wie es zu so etwas kommen könnte. Es war wie bei allem anderen, was ich erfahren hatte: Das Unvorstellbare war tatsächlich eingetreten.

Die Präsentationen für Marvin und sein Team liefen sehr gut. Den ganzen Tag lang war die Spannung im Raum geradezu greifbar. Als ich später am Abend in den Konferenzraum zurückkehrte, war ich jedoch schockiert über den Anblick, der sich mir bot. Überall an den Wänden des Raums hingen Computerausdrucke mit den Namen aller zweitausend Angestellten der Medical Manager Practice Services Division. Sie bedeckten die Wände wie Tapeten und ließen für das, was für den morgigen Tag geplant war, nichts Gutes erahnen: Wir mussten wohl für die Anstellung einer jeden dieser Personen eine Begründung finden. Ich war entsetzt bei diesem Anblick, zumal wir erst kürzlich die Einstellung neuer Angestellter angefordert hatten, um mit unserem Wachstum Schritt halten zu können.

Als ich an jenem Abend in mein Haus zurückkehrte, machte ich mir große Sorgen um das Schicksal meiner Angestellten. Der morgige Tag konnte sich als ein sehr übler Tag erweisen. Zugleich wusste ich jedoch, dass Marvin Einsparungen machen musste, und als eine der Führungskräfte war es mein Job, ihn dabei zu unterstützen. Dies hätte große innere Anspannung hervorrufen können, aber ich beschloss, mich einfach der Realität der Situation hinzugeben und offen dafür zu sein, diese beiden Problembereiche gegeneinander abzuwägen. In dem Wissen, dass mein Herz am rechten Fleck saß und ich am kommenden Tag mein Bestes tun würde, wurde es still in mir.

Als ich am nächsten Morgen den Konferenzraum betrat, erschrak ich erneut über den Anblick, der sich mir bot. Die Ausdrucke waren alle abgenommen worden und die Wände sahen wieder aus wie vorher. Bevor ich noch nachfragen konnte, was hier vor sich ginge, bat mich Marvins Stellvertreter auf den Gang hinaus. Er berichtete mir, Marvin und er hätten letzte Nacht noch zusammengesessen und beschlossen, von einem «Aderlass» abzusehen und uns die gute Arbeit, die wir taten, fortführen zu lassen. Wie er mir erklärte, waren sie von dem, was wir erreicht hatten, sowie von unseren Plänen für die Zukunft sehr beeindruckt. Da sie keine Notwendigkeit für einen zweiten Konferenztag mehr sahen, habe Marvin bereits früh am Morgen die Rückreise angetreten. Sein Team packte alles zusammen, schüttelte uns die Hand und ging seiner Wege. Ich habe bis heute keine Ahnung, ob die weiteren Mitglieder meines Managementteams jemals die unheilverkündenden Tapeten an den Wänden unseres Konferenzraums gesehen haben.

Wie außerordentlich diese Ereignisse waren, wurde mir erst klar, als ich wenige Stunden später einen Anruf vom Leiter der Personalabteilung des Unternehmens erhielt. Er war völlig aus dem Häuschen. Er fragte mich witzelnd, womit ich Marvin bei uns unten in Alachua unter Drogen gesetzt hätte. Und zudem ließ er mich wissen, er bezweifele, dass es in den Annalen der Unternehmensgeschichte jemals etwas Vergleichbares gegeben habe. Wir alle wussten sehr wohl, dass Marvins Lebenszweck darin bestand, Kosten einzusparen. Dass er mit genau dieser Absicht zu uns gekommen war und sich unverrichteter Dinge wieder verabschiedet hatte, war eine Würdigung der Qualität unserer Abteilung und ein Zeugnis für das Können von Marvin als Manager. Der Medical Manager und ich erhielten im Jahr 2000 eine Reihe von Auszeichnungen, aber keine davon bedeutete mir so viel, wie diese Vertrauensbekundung eines Menschen, den ich so ungemein schätzte.

ZU GAST IN WASHINGTON

Mit dem Jahr 2000 begann nicht nur ein neues Jahrtausend, das Jahr brachte auch eine Welle der Anerkennung für den großartigen Erfolg, den der Medical Manager zu verzeichnen hatte. Für mich, der ich einfach nur auf dem fliegenden Teppich schwebte, war das alles schlichtweg eine Würdigung der Perfektion des Flusses des Lebens. Ich hatte nicht nach Anerkennung gesucht, ich hatte mich einfach dem Wind des Lebens ausgesetzt, um zu sehen, wohin er mich treiben würde.

Im März wurde ich von Ray Kurzweil, einem unserer früheren Aufsichtsratsmitglieder, eingeladen, ihn ins Weiße Haus zu begleiten, wo er die National Medal of Honor für Technologie erhalten sollte. Ray werden viele wichtige Erfindungen zugeschrieben, darunter der erste Mikrochip, der ein elektronisches Keyboard wie einen Flügel oder andere reale Instrumente klingen ließ. Er gilt auch als einer der Väter der Spracherkennungssoftware. Ray hatte zum Aufsichtsrat der Medical Manager Corporation gehört, und ich war Mitglied des Aufsichtsrats von Kurzweil Education Systems gewesen. Durch diese Verbindungen waren wir zu guten Freunden geworden. Er besuchte uns sogar einige Male im Tempel und ließ ernsthaftes Interesse an östlicher Philosophie erkennen. Ich hatte für den Besuch im Weißen Haus einen Smoking zu tragen, was weit von meinem gewohnten Habitus entfernt war, aber ich fand es aufregend, bei dieser Ehrung von Ray dabei sein zu können.

Wie viele andere, hatte ich das Weiße Haus bereits als Tourist besucht, doch bestimmt nicht als Gast des Präsidenten. Nach der Zeremonie gab es eine Cocktailparty, und es war uns gestattet, uns frei in den Wohnräumen im Parterre zu bewegen. Ich blickte durch das Fenster des Green Room auf das Washington Monument hinaus und dachte daran, wie viele Präsidenten wohl diesen Anblick bereits genossen hatten. Auf den antiken Möbeln in diesen Räumen zu sitzen, war gewöhnungsbedürftig, aber dann wurde mir klar, dass die Leute, mit denen ich mich hier unterhielt, alle in irgendeinem Bereich der Wissenschaft mit der National Medal of Honor ausgezeichnet worden waren. Präsident Clinton trat zu der Gesellschaft hinzu, und auf dem Flur begegnete ich sogar Stevie Wonder. Für mich war das alles einer dieser «Was mache ich bloß hier»-Momente. Ich bin ein Yogi, der sich in die Wälder zurückgezogen hat, um zu meditieren, dachte ich. Ich habe mich dem Fluss des Lebens hingegeben, und er hat mich hierher geführt – unglaublich.

Dies war nicht meine einzige Reise nach Washington in diesem Jahr. Schon im nächsten Monat kam ich wieder, diesmal um den Medical Manager zu repräsentieren, als dieser in die Archive der Smithsonian Institution aufgenommen wurde. Die Institution fördert Bemühungen, die Informationstechnologie-Revolution für künftige Generationen zu dokumentieren. So, wie wir heute auf die industrielle Revolution zurückblicken, so werden die Menschen eines Tages von der Zeit fasziniert sein, in der Computer unsere Lebensweise revolutioniert haben. Jedes Jahr sucht ein Gremium von Vertretern der führenden Unternehmen in der Branche solche Organisationen aus, die in diesem Bereich Außergewöhnliches geleistet haben. Aufgrund ihrer Entwicklungen auf dem Gebiet der elektronischen Transaktionen im Gesundheitswesen war die Medical Manager Corporation im Jahr 2000 eines der ausgewählten Unternehmen, deren Geschichte in einer Zeitkapsel für die Zukunft aufbewahrt werden sollte. Am Abend vor der für den folgenden Tag angesetzten Zeremonie gab es ein großes Bankett. Ich hatte einige meiner langjährigen Mitarbeiter mitgebracht und dazu Donna und Durga. Ich dachte zwanzig Jahre zurück an die Zeit, zu der ich in meinem kleinen Zimmer in den Wäldern gesessen und dieses Programm geschrieben hatte; niemand hätte sich damals vorstellen können, dass es einst im Smithsonian landen würde.

Es ergab sich, dass ich im August 2000 noch einmal zu einem wichtigen Besuch nach Washington zurückkehrte. Ich sollte das Unternehmen bei einer Besprechung mit dem Justizministerium vertreten. Die US-Regierung behält sich das Recht vor, vor der Fusionierung größerer Unternehmen festzustellen, ob ein Zusammenschluss den Wettbewerb beeinträchtigen und gegen Kartellrecht verstoßen könnte. Im Fall der Fusion von Healtheon/WebMD mit der Medical Manager Corporation verlangte die Regierung sehr detaillierte Informationen und ein persönliches Treffen. Der Grund hierfür war, dass Medical Manager Network Services so viele Forderungen an Envoy stellten, dass man sich Gedanken darüber machte, ob man uns genehmigen konnte, Teil ein und desselben Unternehmens zu werden. Meine unmittelbare Reaktion auf diese Situation war eine tiefe Demut. Hatte der Medical Manager tatsächlich eine Dimension des Erfolges erreicht, welche die US-Regierung veranlasste, sich Sorgen in Hinsicht auf eben jene Kartellgesetze zu machen, die ich im Laufe meines Jurastudiums studiert hatte? Nein, nicht wirklich – aber wir mussten sie erst einmal davon überzeugen.

Sabrina und ich flogen nach Washington, um uns auf das Treffen im Justizministerium vorzubereiten. Etwa zu jener Zeit begann mir aufzufallen, dass in meinem Leben immer mehr Rechtsanwälte auftraten. Wir trafen uns für eine Strategiebesprechung in den Räumen einer der größten Anwaltskanzleien im District Columbia. Es wimmelte von Anwälten, aber einer von ihnen hob sich stark von allen anderen ab. Jim Mercer war Martys Spezialist für Rechtsstreitigkeiten, und er kannte sich sowohl mit dem Gesetz als auch mit der Wirtschaft unwahrscheinlich gut aus. Ich hatte im Lauf der Zeit großen Respekt und großes Zutrauen zu Jim gewonnen, und ich war froh, dass er bei der Sitzung mit dem Justizministerium dabei sein würde.

Ich selbst hatte natürlich zuvor noch nie mit dieser Regierungsstelle zu tun gehabt, und es war keine alltägliche Erfahrung für mich, das Gebäude des Justizministeriums umringt von einem großen Team von Rechtsanwälten zu betreten. Allerdings gelang es Sabrina und mir nach Stunden intensiver Befragung, die Bedenken der Regierung auszuräumen. Als wir alles durchgegangen waren, gab es keine kartellrechtlichen Argumente gegen die Fusion mehr. Wir waren sehr erleichtert, diese Feuerprobe bestanden zu haben, und das Ganze wurde tatsächlich zu einer größeren Lernerfahrung.

Dass ich es mit derart mächtigen Menschen und intensiven Situationen zu tun bekam, hatte eine tiefgreifende Auswirkung auf meine Psyche, die ich so genau beobachtete. Ich hatte noch nie mit solch herausfordernden Erfahrungen zu tun gehabt. Nichts in mir war von diesem Lebensstil begeistert oder erwartete irgendetwas davon, aber ich musste dabei mit Teilen meines Inneren umgehen, mit denen ich sonst nichts zu tun bekommen hätte. Wenn ich irgendeine Schwäche, Furcht oder Angst aufsteigen sah, entspannte ich mich einfach wieder tief in den Bereich hinein, von dem aus ich das Geschehen beobachtete. Ich ließ alles, was auftauchte, einfach wieder gehen. Dies war es, wohin das Leben mich geführt hatte, und ich verwendete alle diese Situationen als eine Möglichkeit, von mir selbst loszulassen. Das funktionierte zweifellos. Ich wurde immer wieder in überaus positive und negative Situationen hineingetrieben, und ich fand mich zunehmend in einem sehr klaren und unberührten Bewusstseinszustand wieder.

Je mehr Herausforderungen das Leben mir präsentierte, so sah es aus, desto weniger wurde mein innerer Energiefluss von äußeren Bedingungen beeinflusst. Was ich in Jahren vorsätzlich praktizierter Meditation nicht losgeworden war, das wurde durch die Situationen und Herausforderungen des Lebens in mir ausgerottet. Solange ich es zu meinem einzigen Ziel machte, mich selbst loszuwerden, so lange war jede Situation eine fruchtbare Erfahrung. Hätte ich irgendein anderes Ziel verfolgt, so glaube ich, dann wäre der ständige Druck wohl überwältigend geworden. So aber zeigte sich, dass ich innerlich umso friedlicher wurde, je größer die Herausforderungen wurden, mit denen ich es zu tun bekam. Das Leben formte mich Tag für Tag immer mehr zu dem Menschen um, der ich sein musste, um mit den Aufgaben des kommenden Tages fertigzuwerden. Alles, was ich zu tun hatte, war loszulassen und mich dem Prozess nicht zu widersetzen. Mehrere Jahre setzte meine Medical Manager Practice Services Division ihr Wachstum zu enormem finanziellen Erfolg fort. Wir wuchsen auf mehr als 2300 Angestellte an und erzielten Einkünfte von mehr als 300 Millionen Dollar im Jahr. Unser Paket für das Praxismanagement war das landesweit am häufigsten verwendete, und wir hatten begonnen, unsere Aufmerksamkeit der Entwicklung einer voll computerbasierten elektronischen Krankenakte zuzuwenden. Es war eine Periode mit heftigen Herausforderungen, die mich, wie ich dachte, durch ein beispielloses Wachstum führte. Ich hatte keine Ahnung, dass die Pforte des Lebens zu dramatischem Wandel sich bald wieder einmal öffnen sollte. Als es diesmal geschah, gab es mir eine völlig neue Vorstellung davon, was es bedeutet, durch eine transformierende Wachstumserfahrung zu gehen.

Teil 9
TOTALE HINGABE

DIE RAZZIA

Es war am Mittwoch, dem 3. September 2003. Ich erinnere mich so genau an den Wochentag, weil ich stets am Mittwochmorgen für einen Gesundheitscheck zu Dr. Chance nach Gainesville fuhr. Nach dem Termin stellte ich fest, dass auf meinem Anrufbeantworter eine Nachricht von Lisa Elliot, der in der Abteilung für Forschung und Entwicklung in Alachua ansässigen Rechtsanwältin, eingegangen war. Sie sagte, es sei sehr dringend, und ich rief sie noch vom Parkplatz aus zurück. Ich erreichte Lisa auf ihrem Handy, und sie war sehr froh, von mir zu hören. Ihre Stimme war ungewöhnlich angespannt, und ich merkte, dass irgendetwas ganz und gar nicht stimmte. Sie sagte mir als Erstes, ich solle umgehend an meinen Arbeitsplatz zurückkehren, denn das FBI sei vor Ort und wolle mich sehen. Mein erster Gedanke war die Erinnerung an einen Bundespolizisten, der vor einigen Jahren in unserem Büro aufgetaucht war, weil er nach einem früheren Angestellten von uns suchte. Ich fragte Lisa, ob sie nach irgendjemandem suchten. Sie sagte: «Nein, das FBI ist hier mit zwölf bis fünfzehn Agenten, und dazu noch Polizisten von der Dienststelle des Sheriffs. Sie haben die ganze Anlage übernommen. Sie haben alle Telefonverbindungen gekappt und das gesamte Computersystem stillgelegt. Das ist eine ausgewachsene Razzia. Über uns kreisen Hubschrauber, die Agenten sind bewaffnet, und es gibt einen Durchsuchungsbefehl. Du musst sofort herkommen!»

Ich hörte zwar, was sie sagte, und verstand, warum sie es so dringlich machte – aber die ganze Situation war so absurd, dass ich einfach nicht wusste, was ich davon halten sollte. Es war wie: Vielleicht haben Sie die falsche Adresse. Daran mag es gelegen haben, dass ich mir keine Sorgen machte. Bestimmt würde es sogar ziemlich spannend sein, ihnen zeigen zu können, dass sie einen Fehler gemacht hatten. Ich fragte Lisa, was genau dort abliefe. Warum waren sie da? Sie sagte, sie habe keine Ahnung, aber offenbar geschehe dasselbe in unseren Büros in Tampa und im Hauptquartier des Unternehmens in New Jersey. Sie hatte versucht, unseren Justitiar Charlie Mele anzurufen, war jedoch nicht zu ihm durchgekommen. Die Telefonanschlüsse des Unternehmens waren landesweit unterbrochen. Ich versicherte ihr, ich würde gleich vor Ort sein.

Während der zwanzigminütigen Fahrt zurück zum Büro versuchte ich, alle möglichen Leute anzurufen, von denen ich hoffte, sie könnten irgendwelche Informationen haben. Ich hatte immer noch nicht die geringste Ahnung, als ich auf dem Gelände unserer Firma vorfuhr. Die Auffahrt war von Fahrzeugen der Station des Sheriffs völlig blockiert, und die Angestellten, die zur Arbeit kamen, wurden abgewiesen. Ich fuhr zu einem Polizeibeamten und wies mich aus. Er rief jemanden über Sprechfunk an und gab daraufhin den anderen ein Zeichen, mich durchzulassen. Als ich die schöne gewundene Auffahrt durch die wunderbaren Wiesen hinauffuhr, sah ich überall Polizeifahrzeuge stehen. Beim Gebäude Nr. 1 angekommen, sah ich das zwölf Meter lange mobile Kommandozentrum der Polizeiwache auf unserem Parkplatz stehen. Wir hatten damals fünf Gebäude, und Beamte des FBI und der Polizei waren um alle Gebäude herum postiert. Und es kreisten tatsächlich zwei Hubschrauber über dem Gelände. Wie sich schließlich herausstellte, waren die Hubschrauber wohl von der Presse.

Ich parkte auf meinem gewohnten Platz und trat in das Gebäude ein. Überall wimmelte es von Ordnungshütern. Ich wurde sofort von vier oder fünf Agenten in Empfang genommen, die mich gleich in den hinteren Konferenzraum brachten, wo ich den Tag verbringen sollte. Ich verlangte, dass Lisa, unsere ansässige Rechtsanwältin, anwesend sei, und sie wurde in den Raum geführt. Die Agenten wiesen sich als Vertreter des FBI und des Finanzministeriums aus. Sie waren sehr professionell und nüchtern. Mir wurde ein

Durchsuchungsbefehl vorgelegt, den sich Lisa bereits angesehen hatte, und man sagte mir, sie hätten die Vollmacht, die gesamte Kontrolle über unsere Einrichtungen zu übernehmen. Sie seien berechtigt, alle Gegenstände mitzunehmen, die auf ihrer Liste aufgeführt seien. Sie forderten mich auf, ein Papier zu unterzeichnen, womit ich bestätigte, dass mir der Durchsuchungsbefehl vorgelegt worden war. Ich sah zu Lisa hinüber, und sie gab mir mit einem Nicken zu verstehen, dass ich unterzeichnen solle. Ich hatte keinen blassen Schimmer, wie ich mich verhalten sollte, denn ich war ganz und gar außerhalb meines Elements. Der einzige Bezugsrahmen, den ich für diese Art von Ereignissen hatte, stammte aus Filmen, und ich zweifelte daran, dass dies sehr hilfreich sein würde.

Ich fragte die verantwortlichen Beamten, ob sie mir helfen könnten zu verstehen, was hier los sei. Sie sagten nicht viel, aber sie verwiesen mich auf eine Liste von etwa dreißig Namen von Personen, die ihrer Aussage nach für ihre Untersuchung wesentlich seien. Der gesamte Leitungsstab der ursprünglichen Medical Manager Corporation war da aufgeführt, ebenso wie Marty, der Rechtsanwalt Jim Mercer sowie einige der Hauptverantwortlichen der Buchhaltung von WebMD. Mir muss der Mund offen gestanden haben, als ich mir die Liste ansah. Aber da standen auch einige andere Namen, die mich wirklich umhauten, wie etwa der des leitenden Rechnungsprüfers der höchst angesehenen Steuerberatungsfirma, die für die Medical Manager Corporation arbeitete. Ich nahm das alles äußerlich sehr ruhig zur Kenntnis, aber meine Gedanken rasten, um irgendwelche Hinweise darauf zu finden, was hinter all diesen Vorgängen stand. Und tatsächlich stand ein Name auf der Liste, der mich stutzig machte. Dieser Name war Pat Sedlacek. Anders als all die anderen Personen auf der Liste gehörte Pat weder zu unserem Führungsstab noch zu unserer Rechtsberatung oder unserer Buchhaltung. Er arbeitete in dem Team, das Händler akquirierte und das von Bobby Davids, dem Vizepräsidenten der Akquisitionsabteilung, geleitet wurde. Bobby war zur Zeit des Börsengangs im Jahre 1997 zusammen mit John Sessions, dem Vorstand für das Operative Geschäft, und David Ward, dem Leiter der Verkaufsabteilung, in das Unternehmen eingetreten. Da unsere Division inzwischen 2300 Angestellte zählte, hätte ich den Namen Pat Sedlacek wohl kaum wiedererkannt, wenn wir nicht gerade dabei gewesen wären, zu untersuchen, ob er womöglich von einigen der Händler Bestechungsgelder angenommen hatte. Unsere Ermittlungen waren Ende des Jahres 2002 angelaufen und betrafen zu Beginn des Jahres 2003 auch Bobby Davids und eine Reihe weiterer Angestellter. Die Unternehmensanwälte von WebMD kümmerten sich mit der Hilfe einiger Berater von außen um die Angelegenheit. Wir hatten die beteiligten Angestellten bereits entlassen und hatten vor einem Gericht in Tampa Anklage gegen sie erhoben, um Zwangsmaßnahmen einleiten und die Konten von Bobby und Pat einfrieren zu können.

Mit Fortschreiten der Ermittlungen fanden wir immer mehr Fälle, in denen Bobby und/oder Pat Bestechungsgelder von den von ihnen akquirierten Händlern kassiert hatten. Die Einsicht, die wir in ihre Bankkonten erwirkt hatten, offenbarte ein kompliziertes Netzwerk von Strohfirmen, das Bobby genutzt hatte, um die Zahlungen zu kaschieren. Die Ermittler waren in der Lage nachzuverfolgen, welche Gelder auf diese Konten geflossen und von ihnen abgehoben worden waren, und so konnten sie nachverfolgen, wer in die Transaktionen verwickelt war. Pat hatte bereits begonnen, mit uns zu kooperieren, und es war offensichtlich, dass Bobby Davids bei der Sache der Rädelsführer war. Zum Zeitpunkt der Razzien hatten wir bereits Millionen von Dollar aufgespürt, und die Ermittlungen waren noch im Gange. Da die Namen von Pat und Bobby auf der Liste standen und der Durchsuchungsbefehl mehr als einhundert der Händlerakquisitionen auflistete, war es also wahrscheinlich, dass diese Aktion irgendetwas mit den Aktivitäten von Bobby zu tun hatte. Aber dieses Bestechungsgeldsystem betraf nur vier oder fünf unserer Angestellten, und unsere Untersuchung dieser Angelegenheit fand in aller Öffentlichkeit statt. Warum konnten die Regierungsvertreter nicht einfach mit den mit den Ermittlungen befassten Rechtsanwälten sprechen? Wozu die überraschenden Razzien in Alachua, Tampa und New Jersey, wo doch alle Fakten auf dem Tisch lagen?

Schließlich erreichte ich Charlie, den Leiter der Rechtsabteilung von WebMD, über mein Handy. Er bestätigte, dass auch im Hauptquartier von WebMD in New Jersey eine Razzia stattfand und dass er genauso im Dunklen tappe wie ich. Er hegte ebenfalls den Verdacht, dass dies alles mit den illegalen Aktivitäten von Bobby Davids zu tun habe. Wir erwogen die Möglichkeit, dass Bobby versucht hatte, mit der Justizbehörde einen Handel zu machen, indem er vorgab, sämtliche Führungskräfte des Unternehmens seien in eine Schmiergeldaffäre verwickelt. Doch sollte dies der Fall sein, dann war es unwahrscheinlich, dass seine Geschichte standhalten würde, da wir genügend handfestes Beweismaterial für seine Bankkonten und stornierten Schecks hatten. Charlie sagte, wir würden im Lauf weniger Tage mehr Klarheit gewinnen; inzwischen sollten wir bereitwillig mit den Agenten zusammenarbeiten.

Bei mir stellte sich ein Gefühl tiefen Friedens ein, und das hielt auch den ganzen Tag lang an. Es war so stark, dass es sich wie ein Schutzschild anfühlte. Ich brauchte mir nicht die geringsten Sorgen zu machen. Ich wusste, dass ich nichts Falsches getan hatte, und deshalb würde man auch nichts finden können. Wenn es tatsächlich der Fall war, dass Bobby log, um seinen Hals zu retten, würde das Beweismaterial die Wahrheit ganz deutlich an den Tag bringen. Ich wollte sicherstellen, dass ich präsent genug war, um diese außerordentliche Erfahrung ganz und gar in mich aufnehmen zu können. Es passiert schließlich nicht alle Tage, dass das FBI auftaucht und ohne jeden ersichtlichen Grund bei dir eine Razzia durchführt.

Soweit ich mitbekommen hatte, waren landesweit mehr als fünfzig Agenten der Justizbehörde an den Razzien beteiligt. Die Razzien dauerten den ganzen Tag lang an, und als die Beamten schließlich wieder abzogen, nahmen sie so gut wie alle Belege mit. Auf meinem Schreibtisch war nicht ein einziger Notizzettel zurückgeblieben. Alle meine Aktenschränke waren leer, ebenso die meiner Assistentin Sandy Plumb. Aus dem Büro von Lisa und dem Aktenarchiv hatten sie alle juristisch relevanten Dokumente mitgenommen. Auf meinem Tisch im Konferenzraum stapelten sich gewöhnlich die Ordner, die ich benötigte, um mich um die laufenden Geschäfte zu kümmern. Sie waren alle verschwunden und es gab keine Möglichkeit, sie zu duplizieren. Und sie hatten nicht nur Papiere mitgenommen; die Agenten hatten auch Kopien sämtlicher Festplatten unserer Computer angefertigt, sowohl der PCs als auch der Server.

Der Tag verging, ohne dass wir irgendwelche Rückmeldungen erhielten. Ich benutzte meine Zeit dazu, daran zu arbeiten, mit der Situation, in die das Leben mich gebracht hatte, in Frieden zu sein. Es gab keinen Grund, über das Warum für diese Geschehnisse nachzudenken oder sich Gedanken über ihren Ausgang zu machen. Da ich keinen blassen Schimmer hatte, was da ablief, würde ein Grübeln darüber auch nicht weiterhelfen. Stattdessen verbrachte ich den Tag lieber damit, alles loszulassen, was die Stimme in meinem Kopf zu sagen versuchte, und mich tief zu entspannen, sobald Sorgen in meinem Herzen auftauchten. In dieser Situation war Hingabe nicht etwa eine Option – sie war das einzig vernünftige Verhalten.

Bevor ich am Abend nach Hause zurückkehrte, suchte ich die leitenden Agenten auf. Ich dankte ihnen für ihr freundliches Verhalten und sagte ihnen, ich wünschte, wir wären uns unter angenehmeren Umständen begegnet. Für mich machten diese Leute einfach so gut wie möglich ihre Arbeit – ich konnte ihnen dafür nicht böse sein.

Als die Sonne am 3. September 2003 unterging, hatten die Regierungsvertreter landesweit 1,2 Millionen E-Mails, 1500 Kartons mit Akten, die mehr als 3 Millionen Seiten von Dokumenten enthielten, und 830000 Computerdateien einkassiert. Dies war in der Tat ein schändlich denkwürdiger Tag.

ANWÄLTE, ANWÄLTE UND NOCH MEHR ANWÄLTE

Am nächsten Morgen bekam ich einen Vorgeschmack davon, wie mein Leben im Folgenden aussehen sollte. Die Schlagzeile der Tageszeitung Gainesville Sun lautete: »FBI-Razzia der Räume des Medical Manager in Alachua.» Darunter stand ein Foto von mir neben der Überschrift: «Die Wall Street setzt kurz vor Börsenschluss den Handel der WebMD-Aktie aus.» Ich wusste, dass es keine Rolle spielte, dass ich nichts Unrechtes getan hatte und nicht einmal wusste, worum es bei der Razzia ging – ich war in den Schlagzeilen. Ich war noch nie öffentlich in Verruf gebracht worden und stellte fest, dass dies zweifellos meine Psyche in Aufruhr versetzte. Die Stimme in meinem Kopf wollte mich erklären lassen, dass ich mit alldem nichts zu tun hatte. Und es gab gewiss keinen Mangel an Leuten, die hören wollten, was ich zu sagen hatte. Medien aus dem ganzen Land, einschließlich des Wall Street Journal und der New York Times, versuchten mich zu erreichen, um von mir einen Kommentar zu der Situation zu erhalten.

Zum Glück wusste ich es besser. Ich hatte so viele Jahre damit verbracht, die mentale Stimme ruhigzustellen, und ich hatte gelernt, dass es das Feuer nur anfachte, wenn ich auf sie hörte. Also beschloss ich, die Angelegenheit nur zu diskutieren, wenn es absolut notwendig war. Ansonsten wollte ich meine Arbeit wie üblich fortsetzen. Schließlich hatte ich nichts Unrechtes getan – warum sollte ich mich also von dieser Sache beeinträchtigen lassen? Mit der Zeit würde alles von selbst in Ordnung kommen. Bis dahin wollte ich mich nicht des tiefen Friedens und der großen Freude, die ich tief im Inneren verspürte, berauben lassen. Von Anfang an war ich entschlossen, diese ganze Situation dazu zu nutzen, mich endgültig von dem zu befreien, was in mir von der verängstigten Person noch übrig war, die mich immer zurückgehalten hatte. Dies war alles, worum es auf meiner Reise ging – Befreiung um jeden Preis.

An diesem Morgen hatten wir als Erstes eine Telefonkonferenz mit den Anwälten des Unternehmens. Keiner von ihnen wusste, was er von den Geschehnissen zu halten hatte. Nichtsdestoweniger war der erste Punkt auf der Tagesordnung, einen Anwalt anzuheuern. Nun ja, nicht gerade einen Anwalt – vielmehr unterschiedliche Anwaltskanzleien zur Vertretung sowohl des Unternehmens als auch der Mitglieder des Aufsichtsrates sowie einen Strafverteidiger für alle Personen, die auf der Liste standen. Es war offensichtlich, dass die Anwälte des Unternehmens die Angelegenheit sehr ernst nahmen. Sie erklärten, es spiele keine Rolle, ob man eine weiße Weste habe; eine Razzia dieser Größenordnung lasse größere Probleme erwarten, und wir alle bräuchten eine gesetzliche Vertretung. Das bedeutete, dass wir mindestens 20 Anwälte anheuern mussten. Bald stellte sich heraus, dass auch das noch nicht genug sein würde. Die Ermittlungen gingen vom Büro des Staatsanwalts in Charleston, South Carolina, aus, und deshalb wurde vorgeschlagen, dass die Führungskräfte ebenfalls Anwälte anheuern sollten, die in diesem Bundesstaat zugelassen waren. Jetzt ging es also darum, dreißig bis vierzig Anwälte anzuheuern, und dazu zwei Anwaltskanzleien für das Unternehmen. Ich war ja bereits bestürzt über die Razzia gewesen, jetzt war ich sprachlos darüber, was offenbar nötig war, um uns in dieser Angelegenheit zu verteidigen.

Ich wusste einfach nicht, was ich von dieser Situation, in die ich geraten war, halten sollte. Ich hatte keine Ahnung von Strafsachen und hatte mich nie mit etwas Ähnlichem beschäftigt. Deshalb war ich ziemlich ahnungslos, was die Gefährlichkeit der Situation anging, mit der ich konfrontiert war. Wäre ich allein auf mich selbst angewiesen gewesen, dann wäre ich wahrscheinlich zu dem Schluss gekommen, dass ich einfach hingehen und mit den Staatsvertretern reden sollte, da ich ja nichts Verwerfliches getan hatte. Zum Glück war ich von gewieften Geschäftsleuten umgeben, die wussten, dass man nichts unternimmt, bevor man einen Anwalt konsultiert und herausgefunden hat, worum es bei der Angelegenheit überhaupt geht. Wie klug dieser Rat war, erfuhr ich erst, als die Dinge sich weiter entwickelten.

Im Lauf der folgenden Wochen heuerte der Vorstand von WebMD die Kanzlei Williams and Connolly zu seiner Vertretung an. Diese Kanzlei war zwar nicht die größte in Washington, aber sie stand in dem Ruf, die beste für Fälle wie diesen zu sein. Jim Mercer war der Anwalt, den ich am meisten respektierte, und deshalb bat ich ihn, einen Anwalt für mich persönlich auszuwählen. Ich war schließlich ein Novize und er der Experte. Ich war ihm sehr dankbar für alle Hilfe und Unterstützung, die ich von ihm erhielt. Jim brachte mich in Kontakt mit einem Anwalt von Williams and Connolly, und der gab mir eine Liste hoch angesehener Strafverteidiger, mit denen er in der Vergangenheit zusammengearbeitet hatte. Es sah nach einer ziemlich schwierigen Entscheidung aus. Ich hatte keine Ahnung, nach welchen Kriterien ich einen erstklassigen Strafverteidiger aussuchen sollte. Also folgte ich Jims Ratschlag und arrangierte Vorgespräche mit einigen der genannten Anwälte – doch in meinem Herzen wusste ich, dass ich diese Entscheidung dem Fluss des Lebens überlassen würde.

Schließlich lief alles darauf hinaus, dass ich mich nur mit einem Anwalt traf; und der hieß Randy Turk. Randy war ein Seniorpartner der Kanzlei Baker Botts, einer der ältesten und angesehensten Anwaltskanzleien des Landes. Sein Lebenslauf las sich wie ein Who is Who der Strafverteidigung hochrangiger Klienten. Seine Erfahrung reichte von der erfolgreichen Verteidigung der Hughes Aircraft Company gegen eine Schadensersatzforderung der US-Regierung über 400 Millionen Dollar in Hinsicht auf die Reparatur des Hubble-Weltraumteleskops bis hin zur Arbeit als einer der Hauptanwälte im Team der Verteidigung von Michael K. Deaver, dem stellvertretenden Chef des Stabes im Weißen Haus unter der Regierung von Ronald Reagan, in einem Prozess, in dem es um Vorwürfe des Meineids und der Behinderung der Justiz ging. In diesem Stil ging die Liste seiner Fälle weiter.

Von allem, was ich über Randy in Erfahrung bringen konnte, wurde ich von etwas am meisten beeinflusst, das der Anwalt von Williams and Conelly zu mir gesagt hatte. Er hatte gehört, dass ich einen Pferdeschwanz trug und in den Wäldern lebte. Deshalb sagte er mir, Randy sei wohl der fortschrittlichste von allen Topanwälten, die er kenne. Nach allem, was er von mir gehört habe, könne er sich vorstellen, dass Randy und ich gut miteinander auskommen würden.

Zur ersten Begegnung mit Randy kam es in New York. Er flog zu der Aktionärsversammlung von WebMD ein, um mich und Jim Mercer, der mich bei der Auswahl meines Anwalts unterstützte, zu treffen. Ich fühlte mich sofort wohl mit Randy. Er hatte seit mehr als dreißig Jahren Menschen gegen Anklagen der Regierung verteidigt. Er praktizierte in Washington und war offenbar sehr erfolgreich. Randy schien sich für diesen Fall und meinen einzigartigen Hintergrund zu interessieren. Von seiner Kontaktperson bei Williams and Connolly hatte er so viel wie möglich über den Fall in Erfahrung gebracht, und Jim und ich berichteten ihm, was wir wussten.

Zu dem Zeitpunkt, zu dem ich Randy traf, hatte WebMD bereits eine klarere Vorstellung davon, worum es bei den Ermittlungen der Regierung ging. Wie wir vermutet hatten, stand Bobby Davids hinter der ganzen Angelegenheit. Nachdem wir Anfang 2003 Einsicht in seine verdeckten Bankkonten erwirkt hatten, wusste er, dass er aufgeflogen war. Es war nur eine Frage der Zeit, bevor wir darauf kommen würden, dass er sich fast sechs Millionen Dollar an Bestechungsgeldern und unterschlagenen Geldern zugeschanzt hatte. Dafür würde er für viele Jahre ins Gefängnis wandern. Doch Bobby war offenbar ein sehr gewiefter Betrüger. Er hatte uns zweifellos bereits seit Jahren hintergangen, wobei es ihm gelungen war, seine Gaunereien unentdeckt durchzuziehen. Im März 2003 startete er dann den Betrug seines Lebens – um sich der Bestrafung für seine Gaunerei zu entziehen. Er tauchte in dem in der Nähe seines Wohnorts gelegenen Büro der Staatsanwaltschaft von Charleston, South Carolina, auf und gab vor, ein Whistleblower zu sein. Er erzählte den Bundesbehörden, er sei ein leitender Angestellter, der in massive Bilanzfälschungen in einer Aktiengesellschaft involviert worden sei. Er gab zu, als Teil dieses Betruges Bestechungsgelder für sich selbst und für einige andere Personen angenommen zu haben, aber er sei bereit, das gesamte obere Management ans Messer zu liefern, wenn die Behörden ihm einen Deal anböten. In den folgenden sechs Monaten bis zu der Razzia, während derer WebMD öffentlich ermittelte, was Davids und seine Gang getan hatten, tischte Bobby Davids den Bundesbehörden insgeheim ein komplexes Lügengespinst auf. Davids war in der Tat ein Buchprüfer, der für das gesamte Programm der Händlerakquisitionen zuständig war. Deshalb war er gut über jede Akquisition und alle damit verbundenen Vorgänge informiert. Deshalb gelang es ihm, für die Bundesbehörden ein ganz bestimmtes Bild von dem Unternehmen und seiner Führungskräfte zu malen. Mit der Raffinesse eines Picasso malte er sein Meisterwerk auf die blanke Leinwand des Geistes der Beamten. Er brauchte bloß sicherzustellen, dass er die Geschichte auf eine Weise erzählte, die irgendwie mit den Dokumenten, auf die man stoßen würde, zusammenpasste. Er wusste, dass man keine stichfesten Beweise finden würde, welche die Geschichte «der Welt, wie Bobby sie beschrieb» untermauern würde. Aber wenn er behauptete, man habe ihm aufgetragen, ein Geschäft auf eine bestimmte Weise abzuschließen, und er später zu zeigen vermochte, dass das Geschäft tatsächlich auf diese Weise abgeschlossen worden war, so würde dies immerhin seine Geschichte untermauern. Das Problem war nur, dass diese Belege den «ich wurde beauftragt»-Teil der Geschichte nicht untermauerten. Wenn er den Ermittlern der Bundesbehörden jedoch voraussagte, was sie finden würden, und sie diese Dinge dann tatsächlich immer wieder vorfanden, dann würde das auch dem Rest seiner Geschichte Glaubwürdigkeit verleihen. So würde er schließlich das Vertrauen der Polizei gewinnen können. Wenn Wissen Macht ist, dann hielt Bobby Davids alle Macht in seinen Händen. Und zu Beginn seiner Interaktion mit den Bundesbehörden war er derjenige, der über all das Wissen verfügte.

Randy erklärte mir, dass dies durchaus keine ungewöhnliche Situation sei. Die Behörden machten sich ein bestimmtes Bild und versuchten dann, Beweise zu finden, die dieses Bild stützten. Genau das täte das FBI gegenwärtig mit der Unmenge von Dokumenten, die es bei der Razzia beschlagnahmt hatte. Wie Randy sagte, sei das Problem, dass man bei einer solchen Masse von Dokumenten immer einen Weg finden könne, die Belege aussagen zu lassen, was man sich wünsche. Vor diesem unheilverkündenden Hintergrund erklärte Randy sich bereit, mich nach bestem Wissen und Gewissen zu verteidigen, und wir besiegelten das mit Handschlag. Ich konnte mir damals unmöglich vorstellen, auf welche Odyssee wir uns zusammen begeben würden. Und ich vermochte auch nicht vorherzusehen, wie eng unsere Freundschaft werden würde. Alles, was ich zu jener Zeit wusste, war, dass derselbe Fluss der Ereignisse, der mich in diesen Schlamassel geführt hatte, mich auch zu meinem wichtigsten Anwalt geführt hatte. Mein großes Experiment bestand darin, diesem Fluss zu folgen, und es gab jetzt kein Zurück mehr.

DIE VEREINIGTEN STAATEN VON AMERIKA VS. MICHAEL A. SINGER

Seit der Razzia waren vier Monate vergangen, und wir wussten immer noch sehr wenig über das, was vor sich ging. Ich war weiterhin überzeugt, dass die Ermittler der Regierung sich durch die Dokumente durcharbeiten und Menschen in unserem Unternehmen befragen und dann feststellen würden, dass Bobby und seine Gruppe die Einzigen waren, die etwas Verwerfliches getan hatten. Es gab keine Schlagzeilen mehr, und in unserem täglichen Leben war alles einigermaßen zum Normalzustand zurückgekehrt. Randy kam ein- oder zweimal nach Alachua herunter, ebenso einige Mitglieder seines Teams. Da wir nicht wussten, welche Anklage die Behörden zu konstruieren versuchten und sie alle Dokumente von 1997 bis 2003 mitgenommen hatten, vermochten wir nicht viel juristische Arbeit zu leisten. Das Einzige, was die Führungskräfte tun konnten, war, unsere Rechtsanwälte über unser Geschäft und unsere persönliche Geschichte zu informieren.

Randy wählte einen Rechtsanwalt namens John Simmons aus South Carolina für mich aus, und kurz danach suchte dieser mich auf. Ich war von ihm beeindruckt. John war früher einmal Staatsanwalt des Bundesstaates South Carolina gewesen und führte jetzt eine private Praxis. Wir verbrachten den Tag miteinander, und als er sah, was ich über die Jahre mit dem Unternehmen und dem Tempel aufgebaut hatte, war er immer entsetzter über das, was ablief. Er erzählte mir, er kenne die Staatsanwältin, welche die Ermittlungen leite, und sie sei eine beachtliche, intelligente Frau. Wie alle, die mit der

Angelegenheit zu tun hatten, war John erstaunt, dass es Bobby gelungen war, sie auf seine Seite zu ziehen.

Randy sagte mir, solch umfangreiche Ermittlungen im Wirtschaftsmilieu könnten sich über Jahre und nicht nur über Monate hinziehen. Wir könnten nicht viel unternehmen, solange die Ermittler der Regierung sich nicht durch das beschlagnahmte Material durchgearbeitet hätten und bereit wären, über den Fall zu diskutieren. Er sagte, wir könnten allerdings die Staatsanwältin kontaktieren und uns nach meinem Status auf der Liste erkundigen. Ich war schockiert zu erfahren, dass ich eines der Hauptziele der Ermittlungen war. Das überraschte Randy nicht. Die Regierung wollte Köpfe rollen sehen, und ich stand ganz oben auf der Liste, weil ich der Generaldirektor gewesen war. Dennoch glaubte ich weiterhin, dass ich mir keine Sorgen machen musste, weil ich mir ja nichts hatte zuschulden kommen lassen. Ich glaubte, die Wahrheit werde am Schluss triumphieren.

Um das Unternehmen von der Ermittlung gegen einzelne Führungskräfte des Medical Manager abzukoppeln, legte ich im Juli 2004 mein Amt als Generaldirektor der Abteilung nieder. Später in diesem Jahr, als die Ermittlungen heißer wurden, zog ich mich auch aus dem Aufsichtsrat zurück. Ich betrachtete dies als einen weiteren Akt der Hingabe meiner Persönlichkeit, um dem zu dienen, was das Leben vorgab. Ich entspannte mich einfach und ließ jeden Widerstand los, der in mir aufstieg. Ich war mit der gesamten Feuerprobe auf diese Weise umgegangen, und das machte diese Periode meines Lebens zu einem tiefgreifenden und sehr intensiven Teil meiner spirituellen Reise.

Der Januar 2005 brachte den nächsten größeren Schritt in dem ganzen Prozess. Die Behörden akzeptierten einen von Bobby und zweien seiner Mitarbeiter vorgeschlagenen Deal in Hinsicht auf die Bestechungsgelder. Die drei erklärten sich bereit, dem Unternehmen Schadensersatz zu leisten, und Bobby war bereit, für ein Jahr und einen Tag ins Gefängnis zu gehen. Nicht schlecht, wenn man bedenkt, dass er am Ende zugab, über einen Zeitraum von fünf Jahren Bestechungsgelder in Höhe von 5,4 Millionen Dollar beiseite geschafft zu haben. Die einzige Anklage, die gegen Bobby Davids und die beiden anderen bestehen blieb, war ein Fall von Postbetrug.

Wir anderen waren darüber ziemlich fassungslos. Es war kein gutes Omen für uns, dass die Regierung bereit war, diese Leute als Gegenleistung für ihre Aussage gegen uns so glimpflich davonkommen zu lassen. Wir hatten inzwischen auch herausgefunden, dass Bobby eine Affäre mit einer Frau aus unserer Buchhaltung gehabt hatte. Sie war zertifizierte Wirtschaftsprüferin und als Bilanzprüferin für das Programm der Händlerakquisition zuständig. Auf ihre Mitwirkung war es größtenteils zurückzuführen, dass es Bobby gelungen war, seine Machenschaften vor der Buchhaltung, den Rechnungsprüfern und der Unternehmungsleitung geheim zu halten. Doch diese Frau war nicht einmal angeklagt. An diesem Punkt wurde mir klar, wie schlecht die Karten für uns gemischt waren. Die Regierung ließ offenkundig schuldige Personen als Gegenleistung für eine Aussage davonkommen. Diese Leute zeigten einfach mit dem Finger nach oben, um sich selbst aus der Schusslinie zu bringen. Dessen ungeachtet hieß es in der Presse, einige Führungskräfte des Medical Manager hätten sich der Verwicklung in eine Bilanzfälschung schuldig bekannt und wahrscheinlich würden noch mehr Personen angeklagt. Das Ganze war ein PR-Albtraum für WebMD und die Medical Manager Practice Services Division. Das Letzte, was ich wollte, war, dem Unternehmen zu schaden. Nach fünfundzwanzig Jahren hingebungsvollen Dienstes war die Zeit gekommen, zurückzutreten. Am 9. Februar 2005 sandte ich mein Kündigungsschreiben an den Generaldirektor von WebMD. Es war wahrscheinlich das einzige Kündigungsschreiben, das unter solchen Umständen geschrieben wurde, das mit den Worten «Mit großer Liebe und tiefem Respekt» unterschrieben war. Und ich meinte jedes dieser Worte wirklich.

Ich war erstaunt, dass mein innerer Zustand nach all diesen Jahren nicht durch den Abschied von der Firma beeinträchtigt wurde. Ich wachte am Morgen nach der Kündigung auf und ging, wie ich es immer tat, zum Tempel hinüber. Danach suchte ich das alte Bürogebäude von Personalized Programming auf dem Grundstück des Tempels auf. Das Gebäude war in ein Wohnhaus umgewandelt worden, aber zurzeit wohnte dort niemand. Mein altes Büro war als Arbeitszimmer benutzt worden, und darin standen noch immer derselbe Schreibtisch und dieselben Möbel wie vor 15 Jahren. Ich stellte fest, dass ich mich dort ebenso wohlfühlte wie in meiner Vorstandsetage am anderen Ende der Straße. Tatsächlich fühlte ich mich dort wohler. Ich hatte immer das einfache Leben geliebt und war schließlich aus diesem Grund in die Wälder gezogen. Als ich dort still in meinem Büro saß, wurde mir klar, dass diese schreckliche Situation einen erstaunlichen Wandel mit sich brachte – sowohl innerlich als auch äußerlich. Das Leben hatte mir immer solche Veränderungen präsentiert, und mein großes Experiment bestand darin, diese Veränderung zu akzeptieren. Ich wusste, dass der Angriff vonseiten der Regierung für mich keine Ausnahme von der Regel darstellte: Ich musste weiterhin einfach bereit sein, dorthin zu gehen, wohin das Leben mich führte.

Ich hatte jetzt genügend Freizeit, um mit dem Schreiben der Bücher zu beginnen, die ich immer eines Tages schreiben wollte. Es waren zwei Bücher: Im ersten Buch wollte ich weitergeben, was ich gelernt hatte, seit ich vor vielen Jahren auf jener Couch sitzend zum ersten Mal die in mir sprechende mentale Stimme bemerkt hatte. Es sollte eine Reise zurück zum Sitz des Selbst sein, wie sie auch jeder andere Mensch antreten konnte. Der Titel des Buches sollte *Die unbändige Seele* sein. Im zweiten Buch wollte ich die Geschichte des wunderbaren Flusses der Ereignisse erzählen, zu denen es im Lauf der Jahre durch meine Hingabe an die Entfaltung des Lebens gekommen war. Es sollte den Titel *Das Experiment Hingabe* haben. Mit diesem zweiten Buch konnte ich noch nicht beginnen, da ich keine Ahnung hatte, wie das letzte Kapitel ausgehen würde. Also begann ich inmitten all dieser Veränderungen und dieser Ungewissheit an *Die unbändige Seele* zu arbeiten.

Karen Entner hatte seit 15 Jahren auf dem Grund des Tempels gewohnt. Sie war in eine Position im Management des Medical Manager hineingewachsen und hatte sich dort als außerordentlich produktive Angestellte erwiesen. Als Leiterin der Dokumentationsabteilung und der computerbasierten Ausbildung hatte sie unter meiner Aufsicht bereits seit Jahren geschrieben. Kurz nachdem ich die Firma verlassen hatte, zeigte sie sich interessiert daran, mich beim Schreiben meines Buches zu unterstützen. Jetzt hatte ich also ein Buchprojekt und die perfekte Person, die mir in dem Prozess helfen konnte. Der Tempel, das Buch und gelegentliche Gespräche mit Randy und seinem Team hielten mich für den Rest des Jahres beschäftigt.

Im November 2005, ganze zwei Jahre nach der Razzia, hörte Randy, dass die Anklage bevorstand. Er und einige der anderen Anwälte verlangten Einsicht in die Beweise, die ihre Klienten mit einer Straftat in Verbindung brachten. Als Ergebnis davon erhielt ich von Randy einen ziemlich fetten Stapel von Dokumenten, welche die Anklage verwenden wollte, um zu beweisen, dass ich hinter den Aktivitäten von Bobby gestanden hatte.

Ich war sehr interessiert daran, dieses Material endlich zu studieren, doch gleichzeitig war mir etwas mulmig zumute. Nach wenigen Stunden war ich total von den Socken. Ich konnte in diesen Dokumenten rein gar nichts finden, das mich belastete. Sie enthielten eine Reihe von Berichten der Buchhaltung über einige wenige der von Bobby getätigten Akquisitionen, doch der Rest bestand hauptsächlich aus handgeschriebenen Memos meiner Assistentin Sandy, die diese während unserer zweimal pro Woche stattfindenden Telefonkonferenzen der Führungsetage geschrieben hatte. Auf diesen Notizen hatte das FBI so gut wie jede Bezugnahme auf irgendwelche Äußerungen während unserer vierteljährlichen Erörterungen der budgetierten Umsätze und Einnahmen angestrichen. Sandy hatte meinen Namen neben einige der Kommentare und Vorschläge gekritzelt. Das war so gut wie alles. Ich war gleichzeitig erleichtert und besorgt. Erleichtert war ich darüber, dass sie, wie ich vermutet hatte, nichts gefunden hatten, was darauf hinwies, dass ich mir irgendetwas hatte zuschulden kommen lassen. Besorgt war ich, weil sie diese Dokumente mit den Anstreichungen offenbar als Beweise gegen mich verwenden wollten. Ich wusste nicht, was ich davon halten sollte, und rief deshalb Randy an.

Randy erzählte mir, jeder, der sich die Dokumente angesehen habe, habe genauso reagiert wie ich: Es gebe darin nichts, das mich mit irgendeinem Fehlverhalten in Verbindung brächte. Randy erklärte aber auch, dass dies keine Rolle spiele. Bobby hatte behauptet, die Bilanzfälschung, in die er verwickelt war, habe den Zweck gehabt, die Zahlen für die Wall Street zu manipulieren. Man würde diese Dokumente dazu verwenden, unsere Motivation aufzuzeigen. Die Anwälte der Regierung würden argumentieren, ich hätte zugelassen, dass Bobby die Bilanz fälschte, um den Erwartungen der Wall Street gerecht zu werden. Das Motiv war einer der Mosaiksteine, welche die Regierung brauchte, um einen Fall gegen mich zu konstruieren. Doch dies betraf nicht nur meine Person. Randy sagte mir, alle anderen Führungskräfte und deren Anwälte hätten auf dieselbe Weise auf das ihnen ausgehändigte Material reagiert.

Nur einen Monat später, am 19. Dezember 2005, erhielt Randy den Bescheid vom Büro der Polizeidirektion in Columbia, South Carolina, die Bundesbehörde habe Anklage erhoben – und ich stand unter Arrest. Zusammen mit neun weiteren früheren Führungskräften der Medical Manager Corporation musste ich mich am 28. Dezember in Charleston, South Carolina, den Bundesbehörden zur Anklageverlesung stellen. Auf der Vorladung stand:

DIE VEREINIGTEN STAATEN VON AMERIKA
GEGEN MICHAEL A. SINGER

DIE VORBEREITUNG EINER VERTEIDIGUNG

Bis ich die Anklageschrift sah, hatte ich noch geglaubt, einigermaßen verstanden zu haben, womit ich es zu tun bekommen würde. Sie war, ehrlich gesagt, weiter von der Wahrheit entfernt als alles, was mir in meinem Leben jemals untergekommen war. Ich wusste, dass Bobby uns in seinen Betrug hineinziehen wollte, indem er den Behörden gegenüber erklärte, wir hätten in vollem Umfang um sein Fehlverhalten gewusst. Aus juristischer Sicht hätte uns das zu Mittätern gemacht. Doch in der Anklageschrift tauchte nicht einmal der Name von Bobby Davids auf. Sie führte nur all die Vergehen auf, zu denen er sich bekannt hatte, und behauptete, die Führungskräfte hätten diese Dinge begangen – oder, genauer gesagt, sie hätten die Straftaten «verursacht». Wir alle wurden der Verabredung zu einer Straftat angeklagt, wofür uns eine Gefängnisstrafe von bis zu fünfzehn Jahren drohte.

Als ich die Anklageschrift gelesen hatte, war ich erst einmal sprachlos. Randy war es nicht. Es war genau das, was er aufgrund seiner dreißigjährigen Erfahrung erwartet hatte. Die Anklageschrift präsentierte die Geschichte der Behörden in möglichst starken Worten, um deren Anklagepunkte zu rechtfertigen. Die Wahrheit, so war zu hoffen, würde dagegen im Feuer des Prozesses zutage treten. Bisher hatte es noch nicht den geringsten Widerspruch gegen Bobbys Sicht der Welt gegeben. Unser Kampf hatte noch gar nicht begonnen.

Ich hatte mich mit John Simmons, meinem Anwalt aus South Carolina, und Randy zu der Anklageverlesung verabredet. Alle zehn angeklagten Führungskräfte des Medical Manager waren anwesend, zusammen mit mehr als zwanzig unserer Anwälte. Außer mir waren John Kang, John Sessions, Rick Karl, David Ward, zwei regionale Vizepräsidenten, der Leiter der Finanzabteilung, ein Rechnungsprüfer sowie der Anwalt, der für das Programm der Händlerakquisition arbeitete, erschienen. Es war ein ziemliches Theater. Vor dem gerichtlichen Verfahren wurden wir alle vom FBI registriert und unsere Fingerabdrücke wurden genommen – eine, wie ich wohl kaum betonen muss, für uns alle neue Erfahrung.

Als wir schließlich alle vor dem Gerichtssaal zusammentrafen, waren viele von uns einander seit Jahren nicht mehr begegnet. Wir hatten zusammen ein erfolgreiches Unternehmen aufgebaut, und zwischen uns herrschte immer noch echte Freundschaft und Kameradschaftsgeist. Die Anwälte meinten, wir sollten lieber nicht miteinander sprechen, aber so lief das nicht. Die Szene wurde zu einem Wiedersehen mit warmem Händedruck und Umarmungen. Jeder von uns wusste in seinem Herzen, dass wir uns die Dinge, derer wir angeklagt wurden, nicht hatten zuschulden kommen lassen. Vielleicht schweißte uns das Gefühl, es mit einem gemeinsamen Gegner zu tun zu haben, noch enger zusammen. Als die Staatsanwältin schließlich auftauchte, sah das Ganze mehr nach einem geselligen Beisammensein als nach einer Anklageerhebung aus.

Ich wollte der Staatsanwältin wirklich begegnen. Ich machte ihr keinerlei Vorwürfe. Ich empfand tatsächlich eine merkwürdige Verwandtschaft mit ihr, da wir beide von demselben Gauner – Bobby Davids – betrogen worden waren. Der Unterschied war nur, dass ich das wusste und sie nicht. Wider Randys besseres Wissen, aber mit seiner Erlaubnis stellte ich mich ihr vor. Sie schüttelte mir die Hand, aber es war offensichtlich, dass sie mich nicht besonders mochte. Wir trafen uns hier zwar zum ersten Mal, aber sie hatte sich in ihrem Kopf bereits das Bild eines Mickey Singer gemacht, dem ich auch nicht gern begegnet wäre.

Die Verhandlung lief reibungslos ab, nur dass hier nicht ein Angeklagter mit seinem Anwalt vor dem Richter stand, sondern dass sich zehn Angeklagte und zehn Anwälte auf engem Raum zusammendrängten. Der Gerichtssaal war ziemlich klein, und die Sitzplätze für das Publikum waren ganz von dem Rest unserer Anwaltsteams eingenommen. Der Raum war so gepackt voll, dass zwölf Strafgefangene in orangefarbenen Overalls, die ebenfalls dem Richter vorgeführt wurden, auf der Geschworenenbank Platz nehmen mussten. Ich stand gleich neben der Geschworenenbank, und diese Strafgefangenen erinnerten mich an meine Gruppe im Gefängnis. So, wie die Dinge standen, vermochte ich den Gedanken nicht zu vermeiden, ich könnte eines Tages an ihrer Stelle sein. Wollte ich während dieser ganzen Feuerprobe meinen inneren Frieden bewahren, so war mir klar, dann durfte ich mich durch diesen Gedanken nicht schrecken lassen. Also ließ ich einfach los und entspannte mich in den Augenblick. Ich stand in einem Gerichtssaal in South Carolina und wurde zur Anklageerhebung vorgeführt, aber ich empfand vor allem Liebe für die neben mir sitzenden Strafgefangenen. Randy musste mich anstoßen, um mir zu signalisieren, ich sollte gerade stehen und aufmerksam der Verhandlung folgen. Ich wusste nur, dass ich mich auf der Reise meines Lebens befand und mich wunderte, wohin sie mich geführt hatte.

Der Richter ließ uns auf eigene Zusicherung, wieder vor Gericht zu erscheinen, frei, ohne dass wir eine Kaution hinterlegen mussten. Obwohl wir frei waren zu gehen, verweilte ich noch für eine Weile in dem Gerichtssaal und fragte mich, was ich dort wohl zu erwarten hätte. Dies waren ganz einzigartige Momente in meinem Leben – ich sollte sie besser nicht verpassen.

Danach traf ich mich für eine Weile mit einigen der Führungskräfte. Ich hatte Rick Karl seit vielen Jahren nicht mehr gesehen, aber das hatte unserer engen Freundschaft keinen Abbruch getan. Er erzählte mir, er sei für das Amt eines Bundesrichters in Florida nominiert worden. Vieles hatte darauf hingewiesen, dass er den Posten erhalten würde, doch sobald er hörte, dass er unter Anklage stand, musste er seinen Namen zurückziehen. Ähnlich erging es John Kang; er bereitete sich darauf vor, vom Posten des Vorstandsvorsitzenden und Generaldirektors der Aktiengesellschaft, die sein Bruder und er gegründet hatten, zurückzutreten. Alle ließen sich nichts anmerken, aber diese Situation veränderte ihr Leben.

Einmal abgesehen von den Führungskräften und ihren Familien, hatten die Schlagzeilen über die Anklage auch Auswirkungen auf einige andere Menschen, die mir sehr am Herzen lagen. Ich hatte bereits einen Anruf vom Gefängnisdirektor der Union Correctional Institution erhalten, der mir mitgeteilt hatte, er habe, bis diese Situation geklärt war, keine andere Wahl, als die Genehmigung, meine Gruppe am Samstagvormittag zu treffen, zurückzuziehen. Nach dreißig Jahren des Engagements für das wahrscheinlich Wichtigste, das ich in meinem Leben getan hatte, war meine Gefängnisarbeit damit beendet. Eine Welle der Dunkelheit brach über all das herein, was eine Quelle von so viel Licht gewesen war. Das alles entzog sich völlig meiner Kontrolle. Ich war entschlossen, tief in meinem Inneren in Frieden dazusitzen und abzuwarten, ob es vorübergehen würde, ohne meinen inneren Zustand zu beeinträchtigen. Es war wie in jenen frühen Tagen, in denen ich mein Experiment begonnen hatte, angesichts der Wahrnehmung von Gefahr loszulassen. Der große Unterschied war, dass diese Gefahr jetzt über alles hinausreichte, was ich mir jemals hätte vorstellen können. Es war das perfekte Gewitter.

Inzwischen waren mehr als zwei Jahre seit der Razzia vergangen. Die Behörden waren gesetzlich verpflichtet, all die Materialien offenzulegen, die sie beschlagnahmt hatten. Doch zur Zeit der Anklageerhebung lagen uns immer noch keine Dokumente vor, mit denen wir eine Verteidigung hätten vorbereiten können. Eines Abends versammelten sich sämtliche Verteidiger in einem Hotel. Es war wirklich eine Freude zu sehen, wie alle diese Anwälte miteinander interagierten. Randy hatte die Führung übernommen, und er hatte eine Vereinbarung zur gemeinsamen Verteidigung formuliert, die es uns erlauben würde, die Materialien untereinander auszutauschen. Letzten Endes lag es jedoch in der Verantwortung jedes einzelnen Anwalts, die Interessen seines jeweiligen Klienten so gut wie möglich zu vertreten. In diesem Raum, von einer ganzen Meute von Strafverteidigern umgeben, wurde mir klar, in was für einer erstaunlichen Situation ich mich befand. Ich war dabei, mich auf eine sehr persönliche Reise durch das amerikanische Rechtssystem zu begeben. Ich wusste, dass ich niemals auch nur daran gedacht hatte, die Dinge zu tun, derer ich angeklagt war. Doch worauf würde dies alles hinauslaufen? Würde unser großartiges Rechtssystem funktionieren?

Einen Monat später erhielten wir allmählich die erste Welle der freigegebenen Materialien. Wir erhielten Zugang zu 1,2 Millionen E-Mail-Botschaften, die während der Razzia beschlagnahmt worden waren, sowie zu einigen Verhörprotokollen des FBI. Es sollte weitere fünf Monate dauern, bis wir Zugang zu den Millionen von Seiten von Papieren erhielten, die bei der Razzia beschlagnahmt worden waren, ganz zu schweigen von den Hunderten von Tausenden Computerdateien, die damals kopiert worden waren. Die Behörden hatten fast drei Jahre Zeit gehabt, dieses ganze Material zu studieren; es durchzuarbeiten, würde die Verteidigung ebenfalls Jahre kosten.

Sobald das freigegebene Material einzutreffen begann, stellten mich Randy und das Team von Baker Botts vor alle möglichen Aufgaben. Ich musste folgende Materialien durchsehen: Zehntausende von E-Mail-Nachrichten; sämtliche Notizen aus den Konferenzen der Führungskräfte während eines Zeitraums von sechs Jahren; meine schriftlichen Antworten auf die Arbeit, die ich über Jahre hinweg am Abend mit nach Hause genommen hatte. In regelmäßigen Zeitabständen reiste ich nach Washington, um mit dem Team an speziellen Punkten zu arbeiten. Es arbeiteten ständig vier oder fünf Anwälte von Baker Botts für mich an dem Fall. Auch die Anwälte der anderen Führungskräfte bildeten engagierte Teams, die allerdings nicht alle so groß waren wie meines. Je weiter wir in das Material eindrangen, desto offensichtlicher wurde: Niemand außer Bobby und seiner Gruppe hatte sich irgendetwas zuschulden kommen lassen. Es gab keinerlei E-Mails oder Dokumente, die aufzeigten, dass irgendeine der Führungskräfte angewiesen oder auch nur angedeutet hatte, die Buchhaltung solle manipuliert werden. Dreißig bis vierzig unserer Anwälte vergruben sich in diese Dokumente, um irgendetwas aufzuspüren, das uns mit dem Fehlverhalten von Bobby hätte in Verbindung bringen können. Niemand fand irgendwelche stichhaltigen Beweise gegen einen der Angeklagten. Da wir jedoch alle regelmäßig mit Bobby Davids zusammengearbeitet hatten, gab es unglücklicherweise Indizien, die man dahingehend ausschlachten konnte, dass sie das bedeuteten, was man sich wünschte.

Vor diesem ganzen Hintergrund schrieb ich das Buch *Die unbändige Seele*. Ich wünschte mir aus tiefster Seele, anderen kommunizieren zu können, dass sich tief in ihrem Inneren eine Stimme befindet, auf deren unablässiges Geschnatter sie hören – und dass es einen Weg gibt, sich davon zu befreien. Das war die Arbeit meines Lebens – nicht dieses absurde juristische Theater. Es war mir egal, wie bedrohlich die Unwahrheit geworden war – ich wollte mit anderen eine tiefe Wahrheit teilen, die ihr Leben aufzuhellen vermochte. Ich setzte mich sehr für dieses Buch ein. Ende 2006 waren Karen und ich mit dem Schreiben fertig, aber wir waren noch dabei, dem Manuskript den letzten Feinschliff zu geben. Ich schickte Randy eine frühe Fassung, weil ich seine Meinung dazu hören wollte. Ohnehin brauchte ich die Zustimmung meines Anwalts zu so gut wie allen Aktivitäten, die sich irgendwie auf den Fall auswirken konnten. Randy war sehr besorgt, dass die Ermittler der Behörden irgendeinen Dreh finden könnten, das Buch gegen mich zu verwenden, wie sie es mit allem anderen getan hatten. Ich sagte ihm, ich sei bereit, dieses Risiko einzugehen.

Gerade da ich keine Ahnung hatte, wie der Prozess ausgehen würde, wollte ich, dass das Buch so bald wie möglich veröffentlicht wurde. Nachdem wir die Risiken besprochen hatten, überließ Randy mir die Entscheidung.

Die Veröffentlichung von *Die unbändige Seele* kam erstaunlich rasch zustande. Ich hatte James O'Dea, einem engen Freund, der zum Kuratorium des Tempels gehörte, eine frühe Fassung des Buches zu lesen gegeben. Wie die Perfektion des Lebens es wollte, war James zu der Zeit der Direktor des Institute of Noetic Sciences (IONS), und das Institut hatte gerade eine Vereinbarung über eine verlegerische Zusammenarbeit mit New Harbinger Publications, dem führenden Verlag des Landes für Psychologiebücher, getroffen. Sie alle lasen das Buch und mochten es sehr. Angesichts der Tatsache, dass alles andere in meinem Leben hin zu einem Abgrund gezogen wurde, erstaunte es mich zu sehen, wie reibungslos die Energien in Hinsicht auf die Publikation flossen.

Die unbändige Seele erschien im September 2007. Ich umging die übliche Lesereise zur Förderung des Verkaufs und lehnte alle Interviewanfragen ab. Ich wusste, dass es zu den Aufgaben eines Autors gehört, Werbung für sein Buch zu machen, besonders bei Erscheinen; also ließ ich New Harbinger wissen, dass ich die PR über das Internet abwickeln würde. Karen und ich entwickelten eine Marketingstrategie, und ohne die Wälder von Alachua zu verlassen, pumpten wir Zeit und Geld in die Werbung für das Buch. Die Ergebnisse waren phänomenal. Die erste Auflage von New Harbinger sollte für ein Jahr ausreichen, aber sie war bereits nach drei Monaten ausverkauft. Auch nach der Startphase verkaufte sich das Buch ganz von selbst sehr gut weiter, und das galt auch für die Übersetzungen im Ausland. Inmitten dieser so rabenschwarzen Periode meines Lebens, kam das Buch zustande, es wuchsen ihm Flügel und es schwang sich auf zu einer Reise um die Welt. Das Feedback von überallher war überwältigend. *Die unbändige Seele* erfüllte seinen Zweck – es war hilfreich für andere Menschen. Inmitten tiefer Dunkelheit verbreitete es Licht.

DIE VERFASSUNG UND DIE BILL OF RIGHTS

Der Rechtsstreit wurde zweifellos immer interessanter. Als wir erst einmal Zugang zu dem freigegebenen Material bekommen hatten, konnten wir eine Verteidigung vorbereiten. Das Erste, was Randy und das Verteidigungsteam taten, war, den Richter aufzufordern, von der Regierung eine Reduktion der Menge des Materials zu verlangen. Sie konnten uns nicht einfach etliche Millionen von E-Mail-Botschaften, Dokumenten und Computerdateien sowie die Buchhaltungsunterlagen von mehreren Jahren überreichen und dann sagen, irgendwo in diesem Wust werde unser Fehlverhalten ersichtlich. Sollten wir eine Chance haben, uns zu verteidigen, dann musste die Behauptung, wir hätten uns etwas zuschulden kommen lassen, schon spezifiziert werden. In juristischer Terminologie nennt man dies eine «bill of particulars» (Substantiierung der Klage). Die Regierung focht dies an, aber der Richter erließ eine Anordnung, welche die Staatsanwaltschaft zwang, zu spezifizieren, welche Händlerakquisitionen und welche Buchungen sie im Prozess vorlegen wollte.

In all den Jahren, in denen ich mit ansehen musste, wie die Wahrheit bis zur Unkenntlichkeit manipuliert wurde, war dies das erste Mal, dass uns ein Mitspracherecht eingeräumt wurde. Das amerikanische Justizministerium ist eine der mächtigsten Bürokratien der Welt – aber es ist nicht allmächtig. Der Richter war befugt, das Justizministerium zu überstimmen. Ich führte mir vor Augen, dass dies in vielen anderen Ländern nicht der Fall ist. Waren die Regierungen dieser Länder überzeugt, dass man im Unrecht war, dann war das so gut wie das Ende der Fahnenstange. Solange ich diese Prüfung über mich ergehen lassen musste, wollte ich so viel wie irgend möglich über unser Rechtssystem lernen. Ich fragte Randy, was genau uns das Recht gebe, diese Forderung an die Regierung zu stellen. Und mir gefiel seine Antwort: die Verfassung. Der sechste Zusatzartikel zur Verfassung der Vereinigten Staaten besagt: «Der Angeklagte besitzt das Recht ... über die Natur und den Grund der Anklage informiert zu werden.» Entscheide des Bundesgerichts hatten dieses Recht im Lauf der Jahre so interpretiert, das man das Recht habe, eine «bill of particulars» zu verlangen, wenn das Beweismaterial, das einem vorgelegt wurde, zu ausufernd war.

Ich erzählte Randy damals nichts davon, doch diese Tatsache bewegte mich im Kern meines Daseins. Seit drei Jahren hatte ich tief in meinem Inneren gesessen und hatte mit ansehen müssen, wie die Obrigkeit die Lügen Bobbys übernahm und sie zu einer scheinbar unaufhaltsamen zerstörerischen Kraft aufblähte. Plötzlich wurde ich daran erinnert, dass Menschen, denen ich niemals begegnet war, die Fürsorge und Voraussicht besessen hatten, sicherzustellen, dass ich Rechte besaß. Im Rechtsstreit der Vereinigten Staaten von Amerika gegen Michael A. Singer hatte ich einige bedeutende Persönlichkeiten auf meiner Seite – Thomas Jefferson, George Mason und James Madison, um nur einige wenige zu nennen. Im Lauf der darauf folgenden Jahre wurde mir schmerzlich bewusst, dass nur ein einziges Stück Papier zwischen mir und dem dunklen Abgrund stand. Dieses Stück Papier war die Amerikanische Verfassung.

Ich ging erst einmal in die Bibliothek und las die Verfassung von Anfang bis Ende. Aus der Sicht meiner misslichen Lage wurde deutlich, dass die Gründerväter nicht nur eine Regierung geschaffen hatten, sondern dass sie die Bürger auch vor dieser Regierung schützen wollten. Ich hatte bisher zwar theoretisch darum gewusst, doch jetzt wurde es zu einer sehr persönlichen Erfahrung. Dies war keine Vorlesung in Sozialkunde – es war mein Leben. Unter diesen

Umständen wurde die Amerikanische Verfassung für mich wirklich lebendig.

Während des ganzen Jahres 2007 arbeitete die Gruppe der Verteidiger daran, sämtliche relevanten Dokumente in Hinsicht auf die in der «bill of particulars» aufgelisteten Anklagepunkte aufzuspüren. Ich reiste jeden Monat für einige Tage nach Washington und hatte auch regelmäßige Audiokonferenzen mit dem Team der Anwälte von Baker Botts. Randy war bei fast allen Sitzungen anwesend, und sein Partner Casey Cooper und dessen Mitarbeiter kümmerten sich um die laufende Arbeit.

Jedem der beteiligten Anwälte war die Rekonstruktion eines Teils der Händlerakquisitionen zugewiesen worden, und wir überprüften jede dieser Transaktionen bis ins kleinste Detail. Für mich war das, als werde mein Ego mit einem Presslufthammer bearbeitet. Ich hatte ein wundervolles Unternehmen aufgebaut und geleitet. Wir hatten ein großartiges Produkt und wunderbare Klienten – und wir waren sehr erfolgreich gewesen. Aber im Untergrund des Programms für die Händlerakquisition fand sich Unflat. Es war, als blickte ich in eine Kloake. Bobby hatte alle in seiner Welt bestohlen, belogen, manipuliert und kontrolliert – einschließlich meiner Wenigkeit und des Rests des Managements. Es verschlug mir den Atem, als ich sah, was er angerichtet hatte. Hinter alledem stand die Erkenntnis, dass es in diesen Konferenzen gar nicht um das ging, was Bobby getan hatte. Es ging um die Tatsache, dass er einen Weg gefunden hatte, uns für sein eigenes Fehlverhalten strafrechtlich verantwortlich zu machen. Es war, als befände ich mich im Film Twilight Zone. Alles, was ich zu tun vermochte, war, immer weiter auf der tiefst möglichen Ebene loszulassen. Mein Mantra war: Dies ist die Realität – geh damit um! Ich stellte mich darauf ein, dass ich auf meiner Reise durch das Leben jetzt Teil eines hervorragenden juristischen Teams war, das zusammengestellt worden war, um diesen armen Toren namens Singer, der von einem Schurken hereingelegt worden war, zu verteidigen. Ich nahm einen tiefen Atemzug, ließ los und trug so gut wie möglich zu dem jeweils besprochenen Thema bei, und wir kamen zweifellos voran. Wir hatten entdeckt, dass die Festplatte mit den Daten der PCs unserer Mitarbeiter, die wir vom FBI erhalten hatten, nicht sachgemäß indiziert worden war. Aus irgendeinem Grund hatten die Agenten die Dateien nur nach den kurzen beschreibenden Überschriften indiziert, die sie jeder Datei zugeteilt hatten. Die Inhalte der Dateien selbst waren jedoch nicht für Suchzwecke indiziert worden. Das schränkte die Suchresultate dieser wichtigen Datenquelle ganz erheblich ein. Das Verteidigungsteam veranlasste eine vollständige Indizierung, und so stießen wir auf viele interessante historische Dokumente. Wir fanden frühe Entwürfe von Dokumenten sowie Briefe, die in direktem Widerspruch zu einigen der von Bobby aufgetischten Lügen standen. Schritt für Schritt gelang es uns, das verschlungene Durcheinander, das er erzeugt hatte, zu entwirren.

Richter Blatt war für unseren Fall zuständig, und Randy kam sehr gut mit ihm zurecht. Wir hatten regelmäßige vorprozessuale Anhörungen, und dabei gab Richter Blatt vielen, wenn auch nicht allen unserer Anträge statt. Randy fand, er sei in seinen Entscheidungen sehr fair, und er hatte das Gefühl, dass der Richter langsam eine Ahnung davon bekam, wie sehr die Regierung den Fall überstrapaziert hatte. Seit der Razzia waren inzwischen vier Jahre vergangen, und die Dinge begannen langsam besser auszusehen. Mein Vertrauen auf Randy als meinem Hauptanwalt und als eine der führenden Persönlichkeiten in der Gruppe von Verteidigern hätte nicht größer sein können.

2008 begann der Wirrwar sich aufzulösen. Da informierte mich Randy am 7. Februar, bei einer medizinischen Vorsorgeuntersuchung sei bei ihm ein Tumor diagnostiziert worden. Er war bösartig, und die Ärzte wollten sofort operieren. Sie schnitten seine Brust auf und entfernten den Tumor. Mitten in der Schlacht ging der General zu Boden.

Schon nach drei oder vier Wochen war Randy wieder auf den Beinen, und er übernahm wieder die Verantwortung. Aber es gab ein schwelendes Problem. Die Ärzte meinten, der Tumor könne mit einiger Wahrscheinlichkeit zurückkehren und er solle eine Chemotherapie in Betracht ziehen. Randy beschloss, abzuwarten und auf das Beste zu hoffen. Bis auf Weiteres ging es wieder an die Arbeit. Das war gut so, denn die Regierung hatte beim Richter beantragt, er solle einen definitiven Termin für den Prozessbeginn festlegen. Wir hatten den Richter wissen lassen, dass wir angesichts des schieren Umfangs des Beweismaterials längst noch nicht ausreichend vorbereitet waren. Aber im Juni 2008 wurde uns vom Richter der Prozesstermin übermittelt – 2. Februar 2009, also in nur sieben Monaten. Wir hatten noch so viel Arbeit vor uns – genug für eine ganze Armee von Anwälten.

Auf halben Weg zu dem Gerichtstermin kehrte der Krebs von Randy zurück. Diesmal würden acht Wochen intensiver Chemotherapie nötig sein und danach eine unbestimmte Zeit der Rekonvaleszenz. Ich erinnerte mich an die Zeit, zu der Jim Mercer mich bei der Wahl eines Anwalts beraten hatte. Er hatte gesagt, es würde der Heilige Gral für mich bedeuten, den Seniorpartner einer der führenden Kanzleien des Landes zu gewinnen, der sich persönlich allein für meinen Fall einsetzte. Randy hatte sich als dieser Heilige Gral erwiesen. Jetzt zog er entgegen dem Rat seines Arztes ernsthaft in Erwägung, sein Leben aufs Spiel zu setzen und mit dem Beginn seiner medizinischen Behandlung zu warten, bis der Prozess abgeschlossen war. Ich sagte ihm, dass das nicht infrage käme, aber er beschloss, abzuwarten und zu sehen, wie schnell der Tumor fortschritt, bevor er eine Entscheidung traf. Randy war wie ein Samurai, der schließlich in eine Schlacht zog, in der es um Ehre, Wahrheit und Gerechtigkeit ging.

Er wollte sein Schwert nicht wegen eines kleinen Tumors niederlegen.

Unglücklicherweise dauerte es nur einen Monat, bis der Tumor so weit fortgeschritten war, dass Randy keine Wahl mehr blieb. Wir wussten, dass Richter Blatt nicht zu bewegen sein würde, den Gerichtstermin zu verschieben. Obwohl wenig Aussicht auf Erfolg bestand, beantragte Randy einen Aufschub von drei Monaten, damit er mich bei dem Prozess vertreten könne. Der Antrag berief sich auf mein verfassungsmäßig garantiertes Recht, den Rechtsbeistand meiner Wahl zu haben. Obwohl die Regierung sich gegen den Antrag wehrte, gab der Richter ihm unter der Bedingung statt, dass ich für den Fall, dass Randy sich nicht rechtzeitig erholte, einen anderen Hauptverteidiger wählte. Der neue Gerichtstermin wurde auf den 4. Mai 2009 festgesetzt und Randy begann, nur fünf Monate vor diesem Termin, mit seiner Behandlung.

Ich hatte zu diesem Zeitpunkt bereits mehr als fünf Jahre mit Randy zusammengearbeitet. Er war nicht nur mein Hauptverteidiger und ein guter Freund, sondern auch der wichtigste juristische Stratege für das gesamte Team der Verteidigung. Für ihn gab es einfach keinen Ersatz. Doch da ich dem Richter versprochen hatte, wenigstens als Absicherung einen Ersatz für meinen Hauptverteidiger zu suchen, tat ich genau das. Ich nahm einen tiefen Atemzug und ergab mich der mir vorgesetzten Realität: Ich musste beginnen, mit einem neuen Hauptanwalt zu arbeiten.

GÖTTLICHE INTERVENTION

Als wir uns dem Prozessbeginn näherten, wurde das Arbeitspensum immer größer. Es begann ein sehr interessantes und wichtiges Stadium der Voruntersuchungen: Anträge in limine. Das waren vorprozessuale Anträge, die uns die Möglichkeit gaben, infrage zu stellen, ob Beweise, welche die Staatsanwaltschaft in der Gerichtsverhandlung vorzulegen beabsichtigte, aus juristischer Sicht tatsächlich stichhaltig waren. Die Staatsanwaltschaft hatte ein Dokument nach dem anderen hergenommen und es auf eine Weise interpretiert, die ihre Version der Ereignisse zu bestätigen schien. Ich wusste ganz sicher, dass viele der Dokumente nicht die Aussage enthielten, auf die sie hingebogen wurden. Aus dem Zusammenhang gerissen, konnten sie möglicherweise jedoch die Geschworenen beeinflussen. Es freute mich zu erfahren, dass die amerikanischen Gerichte das verfassungsmäßige Recht der Bürger auf einen fairen Prozess dahingehend interpretiert hatten, dass die Möglichkeit ausgeschlossen wurde, mit Beweismaterial, das nicht vernünftigen Maßstäben der Glaubwürdigkeit entsprach, Vorurteile bei einem Schwurgericht zu erzeugen. Wir hatten, mit anderen Worten gesagt, das Recht, beim Richter den Antrag zu stellen, einiges von diesem Material gar nicht erst zum Prozess zuzulassen.

Antrag für Antrag zweifelten wir die Relevanz und/oder Glaubwürdigkeit dessen an, was die Regierung den Geschworenen vorzusetzen beabsichtigte. In vielen Fällen stimmte der Richter uns zu. Dieser Richter zügelte nun endlich die hemmungslosen Versuche, Beweise zu produzieren, indem man Dokumenten und Ereignissen willkürlich einen bestimmten Sinn zuschrieb. Ich nahm nicht an den Vorverhandlungen teil, doch ich prüfte alle Anträge und verfolgte mit großem Interesse, wie sie vom Gericht entschieden wurden. Da Randy ausgefallen war, erhielt ich von seiner Partnerin Alex Walsh tägliche Updates. Ich war von ihr sehr beeindruckt und konnte nun beobachten, wie Randys Abwesenheit eine enorme Chance für die jüngeren Anwälte darstellte. Es gefiel mir zu sehen, dass aus dieser Dunkelheit heraus etwas Großes geschmiedet wurde.

Randys Chemotherapie war beendet, und er wollte gleich wieder in die Arbeit einsteigen. Doch obwohl die Therapie erfolgreich war, würde es einige Monate dauern, bis er wieder zu Kräften kam. Ende März, nur einen Monat vor Prozessbeginn, erfuhren wir, dass die Dauer von Randys Rekonvaleszenz nicht unsere einzige Sorge sein sollte. Am 27. März 2009 kündigte Richter Blatt an, er werde sein Amt aus Alters- und Gesundheitsgründen niederlegen. Wir hatten unseren Richter verloren.

Sofort setzte ein Säbelrasseln ein. Die Regierung ließ alle Anwälte der Verteidigung wissen, sie sollten besser gleich einen Deal mit ihr aushandeln, denn in einem Verfahren mit einem neuen Richter werde man sie vernichtend schlagen. Da Richter Blatt den Fall in den vergangenen dreieinhalb Jahren so gut kennengelernt und sich immer als sehr fair erwiesen hatte, war die Aussicht, so kurz vor zwölf einen neuen Richter zu erhalten, natürlich sehr entmutigend. Mitten in der gefährlichsten Situation meines Lebens waren mir die beiden Kräfte in dieser Welt, auf die ich am meisten vertraute – Randy und Richter Blatt – genommen worden. Diese erstaunliche Entwicklung der Ereignisse entzog sich so vollkommen meiner Kontrolle, dass ich keine andere Wahl hatte, als mich auf einer noch tieferen Ebene hinzugeben. Es sah so aus, als entfalte sich das Leben letztendlich auf eine Weise, die zum sicheren Untergang all dessen führen würde, was von meinem persönlichen Ich noch übrig war – so wie ich es vor vielen Jahren erbeten hatte.

Niemand wusste, was als Nächstes geschehen werde. Der Prozessbeginn musste mit größter Wahrscheinlichkeit vertagt werden, aber niemand hatte eine Ahnung, auf welchen Termin und wer der Richter sein würde. Alles, was wir tun konnten, war sicherzustellen, dass wir vorbereitet waren – für alle Fälle. Richter Norton, der vorsitzende Richter am Amtsgericht, übernahm die Aufgabe, einen Bundesrichter zu finden, der in der Lage war, kurzfristig einen auf eine Dauer von vier Monaten veranschlagten Prozess zu übernehmen. Bis dieser gefunden war, saß Richter Blatt weiter den Vorverhandlungen vor, und wir waren sehr erfolgreich mit unseren Anträgen in limine. Da Richter Norton keinen Ersatz für Richter Blatt finden konnte, beschloss er schließlich, den Fall selbst zu übernehmen. Bei einer Anhörung im Juli erhielten wir ein neues Datum für den Prozessbeginn, den 18. Januar 2010. Nun sollte also der vorsitzende Richter des Amtsgerichts von South Carolina den Fall anhören. Alles wurde einfach immer größer und größer. Es ist beachtenswert, dass der Bundesanwalt in South Carolina, der ursprünglich die Strafanzeige gestellt hatte, Jahre zuvor zurückgetreten war, und dass das Justizministerium in Washington den Fall praktisch übernommen hatte.

Judge Norton übernahm die Vorverhandlungen etwa im August 2009. Inzwischen saß Randy wieder fest im Sattel, und er fand Richter Norton sehr intelligent, sachkundig und unvoreingenommen. Es zeigte sich, dass Richter Norton ganz ähnlich entschied wie Richter Blatt. Wir fuhren fort, die Klage der Regierung in den Vorverhandlungen während der Monate bis zum Prozessbeginn weiter in Stücke zu reißen. Es hatte ganz den Anschein, als sähe der neue Richter die Schwäche der gegen uns erhobenen Anschuldigungen ebenso wie der alte.

Im Oktober, drei Monate vor Prozessbeginn, war es an der Zeit, eine Unterkunft in Charleston zu buchen. Einige Jahre zuvor hatte ich Randy gefragt, wie die Chancen dafür stünden, dass die Regierung einsehen würde, dass ich mir nichts hatte zuschulden kommen lassen, und sie die Anklage einfach fallen lassen würden. Er sagte mir, er erwarte, die Regierung werde die Anklage gegen alle außer gegen mich, John Kang und John Session – den Generaldirektor, den Präsidenten und den Vorstand für das Operative Geschäft – fallen lassen. Randy hätte auch noch den Leiter der Finanzabteilung dazugezählt, doch der war inzwischen an Krebs verstorben.

Ich wollte ganz sicher sein, wie meine Chancen stünden, und so bedrängte ich Randy weiter und fragte ihn, ob es buchstäblich einer göttlichen Intervention bedürfe, damit ich einen Prozess vermeiden und ohne Strafe davonkommen würde. Er dachte für einen Moment nach und sagte dann: «Ja, dazu bräuchte es eines Aktes göttlicher Intervention.» Mit diesem Gedanken im Hinterkopf fuhren Donna und ich nach Charleston und mieteten ein Haus, in dem wir vier Monate lang leben konnten. Wir machten ein Abenteuer daraus. Wir hatten beide seit mehr als dreißig Jahren auf dem Grund des Tempels gelebt und waren nie mehr als wenige Wochen am Stück von Zuhause fort gewesen. Es musste zu diesem Prozess kommen, damit wir für eine derart lange Zeit umzogen. Und es hätte natürlich sein können, dass mein Abschied sehr viel länger dauerte.

Als wir uns dem Prozessbeginn näherten, entfalteten sich die Dinge genau so, wie Randy es vorhergesagt hatte. Die Regierung lud – einen nach dem anderen – die zweite Riege der angeklagten Manager vor und versuchte, etwas Nützliches aus ihnen herauszuholen, um die Anklage gegen sie dann fallen zu lassen. Natürlich gab es da nichts zu holen, und wir waren froh zu sehen, dass unseren Kollegen kein Unheil mehr drohte. Es blieben also nur die drei höchsten Manager übrig, die am 18. Januar 2010 vor Gericht stehen sollten.

Mitte Dezember erhielt ich einen Anruf von Randy. Er hatte durch vertrauliche Kanäle einen Hinweis darauf erhalten, dass die Regierung mit einem Mal daran interessiert sei, einen Vergleich mit mir auszuhandeln. Randy ging der Sache nach und berichtete mir, es sähe so aus, als hätte die Staatsanwaltschaft die Nase voll und wolle mich aus dem

Fall heraushalten. Angesichts der Erfolge, die wir in den Vorverhandlungen erzielt hatten, waren wir in Hinsicht auf meine Position recht zuversichtlich. Ich sagte Randy, ich wünschte mir, dass das Verfahren gegen mich ohne Eintrag in das Strafregister eingestellt werde. Wenn die Regierung eine eidesstattliche Erklärung von mir verlange, würde ich erklären, dass ich immer in dem Glauben gewesen sei, alle Dinge würden in Übereinstimmung mit den üblichen Prinzipien der Buchhaltung abgewickelt, dass ich heute aber sehe, dass Bobby einige unlautere Dinge getan hatte. Mit anderen Worten: Ich wollte die Wahrheit und nichts als die Wahrheit sagen.

Sechs Jahre nach der Razzia und nur vier Wochen vor der Gerichtsverhandlung begann Licht die Dunkelheit zu vertreiben. Die Regierung bestand darauf, ich solle freiwillig auf einen Teil der Einkünfte aus einem Aktienverkauf vor zwölf Jahren verzichten – nur für den Fall, dass damals der Aktienkurs durch Bobbys Manipulation der Buchführung beeinflusst worden wäre. Ich zweifelte zwar daran, dass der Aktienkurs beeinflusst worden war, aber sollte es dennoch so gewesen sein, dann wollte ich dieses Geld nicht haben und brauchte es auch nicht. Und dann war der ganze Albtraum so plötzlich vorüber, wie er begonnen hatte. Die Regierung stimmte zu, alle Anschuldigungen gegen mich fallen zu lassen.

Ich empfand darüber weder Freude noch Erleichterung. Was ich empfand, war ein Gefühl tiefer Dankbarkeit. Ich war dankbar dafür, dass die Wahrheit am Ende triumphiert hatte. Es mag eine göttliche Intervention nötig gewesen sein – aber die Wahrheit hatte gesiegt. Ein Wermutstropfen in diesem Gefühl war jedoch die Tatsache, dass John Kang und John Sessions immer noch der Prozess bevorstand. Ich hatte Einsicht in sämtliche Dokumente in diesem Fall gehabt, und alles, was sich demnach irgendjemand willentlich hatte zuschulden kommen lassen, waren die Taten von Bobby Davids und seiner Gruppe. Ich wusste, dass John Kang und John Sessions ihre Arbeit nach bestem Wissen und Gewissen getan hatten. Also arbeitete ich mit Randy und seinem Team daran, die beiden in dem Prozess zu unterstützen. Randys Team konnte sich nicht direkt an der Verteidigung beteiligen, aber sie waren anwesend und schrieben viele der Zusammenfassungen, Anträge und anderen Dokumente, die während der Verhandlungen und danach gebraucht wurden.

Das Gerichtsverfahren lief ausgesprochen gut. John Kangs Verteidiger erwies sich als ein hervorragender Prozessanwalt, und er übernahm weitgehend das Kreuzverhör aller Zeugen der Anklage, auch von Bobby und Caroline, seiner Geliebten aus der Buchhaltung. Als die Regierung ihre Beweisführung abgeschlossen hatte, waren die Anwälte der Verteidigung der Ansicht, man habe fast jeden Zeugen der Anklage zu einem für die Verteidigung nützlichen Zeugen machen können. Da dem so war, schloss auch die Verteidigung ihre Beweisführung ab. Angesichts dessen, was während der vergangenen eineinhalb Monate im Gerichtssaal abgelaufen war, konnte niemand mehr auch nur im Geringsten annehmen, die Anklage habe die Schuld der Angeklagten zweifelsfrei bewiesen. Da die Beweisführung von beiden Seiten abgeschlossen war, waren nun die Geschworenen am Zug.

Die Geschworenen berieten nicht lange. Nach nur fünf bis sechs Stunden ließen sie verlauten, sie seien zu einem einstimmigen Urteilsspruch gelangt. Nach dem, was während des Prozesses offenkundig geworden war, schien das eine angemessene Beratungsdauer gewesen zu sein. Am 1. März 2010 versammelten sich die Geschworenen wieder im Gerichtssaal und verlasen das Urteil: Schuldig im Sinne der Anklage.

Die Verteidigung war fassungslos. Der Richter vergrub sein Gesicht in seinen Händen. Was war da passiert? Gespräche mit den Geschworenen nach dem Verfahren machten deutlich, dass der Fall für sie schon nach den Eröffnungsplädoyers entschieden war. Die Regierung hatte ein derart grob vereinfachendes, aber überzeugendes Bild vom Fehlverhalten in unserem Unternehmen gemalt, dass die meisten Geschworenen bereits beim Plädoyer der Anklage zu einer Entscheidung gekommen waren. Für sie hatte es genügt, die Regierung nur ihre Geschichte erzählen zu hören. Das war zutiefst traurig. Unser Justizsystem hatte nicht funktioniert. Die Wahrheit war nicht ans Licht gekommen, und John Kang und John Sessions erwartete die Urteilsverkündung.

Einen kleinen Hoffnungsschimmer gab es noch. Die Verteidigung hatte einen Antrag auf Zurückweisung der Klage auf Grundlage der Festsetzungsverjährung gestellt, und der Richter hatte noch nicht über diesen Antrag entschieden. Am 27. Mai 2010, fast drei Monate nach der Verhandlung, fällte Richter Norton sein Urteil. Er wies die gesamte Klage gegen John Kang und John Sessions ab. In seiner Urteilsbegründung ergriff der Richter immer und immer wieder die Gelegenheit, die Regierung für das zu schelten, was in diesem Fall abgelaufen war. Unter anderem beanstandete er, wie die Regierung so viele Personen fünf Jahre lang hatte unter Anklage stellen können, nur um dann kurz vor dem Prozess sämtliche Anschuldigungen fallen zu lassen. Richter Norton wies darauf hin, dies habe dazu beigetragen, die vorprozessualen Verteidigungskosten in dem Fall auf 190 Millionen Dollar hochzutreiben.

Ich war hocherfreut darüber, dass John Kang und John Sessions ohne Eintrag in das Strafregister freigesprochen worden waren. Ich fühlte mich auch dadurch ermutigt, dass wenigstens ein Mensch die Absurdität dessen, was sich da abgespielt hatte, erkannt hatte. Die Angelegenheit war allerdings noch nicht unbedingt vorüber: Die Regierung hatte das Recht, Einspruch gegen die Abweisung der Klage durch den Richter zu erheben. Für den Fall, dass dies geschehen sollte, hatte die Verteidigung Antrag auf ein Wiederaufnahmeverfahren gestellt. Dieser Antrag war mit dem kühnen Argument begründet, die Geschworenen hätten einen

Fehler begangen – das Gewicht der im Verfahren vorgelegten Beweise würde das Urteil nicht stützen. Am 19. Januar 2011, beinahe ein Jahr nach dem Verfahren, setzte sich die ganze Wahrheit und nichts als die Wahrheit endlich durch. An jenem Tag, an dem Richter Norton seine Entscheidung hinsichtlich des Antrags auf ein Wiederaufnahmeverfahren unterschrieb, dürften Jefferson, Mason und Madison vor Erleichterung aufgeatmet haben. Nach zweihundert Jahren der Auslegung dessen, was sie beabsichtigt hatten, hatte das System funktioniert. Wahrheit und Gerechtigkeit sollten schließlich doch das letzte Wort haben.

Es waren sieben Jahre vergangen, seit Bobby Davids das Büro der Bundesstaatsanwaltschaft in Charleston betreten und begonnen hatte, seine Lügen zu erzählen. Dieses Gespinst von Illusionen entwickelte eine eigene Dynamik und alle, die damit in Berührung kamen, wurden darin verwickelt. Doch der vorsitzende Bundesrichter von South Carolina ließ das nicht durchgehen. Er hatte die gesamte Gerichtsverhandlung geleitet und sich die gesamte Beweisführung angehört. Die Geschworenen mögen bereit gewesen sein, die Geschichte der Regierung für bare Münze zu nehmen, ohne von der Staatsanwaltschaft zureichende Beweise zu verlangen, aber der Richter war es nicht. Für den Fall, dass seine Abweisung der Klage aufgehoben wurde, stimmte Richter Norton nicht nur dem Antrag der Verteidigung auf ein Wiederaufnahmeverfahren zu, sondern er zerriss die Klageschrift der Regierung auch in einer neunzehnseitigen Stellungnahme in kleine Stücke. Er führte aus, die Regierung habe nicht bewiesen, dass es unter den Führungskräften eine Absprache gegeben hätte. Ganz im Gegenteil, die Beweise würden die Ansicht stützen, das Topmanagement des Medical Manager sei in dem Glauben gewesen, dass bei der Buchführung alles mit rechten Dingen zuginge. Er gab weiterhin seiner Ansicht Ausdruck, Bobby und Caroline, die Hauptzeugen der Anklage, seien nicht glaubwürdig und Caroline scheine nur die Worte von Bobby nachzuplappern.

Ich las die Entscheidung von Richter Norton mit einem Gefühl von Ehrfurcht und Erleichterung. Nun war es vorbei. Am Ende hatte die Person, auf die es am meisten ankam, das ganze Tamtam durchschaut und die Wahrheit erkannt. Ich hatte nicht gewusst, dass ein Richter den Urteilsspruch der Geschworenen überstimmen kann, wenn er der Ansicht ist, die Entscheidung werde von den Beweisen nicht gestützt. Richter Norton machte deutlich, er habe nicht nur das Recht, sondern geradezu die Pflicht, das Urteil zu überstimmen. Dies war eine Sternstunde der amerikanischen Verfassung. Sie ist darauf abgestellt, die Bürger vor ihrer Regierung zu schützen. Doch leider ist die Verfassung nur ein Stück Papier. Ein Richter ist der einzige Agent, durch den dieser Schutz lebendige Wirklichkeit werden kann. In meinen Augen sind beide mit diesem Fall befassten Richter Helden. Sie machten deutlich, warum es zwischen den unterschiedlichen Staatsorganen ein wichtiges System der gegenseitigen Kontrolle und Gewaltenteilung gibt. Diese Richter hatten einen Eid abgelegt, die Verfassung zu verteidigen, und genau das hatten sie auf selbstlose Weise getan.

Die Regierung entschied sich, keinen Einspruch gegen die Abweisung der Klage durch Richter Norton zu erheben. Am Ende wurden alle angeklagten Manager von Medical Manager freigesprochen.

ZURÜCK AUF ANFANG

Als der Rauch sich verzog, hatte mich der Wirbelsturm des Lebens wieder genau dort abgesetzt, wo er mich erfasst hatte. Nach vierzig Jahren lebte ich immer noch an der Wiese gegenüber von dem Haus, das ich gebaut hatte, als ich mich zum Meditieren in den Wäldern niederließ. Ich traf mich immer noch jeden Morgen und Abend mit den Menschen, die zu den Meditationen im Tempel kamen, auch zu den großen Versammlungen am Sonntagvormittag, die im Jahr 1972 begonnen hatten. Doch die zehn Morgen Land, auf denen der Tempel ursprünglich errichtet wurde, waren nun von neunhundert Morgen hügeliger Wiesen und herrlicher Wälder umgeben, die das Leben unserer Fürsorge anvertraut hatte. Das Fundament meines Lebens war vom Verlauf dieses ganzen Tanzes mit dem Universellen Fluss nicht beeinträchtigt worden.

Die juristische Quälerei wurde zu einer entfernten Erinnerung, fast so etwas wie ein Traum. Wie alles andere, war dieser Traum gekommen und wieder gegangen. Ich sah deutlich, dass keine Narben in meiner Seele zurückgeblieben waren, da ich mich jedem Schritt auf dem Weg innerlich hingegeben hatte. Die Geschehnisse waren wie auf Wasser geschrieben – sie hinterließen nur während des Laufes der Ereignisse Eindrücke. Doch im Moment der jeweiligen Erfahrung hatte jede Wendung tief in mich hinein gewirkt und mich über Grundängste und meine persönlichen Grenzen hinausgetrieben. Solange ich bereit war, die reinigende Kraft des Flusses des Lebens zu akzeptieren, kam ich am anderen Ende immer wieder als eine transformierte Person hervor. Wie hätte ich dies alles als schlechte Erfahrung betrachten können, wenn es in mir zu einer solchen Schönheit und Freiheit führte? Ganz im Gegenteil: Ich empfinde große Ehrfurcht gegenüber allem, was seit Beginn dieses erstaunlichen Experiments Hingabe geschehen ist. Eines ist ganz sicher: Derjenige, der einst zu dieser Reise aufbrach, ist nie zurückgekehrt. Der Fluss des Lebens hat gewirkt wie Schmirgelpapier, das mich weitgehend von mir selbst befreit hat. Da ich selbst nicht in der Lage war, mich von dem unablässigen Sog meiner Psyche zu befreien, hatte ich mich in einem Akt schierer Verzweiflung in die Arme des Lebens geworfen. Von jenem Moment an tat ich nichts weiter, als dem, was mir präsentiert wurde, nach besten Kräften zu dienen und das, was es in mir auslöste, loszulassen. Freude und Schmerz, Erfolg und Misserfolg, Lob und Tadel – sie alle hatten ausgerottet, was so tief in mir verwurzelt gewesen war. Je mehr ich losließ, desto befreiter wurde ich. Es lag nicht in meiner Verantwortung, herauszufinden, was mich gefangen hielt – das war Aufgabe des Lebens selbst. Meine Verantwortung bestand nur darin, bereitwillig loszulassen, was es in mir hervorrief.

Nach allem, was ich im Lauf der Jahre zu sehen bekam, war die Hingabe an das Leben alles, was von mir übrig blieb. Nicht mehr damit beschäftigt, andere Pläne zu machen, kehrte ich zu einem stillen Leben zunehmender Einsamkeit zurück, in dem ich mich selbst erneut fand. Es wurde bald offensichtlich, dass das Leben mir die ideale Umgebung zum Schreiben dieses Buches geschenkt hatte. Kaum hatte ich mich dazu hingesetzt, floss die Inspiration bereits wie eine Flutwelle. Ich begann, das niederzuschreiben, von dem ich immer gewusst hatte, dass ich es schreiben musste – was mit mir geschehen war, als ich losließ.

Die Leute fragen mich oft, wie ich, nachdem ich durch die lebensverändernden Erfahrungen der vergangenen vierzig Jahre gegangen bin, die Dinge heute sehe. Ich sage ihnen dann, sie sollen *Die unbändige Seele* lesen. Wie anders sollte es mir denn möglich sein, die große Freiheit zu beschreiben, die sich daraus ergibt, wenn man in der Tiefe des eigenen

Daseins zu erfährt, dass das Leben weiß, was es tut? Nur die unmittelbare Erfahrung kann Ihnen das vermitteln. An einem bestimmten Punkt gibt es dann keinen Kampf mehr, nur noch den tiefen Frieden, den die Hingabe an eine Vollkommenheit jenseits allen Verständnisses mit sich bringt. Irgendwann hört sogar der Verstand auf, sich zu wehren, und das Herz verliert seine Neigung, sich zu verschließen. Die Freude, die Begeisterung und die Freiheit sind einfach zu wundervoll, als dass man sie aufgeben möchte. Sobald du bereit bist, dich selbst loszulassen, wird das Leben zu deinem Freund, deinem Lehrer, deiner geheimen Geliebten. Wenn der Weg des Lebens zu deinem Weg wird, hört all der Lärm auf, und da herrscht großer Friede.

In ewiger Dankbarkeit für all die Erfahrungen, die wir das Leben nennen ...

MAS, im März 2015